James D. Lester　　James D. Lester, Jr.
[美] 詹姆斯·D. 莱斯特　小詹姆斯·D. 莱斯特　著　　梁世超　译

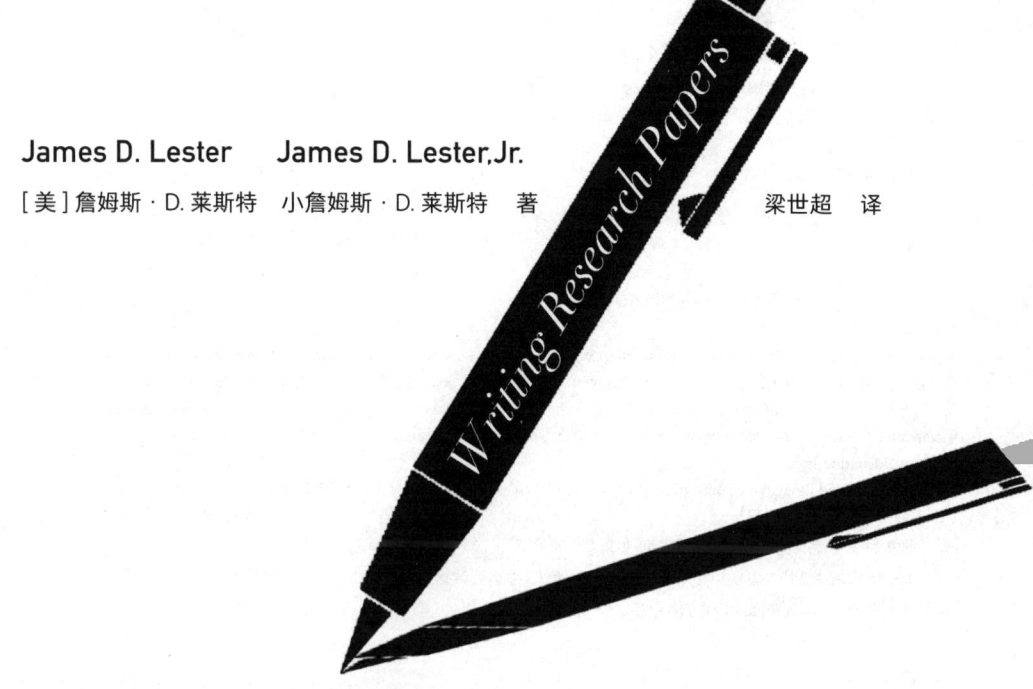

如何写好学术论文 第16版
WRITING RESEARCH PAPERS 16E
A Complete Guide

时代　成都时代出版社
CHENGDU TIMES PRESS

图书在版编目（CIP）数据

如何写好学术论文 /（美）詹姆斯·D.莱斯特,（美）小詹姆斯·D.莱斯特著；梁世超译. -- 成都：成都时代出版社, 2023.6（2023.7重印）
　　ISBN 978-7-5464-3115-4

Ⅰ.①如… Ⅱ.①詹…②小…③梁… Ⅲ.①论文—写作 Ⅳ.①H315

中国版本图书馆CIP数据核字(2022)第144362号

Authorized translation from the English language edition,entitled Writing Research Papers:A Complete Guide 16e by James D. Lester; James D. Lester, Jr., published by Pearson Education,Inc, copyright©2018 by Pearson Education,Inc.

All rights reserved.No part of this book may be reproduced or transmitted in any form or by any means,electronic or mechanical,including photocopying,recording or by any information storage retrieval system,without permission from Pearson Education,Inc.

Chinese Simplified language edition published by POST WAVE PUBLISHING CONSULTING(BEIJING) CO.,LTD.,Copyright © 2023.

本书中文简体字翻译版由后浪出版咨询（北京）有限责任公司出版，版权©2023。

仅限于中华人民共和国境内（不包括中国香港、澳门特别行政区和中国台湾地区）销售发行。

本书封面贴有Pearson Education防伪标签，无标签者不得销售。

著作权合同登记号：图字21-2022-82

如何写好学术论文
Writing Research Papers: A Complete Guide

作　者：[美] 詹姆斯·D.莱斯特	规　格：165mm×230mm
[美] 小詹姆斯·D.莱斯特	印　张：30.5
译　者：梁世超	字　数：444千字
出品人：达　海	版　次：2023年6月第1版
选题策划：后浪出版公司	印　次：2023年7月第2次印刷
出版统筹：吴兴元	书　号：ISBN 978-7-5464-3115-4
编辑统筹：周　茜	定　价：72.00元
责任编辑：陈　胤	
责任校对：敬小丽	官方微博：@后浪图书
责任印制：黄　鑫　陈淑雨	读者服务：reader@hinabook.com 188-1142-1266
特约编辑：刘　巍	投稿服务：onebook@hinabook.com 133-6637-2326
营销推广：ONEBOOK	直销服务：buy@hinabok.com 133-6657-3072
装帧制造：墨白空间·杨　阳	
出版发行：成都时代出版社	后浪出版咨询(北京)有限责任公司　版权所有，侵权必究
电　话：（028）86742352（编辑部）	投诉信箱：copyright@hinabook.com　fawu@hinabook.com
（028）86615250（发行部）	未经许可，不得以任何方式复制或者抄袭本书部分或全部内容
印　刷：天津中印联印务有限公司	本书若有印、装质量问题，请与本公司联系调换，电话010-64072833

前 言

本书最早是由斯科特·福雷斯曼（Scott Foresman）于1967年出版的，我记得书的封面上有一台打字机。曾经，我的父亲和母亲花了无数个小时在那台打字机上辛勤工作。此书第一版是用油印机打出来的，在堪萨斯州恩波利亚州立大学的校园书店出售，后来扩展到今天的详细指南。这个新版本是献给我的父亲 J. D. 莱斯特博士的。虽然他已经不在了，但他对文学和写作的热爱、对学生四十年来的指导，以及我母亲的帮助，使这本书成为学术研究和写作最重要的、详细的指导。

几十年来，该书一直提供有关学术研究、写作和文献的最新、最详细指导。在过去的二十多年里，学术研究的世界发生了巨大的变化。现在大多数研究都是在网上进行的，这个新的信息世界不仅为我们提供了几乎无法想象的丰富的新资源，而且还带来了评估这些资源可信度和有用性的挑战。围绕着电子资源的整合，出现了学术诚信和无意抄袭的问题。本版《如何写好学术论文》直面这些新的挑战，并提供清晰、详细的指导，以帮助学生研究人员努力跟上在线研究、电子出版和新文件格式应用的潮流。

这一版本有哪些新的东西？

• 在每一章的起始有新的"明确目标"一栏。该栏的内容为学生提供了该章学习目标的清单，不仅提供了迅速找到文献信息现成的指引，也让学生明确这一章的主要目的是什么。

• 研究技巧的最新解释。第4章教会学生如何在研究中使用一些前沿工具和技巧，比如说使用已拓展的布尔（Boolean）运算以及社交网站进行关键词搜索。

- 收录了三篇新的学生论文作为案例。此外，新的带注释的参考书目也为学生的研究工作提供了崭新的样板。
- 关于 MLA、APA 文献引用格式的最新说明。这可以帮助学生了解最近的更改，特别是如何进行电子资源的文献录入。

主要特色

随着在线研究的兴起，学术研究领域经历着日新月异的变化。几乎每一个大学生现在都在用电脑写作，并通过网络进行研究。《如何写好学术论文》一直为学生能够成功计划并完成他们的学术论文提供广泛的资源。

数字研究方面的帮助

数字革命在今日的学术写作中已经相当普及，单单一个章节当然不可能完全涵盖这一主题。因此，这本书的每一个章节都反映了当下学术写作的新环境，包括科技在我们搜索特定话题、找到并评估文献资源、汇集笔记、写作论文草稿、规避剽窃、维护学术诚信，当然还有注明参考文献来源方面带来的影响。在为网络文献归档方面，本书会引导学生一步一步地熟悉诸多不同的样式，并详尽地指导学生将电子引文纳入他们的写作当中。内容更新最多的部分是本书的第 4 章，该章提供了一些如何使用社交网站来进行研究的新技巧，以及使用已拓展的布尔运算进行关键词搜索的方法。

最新的文献引用指导

特定学科的格式指南可以根据学术研究领域提供不同的文献引用方法指导，尤其当涉及那些电子文献时。因此，不同学科背景下的学生在写作论文时就非常需要这样具有针对性的指南。为了帮助学生正确地进行文献引用，这一版本为几种最重要的文献引用格式提供了新的说明。

• 对MLA文献引用格式的更新。现代语言协会（Modern Language Association）在其最新发布的《MLA格式指南、学术出版指南及MLA学术论文写作者手册》（*MLA Style Manual and Guide to Scholarly Publishing, and the MLA Handbook for Writers of Research Papers*）中大幅修改了关于纸质文献与电子文献引用格式的规定。本书从第1章到第14章中所有的引文以及学生论文范例都使用了最新的MLA格式。

• 对APA文献引用格式的修订。美国心理学会（American Psychological Association）同样在其《APA出版手册》（*APA Publication Manual*）中修改了引用格式的规定。本书第15章中所有的引文以及学生论文范例都采用了最新的APA文献格式标准。

• CMS格式的最新标准。芝加哥大学出版社出版的《芝加哥格式手册》（*Chicago Manual of Style*）着重强调了电子化研究的作用。本书第16章中所有的引文以及学生论文范例都采用了最新的CMS文献引用标准。

规避剽窃陷阱的研究建议

本书第1章到第10章中，每章至少提供了一个"研究建议"栏目，通过提供指导与范例来帮助学生恰当且符合伦理地引用文献，并避免剽窃。从第1章中的"认识并避免剽窃"这一部分开始，《如何写好学术论文》就解释了什么是剽窃以及教会学生使用特定的技巧来避免无意剽窃。除此之外，本书也特别强调了如何将引文纳入学术写作及如何注明网络文献的出处。

评估网络文献的指南

对于学生而言，随着越来越多的网络文献变得即时可得，了解什么样的文献才最符合一篇学术论文的要求变得越来越具有挑战性。《如何写好学术论文》可以帮助学生研究者决定是否以及什么时候使用搜索引擎，此外，还可以为学生提供关于如何找到颇具权威的学术资源的详细建议，当然也可以帮助学生鉴别某些文献是否具有可信度。"评估网络文献"这一清单可以帮助学生衡量网上文章的质量。

学生论文

写作范例可以帮助学生作者了解其他人在涉足不同领域的话题时，是如何进行研究和写作草稿的。本书共收录了七篇带注释的论文范例，多于其他同种类的书籍。这些范例分别展示了格式、引用以及不同的学术风格。这些学生论文包括：

阿什莉·欧文（Ashley Irwin），《西尔维娅·普拉思和她的"爸爸"》（Sylvia Plath and Her "Daddy"）（MLA 格式）

凯西·霍尔兹（Kaci Holz），《性别沟通》（Gender Communication）（MLA 格式）

凯特琳·凯利（Caitlin Kelley），《关于低参与儿童之代价的更多学术研究》（More Academics for the Cost of Less Engaged Children）（APA 格式）

克莱尔·格雷迪（Clare Grady），《太空竞赛：伟大的一跃》（The Space Race—One Giant Leap）（CMS 格式）

萨拉·比米斯（Sarah Bemis），《糖尿病管理：一个微妙的平衡》（Diabetes Management: A Delicate Balance）（CSE 格式）

萨拉·莫里森（Sarah Morisson），《带注释的参考书目：媒体伦理》（Annotated Bibliography: Media Ethics）（MLA 格式）

萨拉·莫里森，《媒体伦理：文献综述》（Media Ethics: A Review of the Literature）（MLA 格式）

用 MLA 格式与 APA 格式写作的摘要范例同样在本书中出现。

致　谢

许多重要的人物在我写作本书时提供了帮助。我想对以下学生表达感激，感谢他们的帮助并且允许我在本书中使用他们的作品作为示例：凯西·霍尔兹、凯特琳·凯利、阿什莉·欧文、克莱尔·格雷迪、萨拉·莫里森以及萨拉·比米斯。

我同样要对那些为本版提供有益建议的评论者表达感谢，他们是佐治亚周界学院的埃默里·雷金纳德·阿博特（Emory Reginald Abbott）、印第安纳大学－普渡大学韦恩堡分校的史蒂文·R. 阿米登（Steven R. Amidon）、费城社区学院的克里斯特尔·培根（Crystal Bacon）、西肯塔基大学的约翰·克里斯托弗·埃尔温（John Christopher Ervin）、马尔科姆·艾克斯社区学院的摩根·霍尔斯特德（Morgan Halstead）、威斯特摩兰县社区学院的坎迪·A. 亨利（Candy A. Henry）、费城社区学院的约瑟夫·凯尼恩（Joseph Kenyon）、华盛顿州立社区学院的马克·M. 凯斯勒（Mark M. Kessler）、埃塞克斯郡立学院的保莉特·朗莫尔（Paulette Longmore）、斯库克拉夫特学院的安娜·马赫什瓦里（Anna Maheshwari）、凯霍加社区学院东校区的安德鲁·J. 派格曼（Andrew J. Pegman）、林肯大学的西尔维娅·Y. S. 里佩尔（Sylvia Y. S. Rippel）、梅西赫斯特大学的杰弗里·勒斯纳（Jeffery Roessner）以及贝尔维尤学院的卡丽·通伯林（Carrie Tomberlin）。

同样要特别感谢那些让我们专心写作的培生集团的编辑的帮助，特别是英语部副总裁与出版商乔·奥佩拉（Joe Opiela）、资深赞助编辑凯瑟琳·格林（Katharine Glynn）、助理编辑丽贝卡·吉尔平（Rebecca Gilpin）、项目经理萨沃拉·阿玛纳提蒂斯（Savoula Amanatidis）以及电子出版服务公司。

我要衷心感谢我的家人：玛莎（Martha）、马克（Mark）、凯莱布（Caleb）、杰西卡（Jessica）、佩顿（Peyton）、萨拉（Sarah）、帕里斯（Paris）以及洛根（Logan），是他们的爱和耐心让这个项目成为可能。

詹姆斯·D. 莱斯特，Jr.

james.lester@cmcss.net

目 录

第1章 研究中的写作 1

1.1 为什么做研究？ 4

1.2 学习学术写作惯例 6

1.3 认识并避免剽窃 7

1.4 理解一份研究作业 8

1.5 制订一个研究计划表 13

第2章 确定一个题目 17

2.1 将个人想法与学术问题关联起来 20

2.2 和其他人交流以便缩小题目范围 28

2.3 利用网络上的资源来提炼题目 29

2.4 利用图书馆的电子数据库来发现并细化题目 32

2.5 利用图书馆的馆藏目录来发现题目 32

2.6 拟定论点、省略式三段论或假定 35

2.7 撰写研究计划 39

第3章　整理思路并设立目标　45

3.1 按照一个基本的顺序来安排你的论文写作进程　46

3.2 用你的研究计划来指导笔记的记录　47

3.3 列举关键术语及短语为笔记记录设定方向　48

3.4 编写一个大致的提纲　49

3.5 通过不断提问来发现要点　50

3.6 利用组织结构设置目标　51

3.7 利用不同学科的方法拓展思路　52

3.8 用论点为你的研究指明方向　53

第4章　在网上搜集资料　57

4.1 开始网络搜索　59

4.2 理解网络地址　64

4.3 使用关键词与布尔表达式　64

4.4 使用 RSS 订阅以及社会化书签　73

4.5 查找学术期刊与通俗杂志中的文章　76

4.6 查找报纸与媒体资源上的文章　77

4.7 查找照片以及其他可视化文献　79

4.8 使用电子书　80

4.9 使用电子邮件讨论组（LISTSERV）、博客以及聊天群　81

4.10 在线查阅图书馆馆藏　82

4.11 寻找网络参考文献　82

4.12 通过网络进行档案研究　83

第 5 章　在图书馆收集资料　89

5.1 开启研究　90

5.2 建立一份工作参考书目　92

5.3 找到与你课题相关的书籍　94

5.4 查找通俗杂志与学术期刊中的文章　97

5.5 搜索传记　106

5.6 在报纸索引中查找文章　107

5.7 查找特殊主题目录　108

5.8 查找书本中的随笔文章　109

第 6 章　进行实地研究　113

6.1 调查当地资源　115

6.2 参考视听资源、电视以及广播　119

6.3 用问卷进行调查　120

6.4 进行实验、观察　122

第 7 章　避免剽窃　125

7.1 使用文献来提升你论文的可信度　127

7.2 将参考文献放在文章合适的语境当中 128

7.3 理解什么是版权 129

7.4 避免剽窃 130

7.5 在集体合作的项目中与他人共享成果 138

7.6 尊重并引用在线课堂当中的资源 138

7.7 获得在个人网站上发布资料的许可 140

第8章 阅读与评估文献 143

8.1 查找可靠的文献 144

8.2 将一手文献和二手文献结合起来 153

8.3 评估文献 154

8.4 为文献撰写大纲 161

8.5 为文献撰写概要 162

8.6 准备带注释的参考书目 163

8.7 为课题准备文献综述 166

第9章 撰写有效的笔记并创建大纲 175

9.1 撰写有效的笔记 177

9.2 撰写个人笔记 178

9.3 撰写直接引用笔记 180

9.4 撰写改述笔记 184

9.5 撰写概要笔记 187

9.6 撰写大纲笔记 190

9.7 撰写实地研究笔记 193

9.8 用学术模型创建大纲 193

9.9 撰写正式大纲 198

第10章 按学术风格撰写论文草稿 203

10.1 聚焦于你的论证 205

10.2 完善论点 206

10.3 拟定学术性标题 210

10.4 从你的学术期刊、笔记和电脑文档中起草论文 212

10.5 在学术论文中有效运用视觉资料 218

10.6 避免使用包含歧视与偏见的语言 222

第11章 把引用资料整合进你的写作中 227

11.1 将参考文献整合进你的文章 228

11.2 引用没有列出作者的文献 231

11.3 引用无页码的非印刷文献 232

11.4 引用互联网文献 233

11.5 引用间接文献 235

11.6 同一文章中的多次引用 238

11.7 引用来自教材或者选集中的材料　239

11.8 在文内引用中添加其他信息　242

11.9 恰当并统一地为引用加标点　245

11.10 缩进长段引用　251

11.11 引用诗歌　253

11.12 掌握对剧本内容的引用　258

11.13 在引用的材料中改写首字母的大小写格式　259

11.14 用省略号对引用材料进行省略　259

11.15 用小括号和中括号修整引文　265

第12章　写作引言、主体以及结论部分　269

12.1 写作学术论文的引言部分　270

12.2 写作学术论文的主体部分　278

12.3 写作学术论文的结论部分　283

第13章　修订、校对以及按照格式编辑草稿　289

13.1 进行全面修订　290

13.2 按照 MLA 格式编辑论文　293

13.3 在键入或打印最终文稿之前进行编辑　297

13.4 在电脑上和打印好的文稿上校对　299

13.5 MLA 格式的示范文章　301

第14章　参考文献：MLA格式　323

14.1 格式化参考文献页面　325

14.2 参考文献清单的关键要素　328

第15章　按APA格式写作　359

15.1 写作理论性文章、实证研究报告或评论文章　360

15.2 在APA论文中使用恰当的时态　362

15.3 使用APA格式的文内引用　363

15.4 准备参考文献列表　374

15.5 为APA论文调整格式　387

15.6 撰写摘要　389

15.7 APA格式的论文示例　390

第16章　脚注系统：CMS格式　397

16.1 在文本中插入上标数字　399

16.2 按照一定格式编写脚注　402

16.3 为电子资源编写脚注　405

16.4 撰写后续脚注引用　407

16.5 编写尾注而非脚注　408

16.6 编写内容脚注或内容尾注　409

16.7 为人文学科论文使用脚注系统　413

16.8 为使用脚注的论文撰写参考文献页　414

16.9 用 CMS 格式写作的学术论文范例　416

第 17 章　自然与应用科学的 CSE 格式　423

17.1 使用 CSE 顺序编码体系撰写文内引用　425

17.2 撰写参考文献页　427

17.3 用著者–出版年的方式撰写文内引用　429

17.4 使用著者–出版年格式撰写参考文献条目　433

17.5 使用 CSE 顺序编码体系的学术论文范例　436

第 18 章　创建电子以及多媒体研究项目　447

18.1 开启数字化项目　448

18.2 建立数字演示　449

18.3 研究项目网站　450

18.4 在你的电子学术论文当中使用图表　452

18.5 在电子学术论文中使用声音和视频　454

18.6 准备写作文件夹　455

18.7 用其他形式展示研究成果　456

附　录　459

第 1 章

研究中的写作

- 为什么做研究？
- 学习学术写作惯例
- 认识并避免剽窃
- 理解一份研究作业
- 制订一个研究计划表

> **明确目标**
>
> 　　当我们最初选择通过言说或是写作记录自己的想法时，沟通就开始了。无论写作者的经验如何，写作都是一项需要倾注热情的艰巨任务。这一章节为你的研究项目指出了一个方向：
> - 了解为什么研究是探索发现的一种重要方法。
> - 学习相关的学术写作惯例。
> - 通过恰当的文献引用避开剽窃的陷阱。
> - 理解研究任务中的术语。
> - 为你的研究项目制订一个计划表。

　　书写的文字，不论它是一篇历史论文、一份实地报告，还是一个研究项目，都公开记录了我们的知识、意见以及语言技能。因此，必须尽可能使我们的写作变得准确、有力且真实。

　　这一过程开始于对一个非常明确的题目的发现，更重要的是对写作这一题目的理由的发现。之后，选择一种格式，通过批判性阅读发现相关材料，最终用一种优美的文字完成写作任务。以上所有步骤都是艰巨的。

　　尽管如此，写作仍是释放我们每个人探究精神与创造天性的一个途径。我们的写作，会受到以下各式各样因素的影响：我们自身语言的丰富性、我们的背景和经验、我们的目标受众以及我们选取的表达形式。在用热情叙述有关详细概念与诚实洞见的过程中，我们会发现自身所拥有的词语的力量。写好文章时的喜悦之情，以及将我们的理解推及其他事物之上的满足感，使我们得到了鼓舞，并且使得我们对自身信念与价值的理解变得更加深刻。

　　作为一名大学生，你会发现你要写的文章作业将不再像过去那样只是表达个人化的观点和想法，而是要超出其上去探索更为复杂的论题。写作会让你对自己寻获信息的能力，以及有效地以各式各样的方法，在形形色色的课题领域展示信息的能力产生信心，比如：

- 一年级的作文课程中的一个题目：关于社交网站的危险。
- 一篇历史论文：关于赫伯特·胡佛（Herbert Hoover）为应对20世纪30年代初的大萧条采取的一系列无效政策。
- 向健身课程提交的一份报告：有关交际舞作为一项运动的益处。
- 一篇社会学的实地报告：关于减免学龄儿童的午餐费用。
- 一项简短的名人传记研究。

这些文章都需要某种"研究性写作"。在你大学生涯的前两年，与这些题目类似的文章都会陆续布置给你，在大三、大四的进阶课程中出现的频率会更高。这本书则可以缓解你的压力，它会给你示范如何研究"线上讨论小组"或者"大萧条"，以及记录这些资源的正确方法。

我们在许多时候都会进行非正式的研究。在决定买一辆车之前，我们会考察许许多多的型号及其配置；在提议或者接受初次约会之前，我们也会非正式地调查一下约会对象。有时候我们会在网站上的招聘启事中择选一份暑期工作，有时候我们在购物商场中漫步以求寻找到一副新的网球拍、一双合意的运动鞋，或者是一张最新发行的光盘。正因如此，研究于我们而言并不陌生。如今，用网络搜索引擎来了解关于任何主题的信息变得越来越普遍——从个人关心的问题，比如说某处方药可能带来的副作用，或更为复杂的问题，比如机器人学或者针灸疗法。

在课堂上，我们需要思考一项严肃的、系统的活动，这项活动涉及图书馆、网络或者实地研究。像个人陈述一样，学术论文也需要你来选择一个真正感兴趣并且愿意花许多时间对其进行思考的题目。然而，和个人陈述不同的是，学术论文需要通过搜集大量的资料、批判性地阅读参考文献以及收集笔记来阐述你的观点。当把你的研究整合起来时，你仍旧可以表达个人化的观点，只不过在这时，这些个人化的观点是立足于总体的证据，以及与这一题目相关的专家意见之上的。

不同的课堂以及不同的指导教师都会对你的才能有不同的要求，然而都规定了你要进行**研究性写作**。你的研究项目会推进你的主题，并且会为你的探究提供令人信服的证据。

- 研究性写作发展于调查探究。
- 研究性写作树立了明确的目标。
- 研究性写作面向多种多样的题目展开分析。

本书将研究视作一种吸引人的、有时候甚至是激动人心的求索探究，会从多方面入手为你提供指导，包括你的个人知识、收集于印刷品与电子资料中的观点，还有实地中的考察研究。

1.1 为什么做研究？

指导教师一般依据以下理由来给你布置论文写作的任务。

研究可以教授发现的方法。对一个题目的阐释会促使你发现对该题目已知的部分，以及他人可以教授你的部分。除了阅读书籍，这个过程也经常需要你涉足访谈、观察以及实验等诸领域。当探究一个复杂的问题时，这一过程会是你自身好奇心的检验者。你可能不会得到一些最终的结论或解决方案，但是会逐渐领会到关于一个题目的所有不同的理解。在论文的最终稿里，你会将自己的观点和发现与他人的知识、意见综合为一体。

研究可以教授调查的技巧。一个研究项目需要你去调查探究一个题目，抓住这个题目的核心，并且最终揭示出你的发现。你的研究成功与否将取决于你协调多种多样的信息来源的能力的大小，这些信息来源不仅包含图书馆中的参考书目，也有电脑上的数据库；有专题的档案库，也有印刷期刊上的最新文章。网络，因为其自身庞大的信息量，会对你找到切实可靠的文献资料带来不小的挑战。如果通过观察、访谈、调查，以及实验来进行研究，你需要学习更多调查方法。

研究可以发展探究式技巧。在指导教师的引导下，你的探究不仅可以拓宽自己的知识领域，同样也会为将来的研究者提供更多可借鉴的数据资源。

研究可以构建职业技能。出于实况考察的需要，许多职业领域都需要依赖调查以及探究的工作。宇宙空间工程科学、计算机科学以及汽车生产领域必须依赖过去的研究成果来引领新的生产潮流。在经济学、社会学、心理学，还有政治学中活跃的社会科学家需要通过探究性研习来促使社会进步。专业研究人员处于科学技术发展的尖端领域，他们的工作将带来更先进的药物、消费品、工业过程，以及许许多多其他的发展进步。

研究可以增进批判性思考的能力。当你在自己题目所属的证据领域中艰苦跋涉时，你会逐渐学到如何区分有用的信息以及那些没有事实根据、构思不当的评论。某些资料，比如网络资源，一方面会给我们提供及时的、可信赖的资料，另一方面也可能会诱使我们陷入毫无价值的、无凭无据的意见陷阱当中。

研究可以教授逻辑。恰如在法庭上的审判一样，你也必须对一些涉及某个具体题目的问题事项做出敏锐的判断。实际上，你的判断需要建立在这一题目之下的相关研究所带来的智慧明见上。你的论文还有读者们都要依赖你对自己所读、所观察、所采访、所检验事物的逻辑性回应。

研究可以教授论证的基本要素。在许多情况下，学术论文都需要你提出一个论断，并且辅以相应的理由和证据来支撑这一论断。比如，如果你提出"城市扩张造成了野生动物闯入我们的后院中"，这时就必须预想你的理论面临的挑战，并且用证据来捍卫你主张的真实性。

1.2 学习学术写作惯例

每一门学科的学术性写作都要遵守一定的惯例，即引用文献以及设计版面都需要遵循特定的形式。这些规则使得全世界数以万计的学者们写出的数量众多的文章都能做到整齐划一。美国现代语言协会制定了一整套规则指南，通常称之为"MLA 格式"。同样地，美国心理学会也设定了属于自己的一套 APA 格式。其他的学者群体更倾向于使用脚注系统（footnote system），还有一些组织会选择使用编号系统（numbering system）。这些变化并不是为了混淆读者的视听，它们作为被优先选择的格式，在各学科内部都经过了充分的演进与发展。

现在，你需要关注的就是决定使用哪一种参考文献格式。许多论文指导教师会推荐你使用 MLA 格式，这可以参考本书第 11 至 14 章。同样地，如果你的课题与社会科学学科中的某一领域相关，APA 格式也是经常被要求使用的（参考本书第 15 章）。此外，你的艺术史老师可能会更倾向于看到脚注格式，但也可能会要求你使用 APA 格式。所以，一定要提早询问你的指导老师应该采用哪种格式，并依此来组织你的文章。

不管采用哪种参考文献格式，你的写作都需要推进对实质问题的探究。你需要记住三项主要的调查研究惯例：

分析——把你研究所涉及的主要问题分类，并且对这些问题进行细致分析，以此来支撑你的论点。

证据——提供理由充分的命题和陈述，并通过适当的文献引用给这些命题提供可以支撑的事实、细节以及证据。

讨论——将你研究成果的意义、内涵与研究的价值联系起来，不管这种价值是作者的艺术手法、某一历史运动，还是某个社会问题。

1.3 认识并避免剽窃

学术写作中最重要的惯例就是公允地给予他人的著作以应得的功劳。**剽窃的定义是，将属于他人的言辞或观念据为己有**。剽窃是一系列违反学术写作道德标准的行为，许多学院与大学针对那些有剽窃之实的学生制定了严厉的处罚措施，包括留校察看或者开除学籍。许多学校都颁布了官方的学生行为规范（有时候也叫作"学术诚信政策"），因此你应该熟悉这些文件，并且将这些规范落实到你的研究和写作当中。

有些学生会有意地在不注明出处的情况下全篇抄袭外界的资料，还有一些学生会从网上或者朋友那里购买学术论文。这些明知故犯的学术欺诈行为是剽窃行为中最无耻的。不过，无意剽窃，也是一种违反学术诚信的行为。未经允许使用他人的句子、短语或者术语即被视为抄袭，因此你必须列出引用文献，并且用引用符号明确标示出你引用了他人著作的哪个部分。此外，未经标注地使用他人的观点或研究方法也同样是剽窃，因此你要深思熟虑地进行改述。

清单：避免无意剽窃

以下指导方针可以帮助你规避无意剽窃。

引用 当你从资料文献中有所借用时，应该列出包含作者名字的引文或者改述来让读者知悉。

引用符号 所有被引用的字词、短语、句子都应该用引用符号括起来。

意译 像直接引用一样，改述的部分也应该附上引用的出处。

文内括号引用以及注释 依照与你写作内容相关的学科惯例，使用学术引用格式中的一种（MLA、APA、CMS、CSE）来进行具体的文内引用。

被引用作品或参考文献页 遵照你所使用的引用格式标准，在文章结尾为你援引的所有文献创制一份完整的参考文献条目。

1.4 理解一份研究作业

除了选择一个有效的研究主题，你还需要一个写作论文的理由。文学教师可能会期望你对沃尔特·惠特曼（Walt Whitman）作品的结构与艺术手法做出品评；教育学老师可能会要求你考察中学生平衡课程（balanced curriculum）设置的价值何在；历史老师可能会希望你探究一个历史事件，比如说引发了美国内战的废奴主义运动的战术与战略。

理解术语

文学、历史以及艺术领域的作业经常会要求你来*评价*、*解释*，以及进行*因果论证*。而教育学、心理学、政治学和其他社会科学学科常常会需要*分析*、*定义*、*比较*或写作*提议*时寻找*先例*。在自然和理工学科中，实验和测试经常会需要你对研究结论的*意义/影响*进行探讨。接下来的几页会进一步说明这些不同的任务要求。

评 价

为了做出评价，首先，你需要建立一个清晰的判断标准，然后阐释你的研究对象是如何满足这些标准的。比如说，学生对教职工的评价需要建立在一整套明确的标准之上，包括对学生进步的关切、对学科知识的完整掌握等等。同样地，你还可能被要求判断一首诗歌、一场艺术展的价值，甚至是分析触屏相机最新趋势的意义。你应该创制一套属于你的判断标准。怎样才是一部好的电影？一首诗歌的形式和结构究竟有多重要？空间是建筑学上的特殊因素吗？你并不能期望你的参考资料能提供最终的答案，你需要对你的研究对象进行感受、体验，然后将最终判断建立在这一体验之上。

让我们来看看在一个学生那里评价是如何建立起来的。萨拉·比米斯被要求评价糖尿病。首先，萨拉尝试给这个疾病以及这一疾病对人体系统造成的普通攻击下一个定义。然而，在阅读了相关文献之后，她决定将研究焦点从基本的定义转移到评价、检验控制糖尿病的不同方法上。她的论文《糖尿病管理：一个微妙的平衡》（Diabetes Management：A Delicate Balance）参见本书 17.5 部分。

在许多时候，每一篇学术论文都是一份评价。

解　释

为了解释，你常常需要回答"这是什么意思？"。你可能需要阐明一篇文学作品中的象征主义，细究某一个法律要点，或者对实验结果加以解释。下面这些问题都指向了解释：

这篇文章的意思是什么？

这些结果的意义/影响是什么？

这些数据代表什么意思？

你可以向其他人解释你对这一问题的理解吗？

举例来说，你的老师可能会要求你来解释一下 1954 年美国最高法院对"布朗诉托皮卡教育委员会案"所做的判决；或者，解释一下池塘水质测试的结果，这一测试分别在两个地点进行，地点 A 是一个僻静的乡村，地点 B 临近一个石油化工工厂；又或者，解释一下亨里克·易卜生（Henrik Ibsen）的作品《人民公敌》（An Enemy of the People）当中的一个场景。

在一篇研究网络交友的论文中，一名学生向自己提出了两个解释性的问题：网络交友的社会影响是什么？网络交友的心理学意义是什么？

定　义

有时候，你需要提出一个延伸定义，并以此来说明你所选择的主题能被恰当地归属到一个精心选择的、定义明晰的类别之下。试看以下的例子：

1. 低脂饮食能够降低冠状动脉疾病的发病风险。

你需要定义"低脂",这也就需要你来描述那些被划归到低脂饮食范围内的食品,并且列举出摄入低脂饮食的相关益处。

2. 美国《教育法修正案第九条》(Title Ⅸ)给大学的体育运动课程带来积极的影响。

你需要对这条法律进行细致定义,并且具体说明它究竟带来了哪些影响。

3. 导致人际关系破裂的根源就是自私。

这个题目需要你给"自私"这个词下一个定义,并且给出相关的例子,说明自私是如何削弱人际关系的。

一个好的定义一般包括三个部分:主题(低脂饮食)、这个主题从属的类别(一般饮食),以及在这一类别之下,该主题与其他主题(低碳水化合物饮食或者阿特金斯健康饮食)之间的区别。特别是当某些术语用词偏主观时,定义常常就会成为你文章不可或缺的一部分。比如说,如果你想要论证动物医学实验是残忍的、非人道的,这时就需要定义一下你所谓的"残忍"是什么意思,而且为什么"人道"的标准也同样应该适用于动物,尽管动物并不是人类。因此,定义就更应该成为你主要论点的一部分。

就像萨拉在她关于糖尿病的文章中所提到的那样,技术性的、科学性的术语仍旧需要必要的定义。这篇论文就需要对医学性疾病的定义以及控制这种疾病的相关方法加以小心、细致的阐明。在探究过程中,她最终得出了结论:对糖尿病患者来说,药物治疗有必要辅以适当的饮食与运动。

提 议

提议就是面向读者说:"我们应该做些什么。"提议经常涉及许多实际应用,比如接下来的例子:

- 为了维护学术诚信,面对作弊和剽窃的现象,大学管理者必须制定严格的政策与处罚措施。

• 在我们镇里不应该允许开建木头凿磨厂，因为该厂对木材源源不断的需求会削减我们本地的森林资源，并且破坏环境。

一项提议往往包含了行动的诉求——政策的变化、法律的变更，有时候是既定程序的改动。同样地，作者也必须深化论点并且用相应的理由、证据来支撑这一论点。

此外，提议也有些特别需要注意的地方。

第一，作者应该说服读者相信某一问题确实存在，并且这一问题已经足够严重，值得我们有所行动。在之前提及的木头凿磨厂的例子中，作者应该提到，建造凿磨厂这一计划确实已经被提出，并且可能已经被该地区批准了。接下来，作者就需要提出自己的意见，陈述这些工厂对环境造成的危害：这些工厂大量地将各种大小规格的木材都汇集起来碾磨，再把它们削刨为碎片，之后将其按照各种各样的方式再加工。造成的结果就是，伐木工人甚至会砍伐掉还未长成的树木，使得森林被夷为贫瘠的荒原。作者认为这种皆伐的方式破坏了土地。

第二，作者应该要通过对后果的阐释，来使读者相信这一提议的合法性。上述论文必须捍卫一个重要的原则，即皆伐的方式会破坏土地。而且，有可能的话，论文也应该展示出在国家的其他地方，凿磨厂已经给环境造成了何种的破坏。

第三，作者也应该在文章中提及其他对立的观点和相矛盾的提议，以及可能的解决办法。比如说，凿磨厂生产的刨花板是用来铺设家庭地板的，因此，专注保护树木就有可能带来胶合板价格的上升。没有凿磨厂，可能给我们带来纸张以及住宅建筑材料的短缺。作者需要关注到这些相左的意见并且在论文中对它们进行考量。

因果论证

与预测结果的提议不同的是，因果论证展示了因特定环境的影响而存在的某种状况，即当某事或某物引起或造成了这一情况，我们就需要知道这其中的缘由。比如说，一份学生的调查研究揭示了为什么一个州的学校极大地受益于彩票，而其他州却不然。

让我们再来看看另外一个学生提出的问题："为什么像我一样的为数众多的学生，在大学入学考试中数学这一部分的得分不理想，进而没能取得理想的总成绩，导致我们必须参加并不提供大学学分的发展性课程？"对他而言，这一问题是值得探讨的，因此他从自身的经历以及访谈、调查、批判性阅读以及积累的考试结果等相关数据中搜集证据。最终，他发现并撰写了一系列相关问题的组合：学生较差的学习技能、考试程序的偏见，以及小学和中学在教导上的缺失。他不仅发现了自身的一系列问题，而且窥见了考试程序中的许多细节。

比较（包括类比）

一个论点经常将一个题目与其他题目进行对比和比拟。你可能会需要比较两首诗歌，或者比较纳斯达克股票市场与纽约股票交易市场。虽然比较与类比不太会成为一整篇论文的焦点，但它在某些段落还是很有用的，比如说比较安德鲁·杰克逊（Andrew Jackson）和他的国会对手们在银行政策上的异同。

类比是一种比喻性的比较，通过这一比较作者可以描绘出类似事物的相似之处。比如说，人体的循环系统就像一个拥有中心枢纽的运输系统、一个高速公路系统，以及一支携带货物的卡车队伍。

先 例

先例通常意味着固定下来的惯例、习俗。在司法裁决中，先例是经由先前的案例而设立好的一种标准，即判例。因此，建立在先例基础上的论点需要一个先前的事件，这一事件建立了一种法则或者程序步骤。举一个例子，让我们回到反对建设凿磨厂的事例上来，如果研究者可以证明在国内某个地区的工厂的确破坏了环境，那么针对设立工厂究竟有何不利之处的论证就有了一个先例。

意义/影响

如果你实施了一项实验或者观察，可能需要在研究日志上记录实地调查笔记，而且每隔一段时间，你需要将研究结果制成表格。在某些情况下，则需要进一步阐释你的发现，得出结论，并且讨论这一科学探究的意义、影响——你发现了什么，以及这一发现意味着什么。

例如，一名同学研究了药物试验，也就是在药品公司将产品推向市场之前需要进行的试验。他的探讨对消费者而言有种令人不寒而栗的效果。另一名同学分析了作为莱姆病（Lyme disease）携带者的老鼠的作用。进行这一研究不仅需要阅读，还需要进行实地研究、检验，以完成最终的判断。在文学研究中，一名学生考察了托马斯·哈代（Thomas Hardy）诗歌中反复出现的鸟的形象，作为进而探讨哈代作品的一个基本主题：鸟究竟有什么样的含义。

1.5 制订一个研究计划表

在研究项目开始的时候制订一个研究计划表，能够帮助你保持在一定的目标轨道上。计划表的制订可参考以下内容。

发现题目并缩小题目范围。你选择的题目应该包含一个内在固有的问题或者论点，由此出发，你可以解释一个问题，或引用参考文献中的观点。

草拟一个论题及研究计划。即便你并不需要写定一份正式的研究计划，仍旧应该草拟出一个大致的规划，帮助你在深入阅读之前指导并安排研究进程。这部分内容请参看 2.6 和 2.7 两部分。

阅读并创建一个参考书单。初步阅读为你的研究打下了基础，能够让你了解现有文献的数量、质量等大致情况。如果你未能找到足够的文献，那说明你选择的题目范围太过狭窄；如果你发现文献规模过于庞大，那就说明你的题目太过宽泛，继而需要更进一步调整题目范围。第4章和第5章讲解了如何在网上以及图书馆中找到可靠的文献资料。

编写笔记。在一个电子版或纸质版的研究日志中写下笔记。有的笔记是一些摘要概述，有的是在文献中精心摘选的引文，还有一些是用你自己的表达转述的意译。第9章讲授了一些高效做笔记的诀窍。

组织思路及写作提纲。在这一部分你需要写作一个正式的提纲，正式的提纲写作以及思路组织的方法会在本书的9.8和9.9两部分涉及。

写作论文草稿。在写作的过程中，应该让导师大致浏览你的草稿并给予反馈和指导。他/她能够看到你接下来的研究中可能会遇到的问题，同样也会指导你避免过于草率地得出简单的结论。草稿也是同行评议不可缺少的一个部分，在此过程中，你的一两位同学会阅读并评议你的作品。本书的13.1部分会对同行评审做出更为细致的描述。第10章到第12章讲解了与写作论文草稿相关的问题。

调整论文格式。恰当的文献引用格式可以将你的论文嵌入对应学科所要求的形式中，比如说科学类主题常常使用的编号系统，或者教育学论文使用的APA格式。第14章到第17章为不同的学科提供了格式指导。

编写参考文献清单。你需要将研究中所用到的各种文献来源按照一定的格式编写出清单。第14章到第17章提供了文献引用的指南。

修改润色及校对。在研究项目的结尾，你应该认真地检查论文原稿，并且对所有需要改动的地方做出相应的修正。借助电脑，你可以检查拼写还有一些版式方面的问题。针对你修改和编辑的过程，第13章给出了一些小建议。

提交稿件。像所有作者一样，你也需要在某些时候"发表"你的论文，将你的论文呈现给读者——可能是你的指导老师、同班同学，或者是一个更大的群体。因此你需要提前做好计划，在最后的截稿日期前完成任务。论文的呈现也可以有许多种方式：纸质版、用邮件传给你的指导老师、储存在闪存盘上、投放在信箱里，或者发布在你自己的网站上。

第 2 章

确定一个题目

- 将个人想法与学术问题关联起来
- 和其他人交流以便缩小题目范围
- 利用网络上的资源来提炼题目
- 利用图书馆的电子数据库来发现并细化题目
- 利用图书馆的馆藏目录来发现题目
- 拟定论点、省略式三段论或假定
- 撰写研究计划

明确目标

对于大多数专业论文作业，老师都会让学生自己去拟定题目。这样的话，你的任务就是要选择一个可以在整个研究过程中不断激发你兴趣的题目。与此同时，你所选择的题目需要具备一个学术性的视野。这一章会为你的研究项目指出方向：
- 将你个人的想法与具体的学术问题关联起来。
- 和其他人进行交流以便完善题目。
- 通过网络上的资源来提炼题目。
- 利用数据库以及电子文献来进一步完善题目。
- 拟定论点、省略式三段论或假定。
- 草拟研究计划。

需要记住的是，当你在将自己的研究兴趣与学科的内在问题进行连接的时候，一个学术性的题目不仅是为了解决问题，同样也需要调查探究问题。为了更好地阐明这一观念，让我们来看看下面这两个学生是如何着手开启他们的研究项目的。

- 瓦莱丽·内斯比特－霍尔（Valerie Nesbitt-Hall）看了一个卡通片，里面有一个年轻的女人对一个男人说："对不起……我只能在网络上维持恋爱关系，我是一个网恋者。"笑过之后，瓦莱丽由此发现了她的题目——"网络恋情"。经过调查研究，从而确定了她的学术方向：婚恋配对服务以及网络聊天室和许多年前的包办婚姻有相似之处。
- 诺曼·伯科威茨（Norman Berkowitz）在新闻上看到了伊拉克战争中的服役人员进行的无尽抗争，在其中，他特别注意到了那片干涸、贫瘠的土地，这跟他在历史书中学到的知识大相径庭。在历史上，位于底格里斯河和幼发拉底河之间的土地是果与蜜的家园，甚至可以称其为"伊甸园"。那么，那里究竟发生了什么呢？就此，他的研究兴趣集中到了世界的供水问题上，学术焦点也转移到了水资源分配的伦理问题上。

正如上面的例子所示，对题目做出明智的选择对完成学术论文而言是至关重要的。也许你很想从某个个人感兴趣的角度进行写作，比如说"坎伯兰湖的渔业"，然而，研究问题的内容以及背景则会将你引向一个更为严肃且学术化的视角："有毒化学品对坎伯兰湖鱼类的影响。"对这一内容的选择，应该会引导你进行实地考察（关于实地研究的内容参见本书第6章）。

再举一个例子，你可能会对"电脑游戏"这一主题比较感兴趣，然而学术论文要求你对一个问题进行评价，而非仅仅做出描述。它同样也需要你给出更为细致的定义。因此，一个更合适的题目可以是"由视频、电脑游戏习得的灵敏性"。这一题目就需要对"习得的灵敏性"这一术语进行定义，还要解释一些视频游戏是如何提高手眼的协调能力的问题。即便是在一年级的论文写作课上，你的老师也期待看到更为专业、具体化的题目，比如说：

教育	差异化教学：课堂参与的选择
政治科学	保守派共和党与宗教右派
文学	凯特·肖邦（Kate Chopin）的《觉醒》（*The Awakening*）以及女性运动
健康	怀孕期间吸烟的影响
社会学	对孩子撒谎的父母们

如上所述，一个学术性的题目需要调查探究，有时候也需要解决问题。例如，萨拉自身就患有糖尿病，她研究的就是控制这种疾病的方法，所得出的解决方法——在用药、监测、饮食以及运动上的平衡，成了她这一优秀的学术论文的灵魂（参见本书后面的文章：《糖尿病管理：一个微妙的平衡》）。

> **清单：将一般的主题缩小为一个学术化的题目**
>
> 与一般的主题不同，学术化的题目应该：
> - 探讨一个细化的问题，而不是一个宽泛的话题。
> - 与有学识的读者对话，并且将他们带入另一片知识之域。
> - 怀有严肃的意图，需要对问题进行分析，从某角度进行论证，并且解释复杂的细节问题。
> - 达到老师的期许并遵守课程的要求。

因此，你对某一问题的调查探究，或者致力于解决某问题的努力，会赋予你的研究与论文以价值。当你的题目涉及类似这样的问题时，你就有理由要：

- 心怀求知欲地检查已经发现的证据。
- 将你对这一问题的探究过程向读者分享，给他们带来独特的角度以及具有启发性的细节。
- 将你对研究影响的有意义的讨论展现给读者，而不是仅仅给他们一些想法的概述。

2.1 将个人想法与学术问题关联起来

尽可能将你的兴趣与某个学科的内在问题关联起来。比如说，一名学生的母亲深陷网瘾的泥潭，因此她从自己功能失调的家庭经历中出发，写作了一篇论文。她在社会学的学科领域内写作，并且参考了那一领域中的诸多期刊。另一名学生，则是在一个批发折扣店工作，因而她参与的研究项目是针对廉价购物以及它对小城镇商店店主的影响。她所从属的学科领域是营销与商务管理，于是她阅读了与这一领域相关的文献。你需要从两个方面开始：

1. 将你的经历与学术问题以及学术科目关联起来。

2. 通过列举要点、提出问题、自由写作以及运用其他观点生成技巧，来对主题进行构思。

将个人经历与学术题目相关联

虽然你不能将自己的随笔视作学术论文，但可以选择一个贴近你生活的学术论文题目。可以试着运用下面提到的技巧：

1. 将个人的兴趣与学术研究的某一个领域结合起来：

　　个人兴趣：　　滑雪

　　学术科目：　　运动医学

　　可能的题目：　"膝盖的保护"

　　　　　　　　　"肌肉拉伤的治疗方法"

　　　　　　　　　"皮肤护理"

2. 思考对你以及你的家庭产生影响的社会问题：

　　个人兴趣：　　对孩子的教育

　　社会问题：　　孩子在学校中的行为

　　可能的题目：　"多动症儿童"

　　　　　　　　　"学龄儿童应该服药来缓解他们的多动症吗？"

3. 思考与自己可能相关的科学主题：

　　个人兴趣：　　家庭农场中的池塘水以及井水

　　科学主题：　　水中的化学毒素

　　可能的题目：　"地下水的毒化问题"

4. 用你的文化背景激发自己去细致地研究传统、文化，或者所属民族中的神话：

　　民族背景：　　印第安人

个人兴趣：	阿帕奇（Apache）部落的历史
可能的题目：	"印第安人视野中的印第安战争"
民族背景：	西班牙裔
个人兴趣：	美国教室中墨西哥儿童的艰难抗争
可能的题目：	"西班牙裔学生的二元文化经历：失败及胜利"

> **提示：** 学习并运用学术科目中的专门语言。每一个研究领域，无论是社会学、地质学还是文学，都拥有其用以描述分析过程的词语，比如说有特定目标受众（营销学）的"人口统计学特征"，循环和数组（计算机科学）的"函数"。你的部分工作就是学习相应的术语并且恰当地运用它们。

思考你的主题以激发想法，并抓住关键问题

在某些时候，你可能需要休息片刻，运用你的想象力去思忖哪些问题是值得探究的。想法可以经由以下的方式被激发。

自由写作

自由写作就是集中注意力在一个题目上，并且写下任何进入你脑海里的东西。不要考虑语法、格式或者书法的问题，只是不停地写上一页左右，尽情地展开有价值的短语、对比、个人轶事以及帮助聚焦核心问题的具体想法。下面的例子中，杰米·约翰斯顿（Jamie Johnston）表达了他自己对暴力的看法，并很可能据此找到了他的题目。

数量日益增长的欺凌事件表明，人类，无论男女，都争强好斗。即使在

婴儿期，人们也希望拥有对他人的控制权。看看兄弟姐妹之间是如何打架的就知道了。我们观看拳击和摔跤，在冰球比赛时欢呼，等等，这些行为都显示我们在间接参与一场战斗。个人而言，我认为人类一直都是嗜血并且渴望权力的。法国哲学家卢梭虽然声称曾存在过"高贵的野蛮人"，但我个人认为我们总是憎恶他人的存在。

这一段自由写作为作者进一步探究人类历史上战争的作用奠定了基础。

列举关键词

用列表的方式记录下你在文献中看到的一系列词语、基本术语，这些可以帮助你确定自己接下来的研究方向。当杰米开始研究关于战争的问题时，建立了下面这个术语列表：

史前战争	早期武器	高贵的野蛮人
早期受害者的遗体	早期屠杀	奴隶
作为牺牲品的受害者	人类本性	权力
有限的资源	宗教献祭	荣誉

这些关键词可以帮助你草拟提纲，接下来的部分会进行详细解释。

将关键词编写进提纲当中

在研究的早期阶段，写作一个大略的提纲会帮助你确定所选择的题目是否拥有足够支撑研究所需的内容。在这里，研究者需要认识到主要问题和次要问题的等级关系。

例如：

史前战争

    早期暴行的证据

　　　　残缺的骨架
　　　早期武器的证据
　　　　棍棒、弓箭、吊索、狼牙棒等
　　　　有防御性围墙的堡垒
　　　关于战争原因的猜测
　　　　资源
　　　　奴隶
　　　　复仇
　　　　宗教
　　　人性与战争
　　　　寻求权力
　　　　生物性的征服欲

　　像这样对想法的排列归类，会在你的研究过程中慢慢成熟起来，长度渐渐增加，深度逐步扩展。

聚类分析

　　另一种整合研究中主要和次要问题的等级序列方法，是将你的想法围绕一个中心主题聚集起来。这样一种相关主题的聚类分析可以产生大量相互关联的观念想法。图 2.1 是杰米给出的一个例子。

通过比较来缩小范围

　　比较式研究把探讨集中在具体的相异之处上。任意两个词语、两个人、两个群体都可以成为比较研究的基础。历史学家比较美国内战的指挥官罗伯特·E. 李（Robert E. Lee）和尤利西斯·格兰特（Ulysses S. Grant），政治学学者比较保

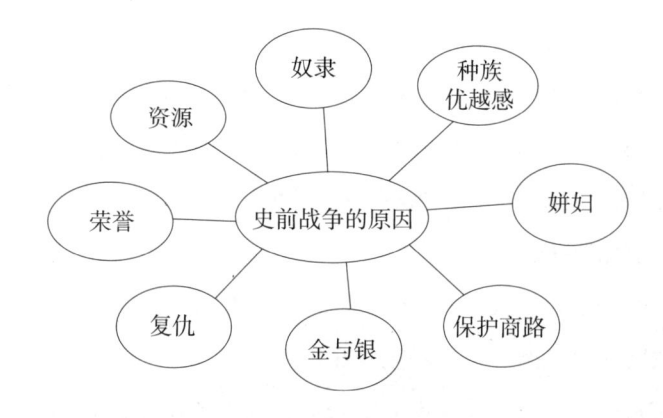

图2.1 对主题的聚类分析

守派和自由派，文学学者比较自由诗体和格律诗体各自的优点。杰米也在他的写作中发现了一个比较研究的视角，他是如此进行表达的：

> 最终，关于战争起因的关键问题，无论是古代还是现代的战争，都聚焦于人们在生物与文化之间做出的选择。一方面，作为一个整体的社会尽可能地想要在和平中保存其文化。然而男人与女人的生物史却始终证明我们仍争强好斗。

这样一种比较的视角成了杰米论文结论中的亮点。

提出问题

研究是一个为问题寻找答案的过程。因此，最有成效的研究者是那些学着提出问题、寻找答案的人。提出与主题相关的问题可以为论文绘制出一个明确的边界。带着问题扩展你的想象，由此才能找到一个明确的主题。

1. 一般性问题会考察术语、议题、原因等等。比如说，在阅读了亨利·梭罗（Henry Thoreau）的随笔《非暴力反抗》（*Civil Disobedience*）之后，读者提出这些问题：

什么是非暴力反抗？

持有异议是合法的吗？是道德的吗？是爱国的吗？

持有异议是一个自由的举动还是保守的举动？

政府是应该鼓励还是扼杀持有异议的举动？

消极的反抗是否有效？

回答以上问题可以将读者带到一个中心的议题或者论点上，比如"非暴力反抗：通过对抗不公正的法律来塑造我们的国家"。

2. 修辞性疑问句将写作模式作为基础。一名学生拟订了以下问题：

比较 国家彩票与赛马相比有什么异同？

定义 在法律术语中彩票是如何定义的？在宗教术语中呢？

原因／影响 国家彩票对教育、高速公路、监狱以及社会项目相关的资金支持有何影响？

过程 奖金是如何分配的？

分类 彩票存在着多少种形式？当前国家通行的是哪种？

评价 彩票对普通公民来说意义在哪里？有什么不利的影响吗？

3. 跨学科的学术领域提供了不同的问题，正如下面一个学生拟订的关于体育博彩业的相关问题框架：

经济学 体育博彩业是否有利于提升大学的体育预算？它是否对国家经济有益？

心理学 当学校的运动生知晓大量金钱的流向都取决于他／她的运动表现时，这样一种博彩方式会给他们的精神状态带来怎样的影响？

历史学 运动博彩业是否有一个可以辨识出的传统存在？

社会学 究竟是哪一种人类天性中的强制力促使他们为一个运动员或一支队伍的英勇表现下赌注？

4. 新闻业的问题倾向于探索一个主题的基本构成部分：谁？什么东西？什么

地方？什么时候？为什么？怎么做？如下所示：

谁？	运动员
什么东西？	违禁药物
什么时候？	在淡季培训的时候以及在比赛那天
什么地方？	训练室还有其他地方
为什么？	提升比赛成绩
怎么做？	通过服用药丸或注射药剂

记者的提问会将你引向这样一些主题，比如"不惜一切也要取胜"，或者是"为了即时的满足伤害自己的身体"。

5. 肯尼思·伯克（Kenneth Burke）提出一个话题一般具有的五个方面，可以从以下五种角度来提问：行动、施动者、场景、中介、目的。我们以小说《老人与海》的研究为例：

发生了什么（行动）？	《老人与海》当中的受难场景
谁做的（施动者）？	老渔夫圣地亚哥
在什么地方以及什么时候（场景）？	在小说的结尾
它是如何发生的（中介）？	圣地亚哥将他船上的桅杆拖到了山上
这一事件的可能动机是什么（目的）？	海明威希望将这个老人塑造成为一名殉道者

这样，研究者就可以带着目的去研究这本小说，比如说去寻找其他的基督教意象，并且将它们排列、归类，进而确定这一研究是否具有一定的价值。

2.2 和其他人交流以便缩小题目范围

私人采访及讨论

像其他研究者一样，你需要正式地向这一领域的专家请教，或者非正式地在喝咖啡或汽水的过程中向你的同事、亲属或者与工作相关的人士请教。你可以向你所在团体中的人进行询问，看看他们对你的研究主题有什么想法和反馈。比如说，瓦莱丽认识了一对最初在网络聊天室相遇后又结婚的夫妇，她向他们申请采访的机会并获得了同意。

随意的聊天给你带来的对某一问题的理解是不需要进行文献引用的，然而，一位认真尽责的作者会在获准的情况下对某次正式采访进行署名归功。

网上讨论小组

别人对你选择的主题是怎么看的？你可能需要和对你所选主题感兴趣的学者互相分享观点和信息。其他人很有可能会发现你未曾意识到的问题的解答，或是指出一个你未曾发现的有趣的研究领域。讨论小组可以采取以下几种形式：

- 课堂上的电子邮件小组，可以经常在网上探讨各式各样的问题。
- 网络课程中的讨论室。
- 网站上的讨论小组。
- 与网上参与者的实时聊天，有时也会采用视频或音频的形式。

许多教师都会设立非正式的课堂讨论列表，并且期望你和其他同学一起在网上积极参与。在某些情况下，你的指导老师也会建议你访问一个具体的网站，比如说"飞梭之声"（Voice of the Shuttle），这是一个从事人文研究的网站，你可以在其中找到许许多多的讨论小组，但你使用它们的方法会直接关系到学术研究的结果。你应该尽可能地提取观点，并且获取与你研究主题相关的问题的反馈，而不是随意闲聊。

> **清单：和其他人一起探索观点**
>
> - 向你的指导老师求教。
> - 和三四名同班同学一起讨论你的题目。
> - 倾听他人的意见。
> - 进行一场讨论或一次采访。
> - 参与一个网络讨论小组。
> - 注意做好笔记。
> - 相应地调整你的研究。

2.3 利用网络上的资源来提炼题目

网络为你找寻题目并将其按照学术的标准进行提炼提供了迅速且便捷的途径。本书第4章会更为详尽地讨论这些问题。在这里，主要说明一下主题目录检索和关键词检索的操作方法。

使用在线主题目录检索

许多搜索引擎都拥有一个将资源按题目整合的主题目录检索。比如说，雅虎目录（Yahoo！ Directory）就将网络上的资源按照比较宽泛的类别进行组织，有艺术和人文类、教育类、社会科学类等等。如果你最开始选择了一个题目，如"替代医学"，你很快就会意识到这一题目太宽泛了，因为雅虎目录在"替代医学"主题中还列举了超过四十个次级主题。因此，目录检索可以帮助你确定一个更为细化的题目，比如说"芳香疗法"或"冥想疗法"，你的研究也能因此更加富有成效。

如果想要就你的题目做一个学术化的研究，你也可能会在网上检索时用到谷歌学术（Google Scholar）。这一网络程序可以通过展示学术出版社、专业协会、在线知识库、大学以及其他网站上发表的文章、论文、书籍以及文摘，将你的研究导向各个学科领域。"谷歌学术"能协助你找到全世界学术研究领域中的相关作品。

但是，网络也使得采用传统的评价方法鉴别电子文章变得更加困难：它是不是准确的、有权威性的、客观的、最新的、及时的以及覆盖全面的？一些网站是某些特殊利益群体的支持者，一些网站会兜售产品或穿插着其他商业网站、促销信息的横幅广告，还有一些网站是个人主页。尽管如此，也有许许多多的网站提供客观的资讯和学术性的信息资源。网上找资料的正确方式如下：

1. 进入图书馆系统中可靠的数据库系统，比如说 InfoTrac、ERIC、ProQuest，还有 EBSCOhost。这些都是受监控的网站，提供了经由编委和同行评审筛选过的信息资源。在家里或者宿舍，通过电子方式远程连接到你的图书馆网络，就可以获取这些资源。

2. 寻找那些最初发表过印刷版本的电子文章。大多数时候，这些文章都已经经过编委的审查了。

3. 查找那些有声誉的资助者名下的网站，特别是学校、博物馆，或者专业机构的。

4. 关于网络搜索利与弊的讨论，还可以参见本书第 4 章。

使用网上关键词检索

利用谷歌或者类似的搜索引擎，可以搜索到与你研究主题相关的关键词。比如说，"美国历史手稿"这一关键词搜索，可以将你引向美国国会图书馆的页面，如图 2.2 所示。这个页面允许使用者以关键词、名字、科目、时间或主题的方式搜索图书馆的手稿集。主题名称包括军事史、外交和对外政策、妇女史，所有这些都可以帮助你找到更为细化主题下的资源。

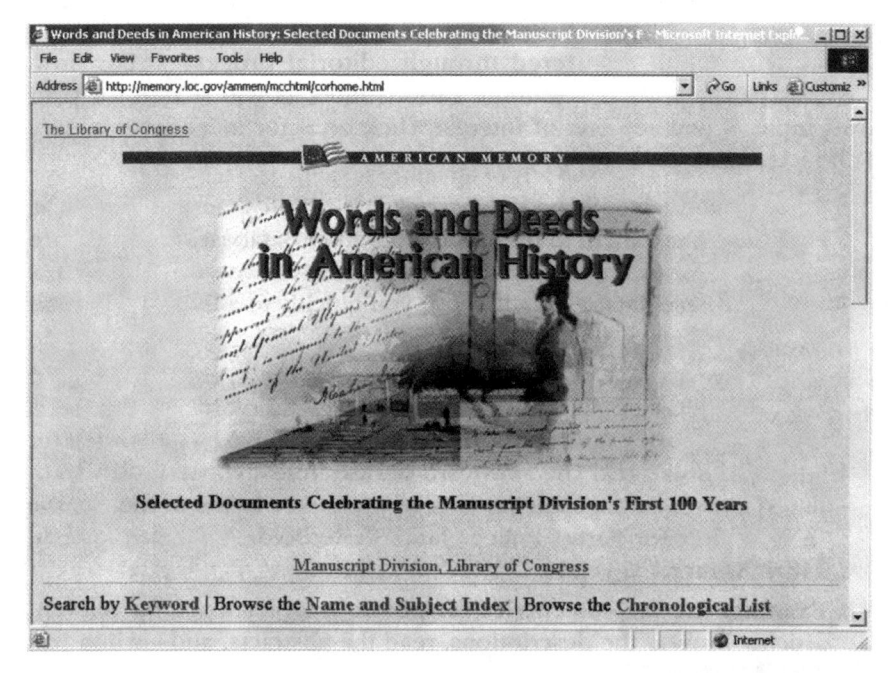

图 2.2 美国国会图书馆网页,通过使用关键词"美国历史手稿"(American history manuscripts)搜索到的结果

布尔表达式(**Boolean expressions**)可以让你集中搜索关键词,规定哪些词和短语可以出现在搜索中,哪些词必须出现,或者哪些主题不能出现在搜索结果中。大多数网络数据库以及网络搜索页面都可以使用布尔表达式的术语,具体来说就是 AND、OR 和 NOT,以及加号(+)和减号(-)的标志。当这些布尔表达式被放置在关键词之间时,面对指令,搜索引擎可以忽略其他关键词的组合方式,而只显示拥有某种特定组合方式的关键词的网络搜索结果。

在关键词搜索中,使用布尔表达式可以进一步细化你研究的主题。比如说,一名学生输入了"网络+沉迷"(Internet + addiction),这时电脑显示出了数以千计的资源。当更为严格地控制输出的要求,输入了加引号的"网络沉迷"("Internet addiction")这一词语的时候,就显著地缩减了资源列表的长度,并且发现了其他一些关键词:"网络健康"(cyber-wellness)、"网瘾族"(weboholics),

还有"网瘾"（netaddiction）。这名学生认识到自己找到了一个可行的研究主题。

2.4 利用图书馆的电子数据库来发现并细化题目

大学图书馆往往会拥有一些在一般搜索引擎中找不到的学术数据库，比如说 InfoTrac、ERIC，以及 ProQuest。这些数据库当中的资源是可靠的，因为它们为你引介的诸多文章都是通过了同行专家的评审或是经由编辑流程筛选之后的结果。目前你需要做的，就是在探索自己的研究课题时，仔细考察各种各样的题目。当看到自己感兴趣的题目时，点开它，去了解更多信息。你可以采取以下步骤：

1. **选择一个数据库**。像 InfoTrac 和 ProQuest 这样的数据库是综合化的，可以用它去找到一个主题。其他一些数据库则更专注于某一个学科，比如说 ERIC 索引仅仅能搜索到与教育学相关的资源。这样的一类数据库会带你更快地进入你的题目所属的文章列表中。

2. **列出可以用来描述你课题的关键词或短语，并加引号**。尽量避免仅仅使用一个过于宽泛的词语。比如说，输入"林业"（forestry）这个词，在图书馆电子数据库中大概会搜索到 5000 个可能的网站。而输入包含两个词的短语"森林保护"（forest conservation），可以搜索到的网站数量则更为可控。

3. **考察与潜在课题相关的多个条目**。你要不断寻找相关的文章、浏览文章的大致描述、阅读摘要，当发现有价值的文章时，如果允许下载，也可以全文打印出来。

2.5 利用图书馆的馆藏目录来发现题目

导师常常会要求你引用一些书籍中的信息，而图书馆的图书索引可以为你的研究课题提供诸多建议，并确保你的研究题目不仅在网络或期刊的载体中经过了研究，更以书本的形式被深入探索过。这些索引将图书馆的藏书以及其他有用资源编列起来，虽然它们并不为通俗杂志或学术期刊中的文章提供检索，但可以告诉你图书馆拥有哪些期刊资源，并且告知你它们是纸质书还是电子书。正像在 2.4 部分中提到的电子数据库那样，索引系统也通过引导你从宽泛的主题进入次级主题，直到定位到最终具体的某本书籍，从而帮助你找到一个具有可行性的题目。

本书的 5.3 部分会更加详尽地用实例阐明这一过程。现在，可以输入你的主题，如"食物""营养""过敏"，来看看图书馆中存在哪些包含这些词语的标题。搜索出的书名，比如说《儿童与食物过敏》《我们食物当中的环境毒素》《与空气一同生活》，这些题目可以提示你发现一个潜在的课题，如"控制食物过敏反应的特殊饮食"。当你在书库中找到了一本书，还应该花时间看看同一书架上与之邻近的书籍，因为它们很可能涉及同一个课题。

当你确定了一个研究课题，还需要探索式地阅读许多书籍来增加对所选课题的理解程度。你需要认真地阅读书籍的名字以及章节的名字，以求发现关键术语，例如：

《法国大革命的教训》

《拿破仑的统治雄心及追求》

"视角：拿破仑与天主教会的关系"

这些题目包含了学术论文所需的一系列关键词以及可能的话题：拿破仑的雄心、拿破仑与教会、法国大革命。

仔细考察书籍当中的目录来找到感兴趣的话题。一本典型的历史书籍可能将这些标题排列放置于目录当中：

法国大革命

拿破仑的时代

对拿破仑的反抗以及更多的革命

法兰西第二帝国

如果你对这些标题当中的任意一个感兴趣，就可以去书后的索引页寻找更多附加的标题，如下面这个例子所示：

拿破仑

  称帝，174—176

  成为第一执政，173

  成为终身执政，174

  与天主教会，176—178

  的性格，168—176

  与法典，178—179

  被敌人打败，192—197

  遭到反对，190—191

  在欧洲拓展帝国，180—189

    夺取政权"一百天"，198

    被送往厄尔巴岛（Elba），197

    被送往圣赫勒拿（St.Helena），199

如果你于其中发现了有趣的地方，就可以进入指定的页码当中去进一步探索课题。

提示： 研究课题的选择不仅是确定一个大致的类别（比如说"单身妈妈"），它意味着要择取一个能激发研究可能的话题或问题，如"养父母项目目前似乎有代替孤儿院体制的趋势，它是有效的吗？"也就是说，你需要设立一个立场，树立一个信仰，或者提出问题。

2.6 拟定论点、省略式三段论或假定

一个中心论点往往控制着整篇论文的方向以及内容，所以你需要尽早地开始构思一个具有支配性的观点。以下每一种观点都旨在完成不同的任务：

• **论点**提出了一个需要作者对其加以证明的结论。例如：与一些哲学家们提出的观点相反，人类经常性地参与到战争中去。

• **省略式三段论**常常会提出一个原因从句式的观点，而且作者需要对之加以阐明。例如：所谓"高贵的野蛮人"并不存在，因为即便是史前人类也会为各种各样的理由频繁加入战争之中。

• **假定**是一种必须加以检验的理论，可以在实验室、文献或者在实地研究中证明其有效性。例如：人类往往由其自身的生物本能所驱动，去从肉体上打倒已感知到的敌人。

接下来让我们更详细地了解一下上面提到的每一个种类。

论　点

论点可以将你的题目扩充为一个学术性的研究计划，你需要在论文中对这一计划加以证明或对其进行辩护。它并非陈述一些显而易见的观点，比如说，"兰斯顿·休斯（Langston Hughes）是来自哈莱姆区的著名诗人"。这样的句子并不会激发任何学术性的讨论，因为你的读者们知道任何已经发表过作品的诗人都是拥有一定天赋的。因此，写作者必须找到一个重点关注的领域，以此来细化并限定一个问题，就像下面这名学生在她的论文中所展示的那样：

> 兰斯顿·休斯使用了一种带有争议色彩的本地语言，这种语言为后来的艺术家铺平了道路，即便是今天的说唱音乐家也受益于此。

这样的论点提出了一个作者可以进一步阐发并用证据证明的观点。作者将主体——兰斯顿·休斯，与聚焦的对象——本地语言连接到一起。下面请看另外两个作者的初步论点：

> 论点：聊天室和在线匹配服务使人们只有在通过电子邮件预先安排好后才能见面。

> 论点：哈姆雷特的性格部分是由莎士比亚操纵其独白时的舞台布景所塑造的。

在第一个例子中，作者将要证明网络恋爱与过去的包办婚姻有相同点。在第二个例子中，作者将会讨论戏剧背景的多种变换究竟会对主角的角色传达起到怎样的作用。

根据批判视野的不同，一个题目可能会产生一系列不同的话题，作者可以对这些话题加以筛选：

生物学视野： 对那些希望规避某些特定疾病的人来说，功能性食品是日常饮食之外一种有效的补充物。

经济学视野： 在对抗不断增长的医疗保健成本的战斗中，功能性食品可以成为一种非常经济的武器。

历史学视野： 几个世纪以来，包括原始部落在内的其他文化体，其实早已经了解食物所拥有的治愈功能。然而，为什么现代化学还在不断向我们掩饰食物的这些积极作用呢？

以上每一个陈述都在读者那里激起了一种响应，读者会希望在文章的主体部分看到一个经过细致组织的证明过程。

你的论点通过推动对事实观点的检验，引导读者向你论文的具体观点靠近，从而帮助他们对你的论文结论进行预测。在接下来的例子中，请注意这三位作者是如何在拥有相同课题的前提下发展出截然不同的论点的。他们共同的课题是"海明威《老人与海》中的圣地亚哥"（这部小说叙述了一名叫圣地亚哥的古巴渔夫艰辛劳作的故事。他急切地需要通过捕获许多鱼来获取收入。有一天他抓到了一只马林鱼。经过长时间的搏斗挣扎，圣地亚哥将这只大马林鱼捆在了他小船的侧面。然而，在他夜晚的归途中，一群鲨鱼攻击了这只大马林鱼，最终他到家时只剩一条鱼的骨架了。他将船上的桅杆取下并像背负十字架一样地肩扛着它，迈步走向了山上的家）。

  论点：贫困促使圣地亚哥过度冒险，使他失去理智地全力捕捉马林鱼。

上面这名作者将要考察圣地亚哥做生意时的经济景况。

  论点：大马林鱼是人生中所有障碍与险阻的象征，而圣地亚哥就是所有受苦人类的象征。

这名作者将要研究这篇小说的宗教以及社会象征。

  论点：海明威对圣地亚哥的描绘展示了作者本人对古巴及其禁欲主义英雄的深深崇敬。

这名作者采取了社会学的视角来考察古巴的文化及其对海明威创作的影响。

省略式三段论

你的论文导师可能会希望学术论文能够展开一种叫省略式三段论式的论证过程，这是一个包含原因从句的观点。例如：

  多动症儿童需要药物治疗，因为多动症是一种医学疾病而非行为问题。

作者之所以认为这类儿童需要药物治疗，是因为前面提到这种情况是医学问题，而非行为问题。作者还需要探讨这一论述中未加阐明的假设，比如说，药物治疗足以解决这个问题。

　　世界各地都有因水资源缺乏而死去的人，因此那些拥有丰富水资源的国家有道德义务来分享这些资源。

拥有丰富水资源的国家有义务去分享，当然就是争论的焦点。

假　定

假定常常为某事物提出一个理论或一种解释。以下是假定的各种不同类型：

理论性假定

　　在课堂上对年轻女士的歧视行为，也就是所谓的"亏待"（shortchanging），会对女性的学业、社交以及心理造成伤害。

在这里，这名学生将通过引用与"亏待"相关的文献进行理论上的研究。

条件性假定

　　糖尿病可以通过药物、监测、规定饮食以及锻炼得到控制。

这种假定的成立一定要满足某些条件。糖尿病的控制取决于病人充分完成四项任务的能力，进而证明假定的有效性。

关系性假定

　　课堂规模会影响到写作教师所布置的作业数量。

这样一种假定认为，当一个变量发生了变化，其他的也会随之改变。这样的假定可以通过对课堂规模与作业数量进行调查实验并相互关联在一起，从而得到检验，这也是实地研究的一种。

因果性假定

儿童的玩具是由电视广告决定的。

因果性假定是说假设两个因素会同时出现，并且认定一个因素要对另一个因素负责。拥有父母身份的写作者可以进行研究以证实或推翻这样一种推测。对文献进行回顾式研究也可以帮助你完成这样的任务。

2.7 撰写研究计划

研究计划往往采取两种形式：（1）用来明确研究设计的较短的一段文字，供你自己和你的老师参考；（2）一篇正式的、包含许多页的报告，在报告中包含了背景知识、研究的基本原理、文献综述、采用的方法，以及最终想证明的结论。

短篇研究计划

一个短篇研究计划确定了你的研究所需的五个基本要素：
- 具体的研究题目。
- 论文的目的（用以解释、分析、证明）。
- 目标读者（一般的还是专业的）。
- 你作为作者的看法（传达者还是辩护者）。
- 初步的论点或开放的假定。

比如，下面是诺曼·伯科威茨写作的研究计划：

20世纪40年代末，人们开始大规模生产电视机，从而将柔和的光芒和动作的声音带入了美国的数百万个家庭。与此同时，研究人员开始研究看电视对儿童的影响。由于没有权威的研究成果成为电视影响儿童学习发展的无可辩驳的标准,一个核心问题仍然存在,即电视在儿童的学习发展中是否有一席之地?

无论由谁来收集统计数据,无论如何统计和解释,一个无需争议的结论是,儿童花了大量的时间看电视,这不可避免地影响到他们的语言学习。因此,本文将研究其对儿童语言发展的消极和积极影响。

这名作者已经发现了他研究任务的实质,接下来就可以寻找足以佐证其观点的证据了。

清单:读者须知

确定你的读者。不知你是否构想过你的读者?他们的专业以及期待究竟是什么?你对读者的预期与感知会影响到写作的表达、风格以及具体的措辞。

确定你的学科。不同学科领域的读者会带着不同的预期进入你的论文当中,这些预期关乎论文内容、语言、设计以及引用格式。

满足读者的需要。你是否在叙说一些值得讲述的事情?一些新的事情?尽量不要用百科全书上大家都知悉的事实去引发读者的厌倦心理(这种危险也说明了为什么许多论文导师都不建议将百科全书作为一种引用资料)。

吸引甚至挑战你的读者。尽量寻找有趣或与众不同的观点。比如说,考虑到工业化的进程也在逐渐蔓延至乡村地区,一份关于务农生活的报告可以成为有关化学污染物的质疑性考察。还有,区别于常规的主题或性格特征的论述,针对一部小说的解读也可以成为对监狱体系的一种评估。

长篇研究计划

还有一些指导教师会给你布置长篇的研究计划,这样的研究计划需要包括下面所有要点。

1. 封面。需要包含研究项目的名称、你的姓名、需要向其提交研究计划的个人或单位。

网络课程:一种新的学习文化

凯特琳·凯利

向玛克辛·格德纳博士提交

满足英语4010课程的要求

2. 如果需要的话,附上摘要。摘要需要用50到100个字来总结你的研究项目(更多信息见本书15.6部分)。

  信息技术和在线学习工具的进步正在彻底改变高等教育。随着对更多非传统学习方式的推动,全国各地的大学在适应、加强和改善学生的教育经历方面面临着更大的压力。我们对在线学习进行了调查,以研究基于网络的课程的有效性以及对传统课堂环境的影响。目的是确定这一最新趋势的效果,以及这种学习方式是否能提供充分的互动和实践,以实现学位的实现和职业准备。结果喜忧参半,因为目前的研究显示,网络学习的增加和学位的获得之间的联系并不明显,需要更多的时间来形成一个成功的基线。

3. 写上你研究项目的基本原理,含一份目的陈述。实际上,这就是你的论文论点或者假定,还包含你的作品面对的目标读者以及你作为作者的角色身份——是传达者还是辩护者。

  这个项目是由玛克辛·格德纳博士建议的,以完成英语4010教与学的研究部分。这项工作也将服务于大学远程学习委员会,该委员会已经启动了一个针对非传统学生和学习社区的项目。这个项目如果得到批准，将成为委员会研究结果的一部分，并为最后的报告做出贡献。

4.在资格陈述中说明你的经历，或者写上你赋予这一研究项目的一些特质。凯利在她的研究计划中这样写道：

> 我为这项研究带来了第一手经验，因为我已经完成了在线和传统课堂的课程。我的中等教育课程即将结束，我将努力达到硕士学位的要求。我的男朋友目前正在攻读他的商业管理学位，需要完成十门课程。他的每门必修课都是在线的。对于在线学习的进展，我的感觉很复杂。一方面，我喜欢在一天中的任何时间灵活地完成课程作业，但担心缺乏与导师和同伴一对一的时间，这预示着在社会中，个人互动和交流又进一步衰落了。

5.文献综述，是针对你在研究任务初始阶段中所考察的文章及书籍的一份报告。

> 虽然技术确实增加了在线课程的入学率，但关于在线课程能提供的满足工作场所需求的协作和人际关系技能方面的深入研究很有限。根据西蒙斯的说法，"大约63%的大学和技术学院正在设计和实施远程学习课程和模块"。2016年秋季，超过730万学生——占高等教育总入学人数的34%——通过大学学习了至少一门在线课程（Myers and Yang）。远程学习课程的快速增长引起了人们的关注，认为在线学习的狂热只是"大学希望在这股热潮中获利"（"在线抢钱"）。需要更多的研究来探索和评估远程学习项目的特点，如学习者和教师的表现、质量、认可或满意度。事实上，班克斯顿（Bankston）在2015年进行的一项选择性调查显示，只有32%的教师"接受在线教育的价值和合法性"。虽然这个水平比2005年在线学习增长的最高值要高，但"仍然有一种看法，认为远程学习不是真正的学习"（Cavillo 19）。在在线教学

被更广泛地接受之前，缺乏教师支持只是学校必须克服的一个障碍。班克斯顿的报告显示，考虑接受在线教育的学生更担心"财政援助和获得学位后的雇主接受度"，而不是他们是否真的在学习。尽管学生、教师和雇主持保留意见，但"在线课程的数量连续十年增加，使高等教育的总体入学率有轻微下降"（Granger 47）。

6. 对研究方法的描述，是指你对研究所需材料的一种设计，是你的研究进程时间表，有必要的话还包括你的预算。这些元素常常属于科学研究的一部分，你可以参考第15章和第17章关于社会科学、物理科学以及生物科学的内容。下面是凯利的描述：

> 本文将研究在线大学课程的优点和问题。虽然远程学习为平衡工作、家庭和学校提供了优势，但对在线课程的质量，以及个人成长与职场晋升的长期影响的疑虑却挥之不去。为此，本研究项目将考察目前有关这一主题的文献，以及对在线课程优势和缺陷的研究结果。在这项研究中，我还将就在线课程的便利性和有效性制作一份3～5个问题的简短调查问卷，用邮件发给参加在线课程的学生，让他们参与，并收集他们的回答。我也会将调查问卷打印出来，给那些在传统教室里学习的学生。我的目标是收集至少25份在线问卷和25份课堂问卷。虽然一个更大的、范围更广的调查会更有分量，但这个简短的评估将为在线课程的质量以及个人成长和职场晋升的长期好处提供宝贵的见解。

清单：在研究计划中解释研究目的

学术论文需要完成以下几种工作：
- 解释并定义研究题目。

- 分析具体的问题。
- 用有分量的证据说服读者。

a. 运用**解释**来回顾并逐条列举真实的数据资料。

b. 运用**分析**来对同一主题的不同部分加以归类,并对每一部分进行深入的调查探究。

c. 运用**说服力**来质疑对某一问题的普遍态度,并且确认新的理论、提出解决办法、提议行动步骤,或者至少可以邀请读者加入一场智性的对话。

你的研究项目

1. 将你的个人兴趣列成清单,或者列出影响你心理、生理活动的诸多事物,对清单中的各项进行仔细考察,看看能不能找到一个学术的角度,将你的题目很好地切入研究作业的语境当中。更多相关信息,参见本书的 2.1 部分。

2. 使用本书 2.1 部分提到的列表,提出与潜在课题相关的问题。

3. 在你的校园或社群当中四处转转以寻找研究课题。与你的同学甚至是老师就一些校园问题进行交谈,也可以聚焦在你所在的社区中寻找问题,比如说大街上商户的转让问题。你也可以认真思考阅读过的一部作品,比如说菲茨杰拉德(Fitzgerald)的《了不起的盖茨比》(*The Great Gatsby*)。当你心中已经有一个感兴趣的话题领域时,可以使用一些使其更为细化的技巧,比如说聚类分析、自由写作或者列举关键词。

4. 当你想要确认是否有足够的文献资源,或者想要进一步细化主题的时候,可以浏览网络、访问学校图书馆的数据库,也可以仔细梳理图书馆的电子书籍目录,记得将你感兴趣的文章或书籍标题打印出来。

5. 查阅你的研究计划表,进而确定你在课题探索的初期所需要完成的任务,并了解到进一步推进研究项目还需要哪些工作。

第 3 章

整理思路并设立目标

- 按照一个基本的顺序来安排你的论文写作进程
- 用你的研究计划来指导笔记的记录
- 列举关键术语及短语为笔记记录设定方向
- 编写一个大致的提纲
- 通过不断提问来发现要点
- 利用组织结构设置目标
- 利用不同学科的方法拓展思路
- 用论点为你的研究指明方向

> **明确目标**
>
> 研究项目中最初的一些步骤有时候看起来是相当随意的。在最开始确定下你的题目以及可用的材料资源之后,你应该整理自己的思路,这样你的阅读以及做笔记的工作才可以与你具体的目的直接关联起来。这一章节具体探讨相关的内容,可以为你的研究提供思路:
>
> - 在研究任务过程中使用一个明确的顺序。
> - 用你的研究计划来指导笔记的记录。
> - 为笔记的记录列举关键术语及短语。
> - 用提问来发现问题。
> - 运用展开模式来组织思路。
> - 用论点来为你的研究指明方向。
>
> 如果你在纸质文献或网络打印出来的资料上记笔记,那么你的初始工作就会显得过于凌乱和混杂。因此,为了在研究的迷宫中找到出路,你需要设立一个初始的计划来整理思路。

3.1 按照一个基本的顺序来安排你的论文写作进程

你的论文应该按照这样的顺序进行写作:追溯问题—论证并支持某个论点—提供动态的问题—观点延伸并指向最终的结论。一篇论文应该包含以下几个方面:

- 对问题或话题的确认。
- 对这一话题相关文献的综述。
- 你的论点或假设。
- 对问题的分析。
- 对证据的铺陈。

- 对研究发现的解释与讨论。

在每一次的论文写作中,你都需要通过以下方式激发论文的活力:(1)在引言部分建立读者期待;(2)在文章主体部分探索问题;(3)提供一个最终的判断。这样,你才可以满足学术型读者的要求,他们期望你能:

- 分析一个问题。
- 引用与之相关的文献。
- 提出你的观点与解读。

这三项几乎在每一篇论文中都是必不可少的。因此,前期的规划决定了你论文最终的结果。

3.2 用你的研究计划来指导笔记的记录

如果你已经写作好了一篇研究计划,这份计划应该提出相关值得研究的问题。比如,下面这篇研究计划的最后一句话指明了三个研究话题:

> 每个人都认为水资源很丰富,并且会永远都在这里。我担心水可能很快就会取代石油,成为国家最为珍贵的经济资源。我们已经就水资源共享问题产生了法律上的纠纷,可能有一天也会就此发生战争。初步的阅读已经让我们发现,不断增长的世界人口见证着不断萎缩的世界水资源供应。因此,本文将探讨关于水资源的供需问题、正在浮现的政治权力斗争问题以及世界分散的淡水供应所裹挟的道德意蕴。

这名作者将阅读文献并且做笔记,对欠缺水资源与富含水资源的国家和地区进行环境上的考察。有关写作研究计划的探讨与方向,参见本书第 2 章。

另外一位作者撰写了下面这篇研究计划,列出了为完成该研究项目所需的各种类型的证据:

器官与组织捐献一直以来就是社会不断关注的问题。本文将揭示公共想象中普遍存在的偏见，并且希望能消除它们。本文将探讨器官与组织捐献的迫切需求及价值，也会逐条列出器官以及它们使患病者与受伤者康复的用途。本文将评估，同样也会倡议：签署捐献卡！

3.3 列举关键术语及短语为笔记记录设定方向

遵循下面两个非常简单的步骤：（1）粗略地将想法与词语编制到一个大致的列表当中；（2）对这一列表加以扩充，从而显示出主要与次要观念的等级序列。

诺曼·伯科威茨同学就列举出了受世界水资源供应影响的诸多项目：

　　野生动物的生存

　　清洁与卫生

　　灌溉农业与食物供应

　　生物科学问题

　　水资源分配

　　全球变暖

　　奥加拉拉（Ogallala）蓄水层

这样，诺曼就可以利用这个列表进行笔记的记录，在每一条注解中附上上面的短语标签。

> **提示**：这时，你的主要任务是寻找可以加快网络与图书馆索引搜索进度的相关术语。

3.4 编写一个大致的提纲

你应该尽早将核心术语编制到一个简略的提纲当中，将字词与短语整理到一个排列好的序列当中，就像下面这个例子所显示的那样。杰米着手探索与史前战争相关的问题，并很快就草拟出了这样一份大致的提纲：

史前战争
    武器证据
    来自遗骸的证据
    士兵和要塞的证据
早期斗争的原因
    资源
    奴隶、姘妇以及作为牺牲品的受害者
    金、银、青铜、铜币
    复仇
    维护荣誉
人类斗争的原因
    生物
    文化

这个提纲虽然看起来非常粗略，但其中包含了在网络以及图书馆数据库关键词检索中所需的术语。此外，在这时开始前期阅读，并为列表上的条目编写笔记并不算为时过早。

> **研究建议：使用直接引用来避免剽窃**
>
> 在杰米研究进程的初期，他通过在线搜索定位到了一个有用的网站，这个网站为其史前战争相关的论文提供了一些关键思路。"火枪、剑和油漆"（Musket, Sword and Paint）这一网站上的文章提供了较为专业的信息：
>
> > 一小片堤道已经显示出战争的迹象。这些遗址坐落在山顶或山坡上，且有更为连续的沟渠。"有组织的战争并不是什么新鲜事，早在史前时期就已经有人付诸实行了千年。"亚瑟·费里尔写到。
>
> 对杰米而言，潜在的危险就是在未将原创观点归功于作者的情况下，就将该文献的思想纳入自己的论文当中：
>
> > 有组织的战争早在史前时期就已经被付诸实行了千年。
>
> 为了避免这种有意剽窃发生的可能，并为自己的观点增加可信度，这位学生可以将文献的作者名字添加上去，并且在论文中加入直接引用的成分。
>
> > 根据亚瑟·费里尔的观点，"有组织的战争并不是什么新鲜事，早在史前就已经有人付诸实行了千年"。

3.5 通过不断提问来发现要点

提出问题可以帮助你在笔记中寻找答案（也可以参见本书 2.1 部分的"提出问题"一节）。一名学生在她写作的开始列举了下面一系列问题：

什么是功能性食品？

它是如何在身体抗击疾病的过程中起作用的？

健康的饮食是否可以降低医疗的花费？

健康的饮食是否延长了人们的生命？

我们能否确定究竟是营养食物中的哪些成分在起作用？

什么是抗氧化剂？致癌物？自由基？甘油三酯？

之后，她开始为这些问题寻找答案并且写作一份笔记。有时候，一个问题可能会与其他问题有所关联，甚至会直接关系到问题的答案，"营养食品是一种新的发明吗？"可以为文章的某一段提供一个核心的论点：

尽管医疗专业人员才刚刚开始关注食物的药用价值，但几个世纪以来的许多人早已知晓食物的健康特性。

3.6 利用组织结构设置目标

你需要试着考虑文章一步步的进展，或者说组织结构，建构起有效的段落组织并且全面探索你的课题内容。之后，需要将你的笔记内容建立在文章展开模式的基础上：定义、比较和对比、处理、例证、因果关系、分类、分析以及描述。

下面的结构是一个曾经研习过器官组织学相关问题的学生提供的：

定义组织捐赠。

对比神话、宗教观点以及伦理考量。

举例说明器官与组织捐赠。

使用统计资料与科学数据。

找出人们不愿签署捐赠卡的原因。

确定针对拯救儿童生命的器官捐赠的结果与影响。

阅读并使用有关儿童死亡与公众器官捐赠的个案。

了解器官捐赠过程的每一个步骤。

对捐赠进行分类并且分析问题。

给出那些被拯救者的叙述性的例子。

有这样一个列表在手,作者就可以搜索资料,从而进一步完成定义、对比、处理等任务。

> **提示:** 你应该尝试将列表上每一个重要的条目都扩展为一个完整的段落。先写作一个定义问题的段落,之后的段落可以对比不同的人对器官捐赠的态度。之后,再用另一段给出四到五个例证。这样一来,扩展成一篇论文也就指日可待了。

下面这名学生的笔记记录了有关课题内容的描述:

　　器官与组织捐赠是生命的礼物。每年都有许多人因疾病或先天性的缺陷而面临着健康问题。器官移植使得这些人拥有了过上正常生活的机会。可以成功移植的器官包括心脏、肺、肝脏、肾脏和胰脏(Barnil 1)。可以成功移植的组织包括骨头、角膜、皮肤、心脏瓣膜、静脉、软骨和其他结缔组织(Taddonio 1)。

3.7 利用不同学科的方法拓展思路

每个学科领域都会为某一议题提供特殊的洞见。比如说,假如你想考察美国历史上的一个事件,如小巨角战役(the Battle of the Little Bighorn),不同的学科可以为你提供看待这一问题的不同视角:

政治学：卡斯特[1]在寻求政治荣誉的道路上是否过于仓促？

经济学：政府是否想开发西部的土地以使国家更加富裕？

军事学：卡斯特的军事策略是否有缺陷？

心理学：是不是卡斯特将军的自负导致了大屠杀？

地理学：为什么卡斯特将军选择在这个地点进行一场战斗？

这些不同的视角也可以在学生查找文献、解决问题的时候，帮助他们撰写出一份有价值的笔记，正如下面的例子所示：

> 1876年对总统及国会的西部政策来说是里程碑式的一年，然而酋长坐牛[2]与卡斯特抓住机会分享了荣耀。卡斯特的自负与政治野心胜于其军事头脑（Lemming 6）。同样地，坐牛的军事战术（他告诉他的勇士们要去杀人而非炫耀他们的勇敢）对于卡斯特及其军队而言是毁灭性的，使他们不再有机会轻松地抗衡"跳跃、跳舞的印第安人"（Potter 65）。

3.8 用论点为你的研究指明方向

一篇论文的论点常常为此文的进一步拓展指明方向。

按议题进行组织

一个论点可能会需要作者来处理众多不同的议题以及立场。

> 论点：对于器官捐献的误解扭曲了现实，严重限制了那些需要眼睛、肝脏或健康心脏的人获得器官。

---

[1] 乔治·阿姆斯特朗·卡斯特（George Armstrong Custer，1839—1876），美国著名骑兵军官。——编者注

[2] 北美印第安人部落首领。——编者注

议题1：许多神话误导人们相信器官捐献是不道德的。

议题2：作为病人，某些担忧是他们可能因为身体的某个部分而被提早终止生命。

议题3：有时，宗教观念也会妨碍器官捐献。

上面的大纲尽管简略，但为作者指明了需要进一步探究足以支撑论点的三个类别。下一步的笔记记录就可以集中在这三个议题上。

按因果关系进行组织

在某些情况下，论点常常会引导文章按照因果关系进行拓展。接下来这位作者文章的论点是关于电视的教育价值的，这一论点指向了四个值得进一步探索的领域。

论点：电视对儿童的语言发展会产生积极的影响。

效果1：电视会带来新的词汇。

效果2：电视强化了词语的使用与正确的语法。

效果3：文学经典在电视上会以言语的形式变得生动起来。

效果4：电视可以表现熟练的说话者微妙的韵律与音乐效果。

清单：评价你的整体计划

1. 我的论点是什么？我的笔记与记录是否可以为我的立场进行辩护，并阐明我的立场？我提供的证据是否可信？

2. 我是否已经找到了拓展论点的最佳方案？方案中是否包含以下要素：逻辑论证、评价、因果关系，或者比较？

3. 我是否应该综合运用不同的方法，即是否需要评价主题、检验成因和结果，以及进行逻辑论证？

这样的一个大纲可以帮助作者把自己的论点拓展为一篇有关电视观看的全面讨论。

按解释与评价进行组织

评价是在通过一系列标准来判断某个主题的过程中产生的，例如你分析一首诗歌、一部电影，或者博物馆陈列。可以看看接下来这名学生的论点究竟需要对哈姆雷特这一人物进行怎样的阐释：

> 论点：莎士比亚通过操纵哈姆雷特独白时的舞台布景来展现其易变的本质并昭示其失败。
>
> 1. 他的心灵是黑暗的，因为他母亲的乱伦。
> 2. 与演员相比他显得很无力。
> 3. 他被死亡的吸引力所牵引。
> 4. 他意识到自己无法完成残忍的、非自然的行动。
> 5. 相比之下他为自己的休止状态感到羞耻。

按比较进行组织

有时候一个论点指定了需要比较某一问题所蕴含的两方面的价值，正如下面这位同学的初步大纲所写的那样：

> 论点：规训通常包含着惩罚，然而虐待儿童又给它增添了另一重意味：大人的满足。
>
> 比较1：打屁股可能还是为儿童着想，然而毒打与鞭笞通常没有任何补救价值。
>
> 比较2：课间休息的设定提醒儿童，人际关系是重要的并且需要被珍视，然而在壁橱中关禁闭只会增添歇斯底里与恐惧的情绪。
>
> 比较3：父母的自负与自私之心通常会被放在儿童的幸福之前。

你的研究项目

　　1. 将与你题目相关的关键词编入一个列表（参见本书 3.3 的例子）。在你做好一份清单之后，试着将关键词进行分组，并放置在主要观点与副标题的下面。你可以将这个清单视作一个粗略的工作大纲，并以此来指导你的阅读以及笔记记录。

　　2. 就你的题目提出一系列的问题。自己试着写出一系列的问题，在这之后也可以咨询你的朋友、同学，针对你最初的题目，问问他们还有什么想了解的。参见本章 3.5 部分。

　　3. 再次斟酌你的论文论点，想一想这样的论点会为你论文的进一步展开指出什么方向。参考一下本章 3.8 部分提出的几种展开模式，将一种或者几种模式套用在你的题目以及论点中试一试。

　　4. 重新参阅本书 1.5 部分中的研究计划表，看看你已经完成了哪些步骤，并确认下一步研究计划的重心。

第 4 章

在网上搜集资料

- 开始网络搜索
- 理解网络地址
- 使用关键词与布尔表达式
- 使用 RSS 订阅以及社会化书签
- 查找学术期刊与通俗杂志中的文章
- 查找报纸与媒体资源上的文章
- 查找照片以及其他可视化文献
- 使用电子书
- 使用电子邮件讨论组（LISTSERV）、博客以及聊天群
- 在线查阅图书馆馆藏
- 寻找网络参考文献
- 通过网络进行档案研究

> **明确目标**
>
> 今天，电子资源是研究信息的主要资源之一。网络让我们可以接触到与某个主题相关的数百万份电子文件，这些文件包括文章、图表、音频和视频剪辑片段以及原始数据。这一章将在网络信息搜索方面为你提供指导：
> - 在网络上寻找可用的学术信息。
> - 访问网络资源。
> - 在繁杂的网站中进行评估及筛选。

尽管网络并不能取代在图书馆或实地研究中获取的参考引文，不过它同时提供了最好的与最差的信息，这就需要你细致地评估。当你在阅读一篇网络文章的时候，一定要花点时间判断它的权威性和真实性。

尽管大多数网站的内容都符合基本的学术标准，然而你仍应记住，最好的学术文章还是来自学校图书馆的数据库。当你在处理网络资源的时候，必须将那些充斥着无事实根据的信息中的个人观点片段剔除出去。许多商业网站会在它们的销售说辞之外加上知识性文章的伪装。在一些情况下，你也会看到某些团体的游说宣传页面，这些页面上充斥着预设的偏见。这些偏见不顾客观事实的描述，反而刻意迎合某些团体在某些问题上的看法：环境问题、枪支管理法的问题、移民问题等等。这一章会帮助你辨别这些网站。你也可以参考本章 4.1 部分的清单：评估网络资源。

与此同时，你也需要注意避免跌入剽窃的陷阱。剽窃意味着在没有进行引用与标注出处的情况下直接将网络资料下载粘贴到你的论文里，假装这些资料是你写的。此外，如果你买了一篇枪手代写的论文并以你自己的名字提交，这也是剽窃的一种，可能会造成你这门课程不及格，甚至得到留校察看的处分。

因此，这一章会帮助你完成两个任务：（1）成为一个在网络上搜索学术资源的能手；（2）可以熟练地在网站上的诸多资源中进行评估及筛选。

> **清单：使用网络资源而不是印刷资源**
>
> 网络上的文章有许多优势，然而它们也有一系列的问题。好的一面是，你可以使用电脑显示器阅读文章，也可以储存或者打印出来，从而免去了影印的麻烦。你甚至可以将资料下载到闪存盘中，在合适的时候直接用到你的论文当中。然而，下面这些问题是你要注意的：
>
> • 网络上的文本可能与印刷的版本并不相同，有时候只是个摘要。因此，在引用网络资源的时候要尽量避免出现从纸质版本直接引用的标记。比如说，《今日美国》（*USA Today*）印刷版上的某篇文章与其同步站点上的相应文章就有很大的不同。因此，在你的参考文献中要注意标出正确的信息来源。
>
> • 网络上的摘要往往并不能准确地反映整篇文章。事实上，有些摘要根本不是作者本人写的，而是编辑人员写的。因此，要尽量避免直接引用摘要当中的语句，而要对其改述一番，更好的做法是找到全文并从中引用。
>
> • 你可能需要（以一个适当的价格）订阅一些网站。每家公司有权在准许你访问之前提出一系列要求。不过，学校的图书馆一般会给你提供适合研究的某些网站的访问权。

4.1 开始网络搜索

让我们跟随一个学生——雪莉·詹姆斯（Sherri James）的具体搜索过程，来了解网络搜索的优势与劣势。因为雪莉是一位游泳健将，所以她决定调查药品在提高运动员成绩中的使用情况。当然，并不是她想要尝试这些药品，而是为了教育自己，与此同时能够完成一篇学术论文。

像雪莉一样，可能大部分人会做的第一件事，就是访问自己喜欢的搜索引擎。在搜索窗口，雪莉输入了"健身和药物"之后，列表中出现了几个商业网站，这些网站都想要推销一些东西，比如说能量补充物、含碳电解质饮料以及教学录像。一个网站打着类固醇物的促销广告，比如益比奥[1]（Epogen）和促红素（Erythropoietin）。对雪莉来说，这些网站并没有提供任何有效信息，除了促使她在研究日志中记了以下笔记：

> 在美国，人们在网站上可以轻易地获取补充剂、药物甚至是类固醇，也无怪乎那么多运动员会落入"快速修复"的健美陷阱。

为了细化网络搜索过程，她决定尝试一下在线目录检索。她在谷歌学术的搜索引擎中输入了主题"健身+药物"之后，找到了通往下面这些网站的超链接：

兴奋剂与运动——针对运动员服用禁药的全面专业评估。

运动中的药物——提供有关运动中与提升成绩有关的药品信息，与这一问题相关的最新文章、报道、资料以及有用的网站。

找法网（Findlaw）：体育运动中的药物使用——包含一些档案故事和检测、预防、政策以及常用药品的背景信息。

美国全国大学体育协会（NCAA）药物检测——该机构药物检测政策的相关信息。

国家药物控制政策办公室——推动反兴奋剂的政策，并避免年轻人在运动中使用药物。

---

1 红细胞生成素针剂。——编者注

清单：评估网络资源

因特网以及其他网络资源提供了规模巨大的内容和资料，大多数内容是很棒的，而有一部分内容却乏善可陈。你必须对这些资料的有效性与真实性做出判断。除了运用你的常识进行判断，下面也列出了一些可供参考的指导方针：

1. 优先选择后缀为 .edu 和 .org 的网站。通常，这些网站都是由教育机构运营的，比如说俄亥俄州立大学，或者是由专业机构运营的，比如美国哲学学会。当然，值得注意的是，后缀为 .edu 的网站上也收藏了许多学生论文，在这些论文中可能会出现一些不可靠的信息。

2. 包含 .gov 和 .mil 字样的网站通常是比较可靠的，但你仍需仔细审视那些涉及政治敏感信息的材料。

3. 包含 .com 的网站往往是由营利机构设置的，因此要注意：（1）它们售卖广告空间；（2）在你访问文件的时候通常需要收费；（3）它们可能是网络服务提供者的网站，其他人需要付钱使用并发布他们的"材料"。尽管有一些带 .com 的网站包含了不错的资源（比如说知名的期刊网站），但你仍需谨慎对待这些网站上的内容，除非你已经核实了它们的可信度。

4. 搜寻作者所属的学术组织，这些组织的信息可以从网页介绍或者电子邮件地址中获取。搜索作者的主页：将作者的名字键入到搜索引擎当中，看一下出现了多少搜索结果，也包括该作者已出版书籍的列表。如果你对某一作者的信息一无所知，那么就需要依靠一些经过赞助的网站。假如说某个网站并不是由组织或者机构赞助的，那你可能就需要放弃这条资源并另寻他处。

5. 查看文章的参考文献，这可以向你展示该作者作品所具有的学术特质。

6. 网络新闻讨论组经常会提供非常有价值的信息，然而也有一些文章缺少合理的、基础性的论证或者证据来佐证其观点。

7. 查看网站中信息的时效性。核查发表的日期以及信息更新的频率。

8. 将电子邮件仅仅看作信件，而非学术文章。聊天记录亦是如此。

9. 查看某一网站所包含的超文本链接是将你引向其他专业机构还是某些商业网站。通往其他教育网站的超文本链接可以作为一种现代形式的参考书目，从而给予你更多可靠的资源。相反，通往商业网站的超文本链接则常常向你推销一些东西。

10. 学会分辨不同种类的网站，例如宣传性网页、个人主页、信息页以及商业和市场营销页面。

研究建议：避免"复制—粘贴式"剽窃

下面是雪莉在她的网上研究中找到的一个健康网站上的信息：

> 一个拥有密集赛程的运动员没有理由不施行有竞争性的训练法，这需要一些创造力并在态度上发生改变。虽然我们倾向于认为训练只在游泳池内展开，但情况并非如此。一个好的训练计划应是年度性的，且应与学生运动员有限的时间相平衡。这个计划包含三个部分：
> - 池内训练。
> - 池外训练。
> - 营养。
>
> 你的池内训练应该包含两个组成部分：技术拓展以及有氧健身。

> 雪莉并没有直接将网站上的内容粘贴下来，她只是发现这个网站中的一些事实性信息与她的论文研究相关，即有关训练技巧的有用建议：训练、拉伸、软体操，还有服用某些补充剂的疗法。通过批判性地估量资料的价值并注意到与研究相关的事实性信息，你由此可以成功规避"复制—粘贴式"的剽窃陷阱。

雪莉找了一些不同于商业网站的站点域名，比如说后缀为 .org、.gov、.net 以及 .edu 的网站。在美国全国大学体育协会（NCAA）的网站上，她可以将该协会药物检测项目的相关信息打印出来，并且将其中的一部分规定编写到自己的论文当中。以下是她做的笔记之一：

> NCAA 明令禁止使用血液兴奋剂。它规定："禁止使用血液兴奋剂（静脉注射全血、红细胞浓厚液或血液替代品），一旦确认使用了该项物质，将采取与药物测试阳性相同的措施。"（Bylaw 31.1.3.1.1）

雪莉同样也在国家药物控制政策办公室的主页找到了一篇名为《女性与药物》的文章。其中，她发现了一些值得记下来的材料：

> 哥伦比亚大学的科学家开展的一项研究显示，对女孩而言，风险的信号与形式都是不同的，"女孩和年轻女性更容易受到药物滥用与成瘾的威胁，相比男孩和年轻男性，她们上瘾得更快，并且更早地承受其负面后果"（《女性与药物》）。

雪莉已经获得了在网络上寻找优质资源的方法，然而她仍需利用并参考学校图书馆的学术数据库（参见第 5 章）。而且，她还需要考虑做实地研究，比如采访周围的一些运动员，或者制作一份问卷。

4.2 理解网络地址

这一节会帮助你理解网络地址的相关信息。在图书馆里，你要用一个索书号来定位到所需要的书籍。相应地，在网络上，你就需要一个统一资源定位符（URL）来帮助定位，比如下面这个例子，培生高等教育网站上与心理学相关的一个网页：http://www.pearsonhighered.com/educator/discipline/Psychology/91000065.page

- **协议**（http://）代表传送数据。
- **服务器**（www，即万维网）代表将众多电脑以及网络文件联结起来的全球性互联网服务。
- **域名**（pearsonhighered.com）即向服务器传送信息的组织，后面的后缀用来标明该组织的属性，如：.com、.edu、.gov、.mil、.net，以及 .org。
- **目录 / 文件**（educator/discipline/Psychology）标明了服务器众多目录中的一个以及更为细化的文件。
- **超文本标记语言**（html）标明了用来书写文件的计算机语言。

一般来说，仅依据协议以及服务器的域名就可以到达一个网站主页，之后你可以在这个主页中继续深入地搜寻文件。图中的网址可以把你带往培生高等教育出版社中与心理学相关的页面（参见图 4.1），在这个页面中你可以继续查看更为具体的目录项目，比如说心理咨询的理论或者变态心理学。

4.3 使用关键词与布尔表达式

当你使用**关键词**来定位资源的时候，应该将词或者短语键入到数据库或者网络搜索引擎的检索栏中，帮助你缩减搜索结果的数量。关键词可以是一篇文献题目中的主题词或者识别词，也可以是作者认为具有重要性的术语。选定与你的课题研究相关的关键词可以帮助你缩小搜索结果的范围。如果你想让关键词搜索更

图4.1 在培生高等教育网站上与心理学相关的一个网页

为有效,也可以选择带有引导性的关键词进行搜索,可以将搜索的要点、成组的术语结合到一起,也可以筛选即将研究的索引或领域。

使用搜索引擎的**高级**或者**自定义搜索工具**,以及回答屏幕菜单中的提示性语言,可以帮助你缩小关键词搜索的范围。你可以使用这种引导式搜索来选择出版日期的范围,比如说"2011年之后"或者"从2010年到2014年之间"。你同样也可以通过限制格式来缩小搜索结果范围,比如说只显示某些特定格式的文件。

> **提示：** 有种定位学术资源的方法是搜索带有.edu域名的网站。利用特定的搜索引擎，例如谷歌学术，也可以定位到一些学术资源。

使用带有关键词的**布尔表达式**或者**布尔运算符**可以帮助你进一步细化搜索，比如可规定哪些词可以出现在结果当中，哪些词必须出现在结果当中，或者哪些词一定不能出现在结果当中。大多数的电子数据库以及网络搜索引擎都可以使用布尔搜索表达式，比如说，AND 或 "+" 符号，NOT 或 "−" 符号，以及 OR。通过将布尔表达式放置在关键词中间，就可以向搜索引擎输出特定的信号，这一信号规定，只有包含以特定组合形式出现的词语的网页才可以在结果中显示，并过滤掉其他不符合条件的网页。图 4.2 给出了一个例子，显示了使用布尔表达式进行关键词搜索的结果。

- **AND（+）**：该运算符可以将搜索限制在仅仅检索包含所有词语的网络内容上。大多数搜索引擎，即便当你在输入时并没有输入布尔表达式，它们也会默认你在一连串词语中间都添加了 AND 或者 "+" 符号。

  例子：food dye 是被视为 food + dye 来搜索的。

  例子：food + dye + ADHD 会显示同时包含所有这三个词语的网页。

- **NOT（−）**：这样一个标识符会将包含特定词或短语的网站排除出去。通过使用 NOT 或 "−" 符号可以将结果限定在包含某些词语并且不包含另一些词语的条件下。比如说，如果你在研究由食用色素引起的多动症的课题，想在搜索的结果中将"癌症"这个词排除在外，那你就要在"癌症"这个词语之前加上 NOT 或 "−" 符号。

  例子：food AND dye AND hyperactivity NOT cancer

- **OR**：使用 OR 这个运算符可以拓展搜索范围，将除一个关键词之外或者也包含另一些词的搜索结果全都列出来。比如说，如果你想要搜索与食用色素相关的多动症，或者与食用色素相关的过敏症的网页结果，你可以在搜索引擎中使用 OR。

例子："food AND dye AND hyperactivity OR allergy"

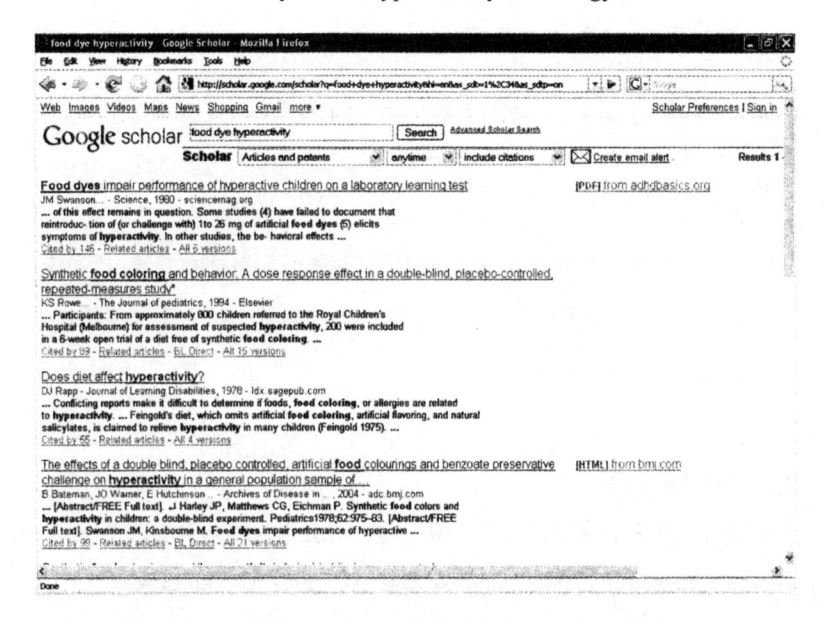

图4.2 在Google Scholar中使用布尔运算符进行关键词搜索的结果。

- **引号（" "）**：在想要搜索的词组外面加上双引号，会向数据库或者搜索引擎传达一个信号，也就是你想要搜索某些特定的短语。将词组或者术语放在引号当中，在你获得的搜索结果中将不会出现不包含这一特定组合短语的网页结果。

例子："food dye" AND "hyperactive children"

通配符搜索（Wildcard searches）：通过运用相关的符号，可以搜索到与一个基本词根有相关性的所有词语。相比为同一个基础单词，比如说 child、 children、childhood 等等这些词单独建立数次不同的搜索,你可以利用通配符或者截词符,比如说星号(*)或者问号(?)来搜索包含某个词以及某个词的多种拼写形式,或多种词尾形式的网页结果。

星号(*)可以代表占据词语末尾的一个或更多的字符。

  例子:diet* 搜索结果为 diet、diets、dietary、dietician、dietetics。

问号(?)可以代表占据某个单词中间的某单个字符。

  例子:ne?t 搜索结果为 neat、nest、next。

还有一些数据库以及搜索引擎会使用其他的通配符搜索符号,比如说"!""$"或者":"。这时你就需要参阅该数据库或者网络搜索站点上的帮助栏,来确定它们究竟支持哪些通配符搜索符号。

主题目录搜索引擎

  主题目录搜索引擎是经过人工编订的、索引化的搜索引擎,可以将你带至一个一般的主题领域,并且该主题领域下面也被划分为具体的类别。你的选择决定了所展示的列表内容。About、Lycos 以及雅虎之类的网站包含了按主题类型区分的目录导引。你可以使用关键词搜索,或者选择某一个主题类别领域,进一步深入网络目录当中。

机器人搜索引擎

  另外一些搜索引擎可以通过电子扫描数以百万计的网页来对某一个关键词搜索进行响应。在 Bing、谷歌、Ask 以及 HotBot 这些网站,你的关键词搜索可以控制列表的规模。

元搜索引擎

元搜索（metasearch）可以同时在上文列举的诸种引擎中检索你的主题。因此，你可以省去分别在不同的搜索引擎中进行检索的麻烦。比如说，当你在元搜索引擎 Mamma 上键入了一个条目，该引擎会同时在若干个独立搜索引擎当中进行搜索。之后，它会给你提供一份简短的、相关的结果。这样一份结果会比你直接在一个主流的搜索引擎当中获得的要少很多。比如说，针对"chocolate+ children"这一关键词的搜索会在雅虎上产生将近 170,000,000 条结果，而在 Mamma 上只会出现约 100 条结果。一个元搜索引擎会给你一个重点的网站列表。鉴于每个搜索引擎都会把与主题关联度最高的网站放在结果最靠前的位置，因此，元搜索引擎会从其他搜索引擎当中选取最靠前的一组网站列表并列出。当然，一些商业性的网站也可能会付钱来获取在网站列表中较为靠前的排名。给你一些元搜索引擎的建议，比如说可以用 Dogpile、Mamma、ZapMeta 或者 Surfwax。

专业搜索引擎

还有一些搜索引擎会专注于一个特定领域，比如说 WWWomen（女性研究）、TribalVoice（印第安人研究）以及 Bizweb（商业研究）。此外，像 Library of Congress 以及 New York Times Online 这一类的网站，它们的搜索引擎只针对它们自己的内容。有一些本地的报纸也会有搜索引擎，内容针对它们自己发行的报纸档案。

教育性搜索引擎

一些教育性的搜索引擎会为多种专业领域（人文科学、自然科学）提供主题索引目录，同样也会为这些专业领域下面的分支学科（历史、文学、生物化学等等）提供索引目录。下面这些引擎可以经常使用，因为它们会为你提供学术性的资料，并且不用担心会有商业网站的广告横幅弹出页面：

English Server	Discovery Channel
Internet Public Library	Dmoz
ProQuest K-12	ERIC
Library of Congress	Voice of the Shuttle

让我们再次回到雪莉和她的研究中来，她在 Scirus 搜索引擎当中输入了"血液兴奋剂（blood doping）"这个短语，搜索出的结果将她引向了美国奥林匹克委员会，她找到了如下资源：

什么是兴奋剂？

目前，全世界的反兴奋剂机构都致力于找到一个关于兴奋剂定义的标准。在美国，每一个运动员都要遵循国际联合会对兴奋剂所做的规定，因为美国的反兴奋剂机构也要参照国际联合会的定义。《奥林匹克运动反兴奋剂条例》（OMODC）由国际奥林匹克委员会在 2012 年重新修订，其中对兴奋剂使用做了如下定义：

> "按照《奥林匹克运动反兴奋剂条例》的规定，有某种禁用物质存在于竞争者的采样中或者使用了某种禁用的方法。"

使用兴奋剂并不一定意味着表现得到了提升。当某人使用了兴奋剂，无论是运动学还是医学的伦理都遭到了践踏。值得注意的是，兴奋剂违规的行为并不取决于运动员是否有意使用了禁用物质，或者说是否在不知不觉中使用了含有该禁用物质的产品。只要在你的样本中发现了违禁物质的存在或者是使用了某种违禁方法的证据，你就构成了兴奋剂违规，无论这些物质是如何进入你的样本的。

底线就是，你需要为自己摄取的任何物质负责——你有责任确保自己所服用的任何产品都不含有违禁物质。

为什么服用兴奋剂被禁止？

　　禁止使用兴奋剂的规定是在不使用任何违禁物质或违禁方法的前提下，保护你公平竞争的权利。另外也有其他原因需要禁止兴奋剂的使用，包括使用兴奋剂可能带来的后果：

- **伤害服用兴奋剂的运动员**。多数运动都会带来一定的风险。许多违禁物质与方法会给使用的人带来更严峻的风险。清白而合乎道德的运动并不需要运动员承担不必要的风险。

- **伤害未服用兴奋剂的运动员**。服用兴奋剂的运动员破坏了那些未服用兴奋剂的运动员的比赛公平性。清白的运动员跟那些疑似服用兴奋剂的运动员竞争，也会感受到压力。这一关于使用兴奋剂的无意义的循环会通过制造健康与安全威胁带来人身伤害，同时也破坏了运动本身的意义。

　　利用这样的一些信息，雪莉就可以收集到可靠的例子来捍卫她研究中的观点了。

研究建议：避免无意剽窃

　　许多网站的行文方式与语言风格都是简单直接的，比如下面的《奥林匹克运动反兴奋剂条例》：

　　　　伤害服用兴奋剂的运动员。多数运动都会带来一定的风险。许多违禁物质与方法会给那些使用的人带来更严峻的风险。清白而合乎道德的运动并不需要运动员承担不必要的风险。

　　在这一网络文件中，语言的简洁可能会导致学生在未注明出处的情况下，将这一观点直接纳入文章当中：

> 清白而合乎道德的运动并不需要运动员承担不必要的风险。

因为在未注明出处的情况下借用了文章中的部分原文，这名同学就做出了剽窃行为。剽窃即在未说明来源的情况下，直接使用他人文章中的句子、短语或者术语等等。因此，我们应该在引用别人观点的时候，用双引号标明你是从哪篇文献中借鉴了这一观点的。只有合理注明参考资料的出处，才有可能避免无意中的剽窃：

> 《奥林匹克运动反兴奋剂条例》认为，"清白而合乎道德的运动并不需要运动员承担不必要的风险"。

图书馆中的教育性搜索引擎

以下是一些非常好的网站，它们可以为你提供许多很有价值的学术资源：BUBL Link、Internet Public Library 以及 Internet Scout。

> 提示：许多网络浏览器拥有书签或者收藏夹等工具，可以通过保存网址帮助你之后快速进入这些网页。当你发现一个之后可能要再次访问的页面时，不如就建立一个书签，这样下次只需要鼠标一点就可以再次访问了。在微软网络浏览器中，可以利用被标注为"收藏夹"的按钮条来制作你的书签。如果你使用的是学校电子阅览室中的电脑，不要将书签添加到电脑的硬盘当中，应该将这些书签以文件夹的形式保存到你的闪存盘或者个人邮箱当中。

4.4 使用 RSS 订阅以及社会化书签

搜索网络可以为你的研究提供数不尽的资源，有报纸、期刊、博客，还有维基百科。当你得到了一系列有用的资源之后，会发现想要获得与你课题相关的最新消息以及进展是比较困难且耗费时间的。有一个可以帮助你简化这一过程的方式，就是使用 RSS 富集站点概要（Rich Site Summary）。

订阅 RSS

你可以在阅读器软件上使用 RSS 建立一个叫作"消息来源（Web feed）"的文件。网络上有许多免费的在线阅读器软件，比如说 IceRocket、InoReader、RSSDwl 以及 CNET。这些阅读器可以帮你"订阅"所收藏网站的最新动态，并且只用一个网页，就可以把所有相关网站中的更新信息收集到一起并展示出来。

想要订阅某个网站，你需要找到一个像 的图标。在你点击了这个标志之后，你会收到如何订阅该网站 RSS 的说明。在已经订阅了所有与你研究相关的网站之后，可以使用阅读器中的不同功能来细化你的研究领域。比如图 4.3 中，这名学生就在 Google Reader 的搜索框中输入布尔运算符，从而找到了自己所需的最新资料。

Web 2.0 以及社会化书签

Web 2.0 是指那些可以帮助你在社交网络、博客、"通俗分类"（简单的共享词汇）之间分享信息资源的在线工具或应用。这些工具可以帮助你与其他人建立联系，这些人或者设立了与你研究题目相关的网站，或者通过建立"标签"帮助你在网站中寻找资源。你也可以使用这些标签来组织与管理研究当中涉及的众多不同的网络资源。

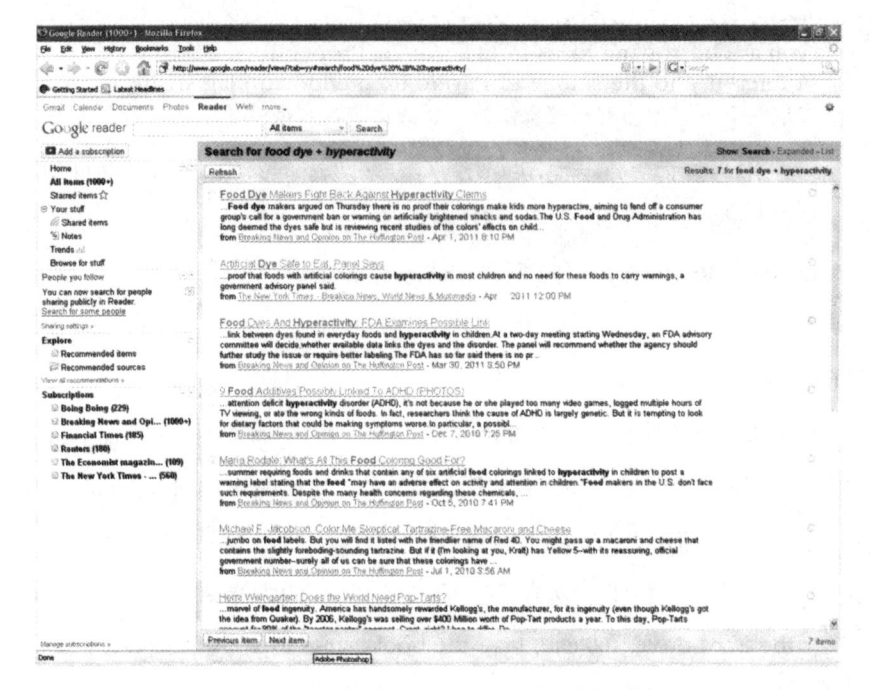

图4.3 用布尔运算符在Google Reader中进行RSS搜索

"社会化书签"（Social bookmarking）就是这样一种网络化研究的例子。当你就某一题目进行网上研究的时候，可以使用某些网站，比如说Delicious.com这个网站当中的工具来保存并组织你的书签。在使用Delicious.com而非浏览器来存储标签的时候，你就可以为相关收藏网站编写描述性的关键词或者"标签"。在图4.4中，就可以看到这名学生为自己的研究内容储存的书签，并且他还为这些书签添加了相应的标签。

当你储存的书签越来越多时，就可以使用Delicious.com网站页面右边的标签列表，通过用某个特定的标签为你的众多书签分类，使你可以分别专注于网上研究的每一个部分。你也可以将既有的标签编制成组，将它们"打包"。所有这些数据都储存在Delicious.com这个网页上，这样你就可以通过任何电子设备进入这个网页，对书签进行编辑工作。

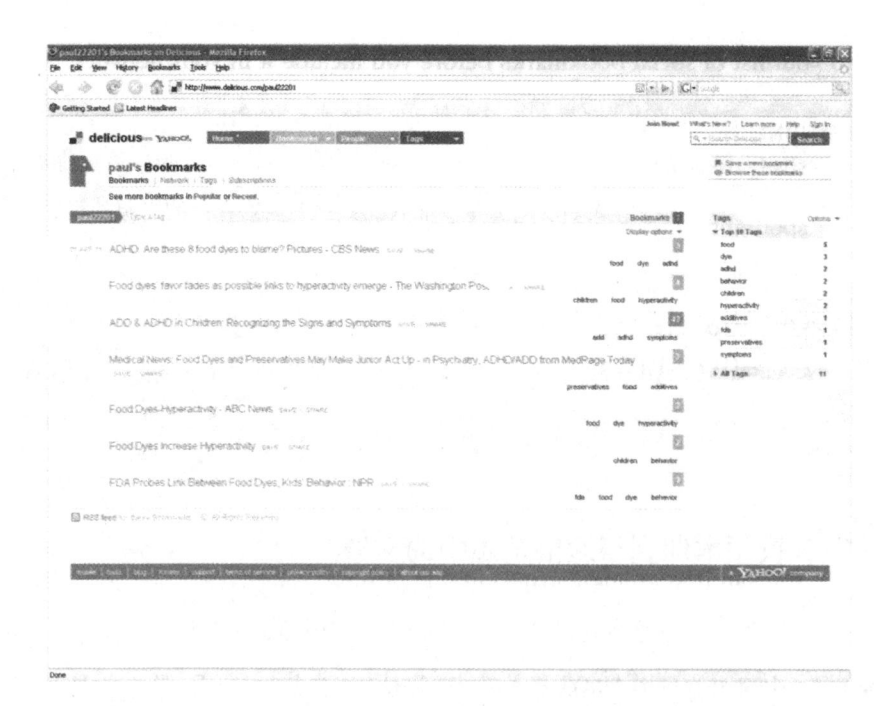

图4.4　Delicious.com网站屏幕上显示了一名学生选定的书签以及标签

"社会化书签"使你所有的书签都成了公共资源，别人同样也可以使用你的书签。你也可以与其他人建立联系，如果他们也收藏并标记了一些与你研究内容相关的网站。这就方便你通过别人建立的标签找到与你研究相关的更多资源。你同样也可以使用搜索工具在 Delicious.com 社群当中搜索一个特定标签下的内容。

还有一些其他的网络资源可以被纳入你的研究当中，比如说使用一些微型博客网站，例如推特。推特可以用来在网络中为个体建立连接，这样你们可以通过简短的、不足 140 字的信息进行交流并彼此分享。可以辅助你研究的主要工具就是推特里的"话题标签（hashtag）"，这种标签是发送信息的人用来标注自己部分文字内容的工具。用户可以利用话题标签加词语进行搜索，比如说可以键入"#hyperactivity"来搜索其他人对这一题目所写的内容和相关链接。同样，你也可以通过 RSS 来订阅推特的话题标签搜索，这样你就可以即时获取最新的微型博客文章了。

正像所有的网络搜索方法一样，利用 Web 2.0 进行搜索同样需要批判性的态度，这样才能搜索到可靠的、合适的资源。需要注意的是，在你将研究资源置入自己的网络工作中时，应该评估每一个被加入社会化书签列表中的资源的可靠性。

> **提示：** 有一些专业化的社交网站会集中关注学术性的研究，比如在 Delicious、CiteULike及Pearltrees中，你可以给那些学术性的著作，特别是备受瞩目的同行评议论文添加标签、储存并且组织整理。

4.5 查找学术期刊与通俗杂志中的文章

网络也可以帮助你找到在线期刊与网络杂志当中的文章资源。学术期刊的最佳资源会收录在你的图书馆数据库系统中（参见本书5.4 部分）。

在线期刊

你可以通过以下三种方式查找在线期刊。

第一种，进入你最喜欢的搜索引擎，用关键词搜索"学术期刊"，并且加上课题名称。比如说，某个同学进入了一个网站，用关键词搜索了"学术期刊＋健康"，找到了与"健康"相关的多个在线期刊链接。另外一个学生搜索了"女性研究＋学术期刊"，得到了一个相关期刊的列表。进入其中任意一个链接，就可以查看摘要和文章了。

第二种，进入某个搜索引擎的主题目录。例如，在雅虎上，一个学生在主要目录中选择了社会科学，接着点击"社会学"以及"学术期刊"，就看到了一系列在线期刊的链接。

第三种，如果你已经知道了某个期刊的名字，就可以直接去你最常用的搜索引擎那里进行关键词索引，比如说输入"当代社会学"，就会链接到在这个关键词下的社会科学期刊那里。

网络杂志

查找网络杂志中的文章可以用以下几个目录索引：

Magazine-Directory 列出了一些杂志的主页信息，从这些杂志的文本存档中，可以进行自定义搜索。比如说，你可以搜索《大西洋月刊》（*The Atlantic*）、《哈珀斯杂志》（*Harper's*）或者《纽约客》（*The New Yorker*）。

Highbeam Research 拥有一个好的搜索引擎，不过需要成为会员才能使用（有一个月的免费权限）。记得在研究结束之后注销你的会员身份。

Pathfinder 给你提供了免费访问一些著名网络杂志的权限，比如说《时代周刊》（*Times*）、《人物》（*People*）和《财富》（*Fortune*）。

ZDNet 为行业类论文提供了很好的访问途径，比如说银行业、电子学、计算机、管理学等领域的文章。在收费之前会提供两个星期的免费访问权限。

4.6 查找报纸与媒体资源上的文章

首先，想要查找美国出版的任何报刊，甚至是地方周刊，你都可以访问 usnpl.com。它可以将你引导至超过 800 份报刊的主页上，比如《亚斯本杂志》（*Aspen Times*）和《德卢斯新闻论坛报》（*Duluth News Tribune*）。在大部分情况下，在线报纸都拥有自己的内部搜索引擎，你可以借此引擎在该报纸所有的存档文章中进行搜索。图 4.5 展示了美国田纳西州孟菲斯市一个地方报刊网站的打开页面。特别注意标有"Archives"的超链接，通过这个功能，你可以在往期的报纸文章中找到你想要的。

许多大的新闻机构都拥有自己的网站。你可以访问以下这些网站：

图 4.5 《孟菲斯商业诉求报》（*Memphis Commercial Appeal*）上的网页

The Chronicle of Higher Education 介绍了教育领域的新闻、信息以及时事。

CNN Interactive 拥有一个很好的搜索引擎，可以帮助你快速且无须支付任何费用地获取它所播放节目的文字副本。对研究时事问题的人来说，这是一个很好的资源。

C-SPAN Online 是一个聚焦于公众事务的网站，在公共事务、政府以及政治学等相关的研究中，它提供了目录索引以及搜索引擎。

　　Fox News 提供了它自己网络频道上的文章，同时也提供了其他新闻服务器，比如说路透社（Reuters）以及美联社（Associated Press）上的文章。

　　National Public Radio Online 通过 RealPlayer 播放器分享了一些音频文章，同样包含一些出版文章。

　　The New York Times 是美国最大的都市报刊，同时刊有本地以及国家范围内的新闻。

　　USA Today 拥有一个快速的搜索引擎，提供了有关当下时事的相关信息。

　　U.S. News Online & World Report 拥有一个快速的搜索引擎，上面提供了与当下政治、社会问题相关的免费且具有深度的文章。

　　Wall Street Journal 是一个以商业内容为导向的网站，拥有很不错的资源，只是需要订阅才能阅读相关资源。

　　The Washington Times 提供了精确到分钟的最新政治新闻。

　　如果你想查找其他的报纸以及网络媒体资源，可以在搜索引擎当中输入"报纸（newspapers）"。有的学院图书馆会提供 Lexis-Nexis，同样可以帮助你搜索到最新的资源。

4.7 查找照片以及其他可视化文献

　　在做某些研究题目时，你可能需要寻找一些照片或者其他可视化文献，将其作为研究的一部分。比如说，在研究第二次世界大战宣传海报中女性的表现方式时，你就需要可视化文献来支撑你的论点。像历史或者艺术这些学科，视觉文献可能在该领域的论文中举足轻重。比如研究美国历史以及文化这样的题目，国会图书馆在它的"美国记忆"相关藏品中就拥有很丰富的视觉以及多媒体文献档案可资借鉴。正因为图像具有说服力，所以你需要在论文中更加谨慎地挑选及使用它们。

当你查找照片以及其他视觉资源时，最好从一个专业处理网络图像信息的网站开始，比如说 Picsearch，也可以通过搜索引擎当中的"图像（image）"链接进入。

需要注意的是，可视化文献像其他资源一样，需要谨慎地将其放置到文章当中，并且恰当地注明文献来源。照片以及其他视觉文献像发表的文献一样，也同样拥有版权，因此需要你在引用时注明作者的名称。有关如何有效地在论文中使用可视化文献，以及如何按照恰当的格式对照片、图像以及其他视觉资源进行引用，参见本书 10.5 部分的相关内容。

4.8 使用电子书

使用网络图书资源可以简化研究过程，并且迅速推进你的研究进度，因为你可以直接在网上参阅一些小说和图书文献。下面是一些很不错的在线全文图书网站：Project Gutenberg、JSTOR 以及宾夕法尼亚大学的 Online Books Page。这些网站将图书按照作者、书名以及主题的方式编制索引，也同样提供搜索引擎，能够帮助你很快找到相关著作的全文，比如说托马斯·哈代（Thomas Hardy）的《一双湛蓝的秋波》（*A Pair of Blue Eyes*），或者是林内亚·亨德里克森（Linnea Hendrickson）的《儿童文学：批评指南》（*Children's Literature: A Guide to the Criticism*）。有的网站几乎每天都会增添新的文本资料，因此有必要先去查阅它。当然，许多当代作品因为受到版权的保护，并不会被收到这些网站当中，这也是为什么你可以自由下载奥斯卡·王尔德（Oscar Wilde）的小说，但不能下载爱丽丝·沃克（Alice Walker）的作品的原因。也有一些提供电子书的其他网站，但那些是商业网站，并且需要订阅。

4.9 使用电子邮件讨论组（LISTSERV）、博客以及聊天群

当所有组员拥有同样的目标、身处同样的科研项目或者是学习课程中时，可以利用电子邮件讨论组来交流学术观点。不过，聊天群很少有什么学术价值。接下来让我们分别简略地看一下它们二者。

电子邮件讨论组

"LISTSERV"这个词是用来描述一种讨论组的形式，这个讨论组通过电子邮件的形式就某一特定的教育或专业领域的话题进行通信研讨。比如说，你的文学教授可能会在课上要求每一位课堂成员都加入一个有关维多利亚时期文学的讨论组当中。为了参与其中，你需要拥有一个电子邮件地址，并且加入指导教师设置好的讨论列表当中。

同样地，现在越来越流行的在线课堂，通常也会有一个讨论区，在那里，学生需要以回复小组问题的方式进行参与，或者是与小组的其他成员围绕着课程论文、疑问以及其他话题进行讨论。举例来说，在黑板系统（Blackboard System）里，在线学员都会有一个讨论区，那里会显示一些可能需要他们参加或是必须参加的论坛。有时，你可能会希望加入一个讨论列表中去，每一个网站都会向你解释如何才能加入列表并且通过电子邮件参与讨论。

实时聊天

博客以及聊天群都是以即时信息而非电子邮件的方式提供网络交流途径。如Reddit这样的社交网站，其功能类似于在线公告板系统，允许你访问内容、文本文章和直接链接到信息。此外，它还鼓励你发表自己的文章和提交自己的研究文本。虽然博客和聊天室可以提供想法和信息，但你不能从这些匿名来源中引用，因为它们通常只提供用户名，没有列出作者，因此在写作学术文章时还是最好避免使用这些资源。

4.10 在线查阅图书馆馆藏

许多主要的图书馆现在都提供在线查阅馆藏目录的服务，这样你就可以搜索它们拥有的图书、视频、毕业论文、录音带、特藏等资源。不过，就像你在学校图书馆所做的那样，必须注册一个账户，并且用你自己的身份信息登录。有时候你可能会需要通过馆际互借的功能在网上预约一些图书。此外，一些图书馆现在也提供全文资源、可以下载的参考文献、数据库以及一些其他网站的链接。

如果你需要识别关于某一题目的所有书籍，这些书籍如果是受到版权保护并在美国华盛顿特区有副本的，那么就可以在美国国会图书馆的网站中搜索。在这个网站上，你可以用字词、短语、名称、标题、系列以及数字的形式进行搜索。它也提供了特色的资源，比如说"美国记忆主页"（American Memory Home Page）、立法信息的全文以及展览。

如果想在网上大略了解一下诸多在线图书馆的馆藏资源以及地址，你可以查阅 LIBWEB 这个网站。这个网站会介绍许多学术性的、公共的以及州立图书馆的主页地址。进入这些主页，你会被提示键入公共访问者的登录名，之后就可以按照指导步骤登录以及退出相关程序。

还有另外一种在线图书馆是 IngentaConnect。这个网站提供了 17,000 种期刊，可以通过作者名、题目或者主题进行关键词搜索。文章的副本可以通过传真的方式传输给你，传输过程通常只需要不到一个小时的时间，同时会产生少许费用。

4.11 寻找网络参考文献

你可以通过以下两种方式在网络上很快地建立起一个参考文献目录：使用搜索引擎，或是访问一家在线书店。

搜索引擎

在一些网络搜索引擎那里，如果你键入一个描述性的短语，比如说"虐待儿童文献（Child Abuse Bibliographies）"，就可以得到一个参考文献的列表，之后，你可以选择这些列表中的条目，比如虐待儿童（Child Abuse）、虐待儿童的文章（Child Abuse Articles）或者虐待儿童报告（Child Abuse Reports）。

点击超文本地址就可以找到以下列表：

Child Abuse and Statistics

Child Abuse and Law

Child Sexual Abuse

Risk Assessment

点击第一个条目会出现许多超文本链接，这些链接后期可能对你的研究有所帮助，比如这个：

Iland, Emily, and Thomas W. Iland. "Understanding the Nature of Bullying." *The Exceptional Parent*, vol. 45, no. 9, Sept. 2015, pp. 44–47.

4.12 通过网络进行档案研究

正是网络使得对图书馆以及博物馆中存储的档案进行研究成为可能。如果你对这种研究感兴趣的话，可以试着通过以下几种方式进行。

利用图书馆

进入一个图书馆，咨询那里所藏有的档案资料，也可以使用图书馆的电子目录。大多数图书馆都有自己的特殊馆藏。比如说，斯坦福大学的图书馆就提供古旧文献、旧手抄本以及其他特藏资料的链接。你可以通过主题、标题、收藏编号的方式找到需要的资料。如果研究者拥有查看并使用斯坦福特藏档案的有效凭证的话，这些都可以在网上直接访问。

利用经过编辑的搜索引擎

像雅虎这样经过编辑的搜索引擎，可以很快地帮你定位到结果。比如说，键入"印第安文学＋档案（Native American Literature + archives）"这样的信息，会生成一系列链接，例如：

American Native Press Archives

Native American History Archive

Native Americans and the Environment

Indigenous Peoples' Literature

Sayings of Chief Joseph

这些档案大都会带来一些有趣的话题以及具有启发性的研究方向。你也可以进一步研究搜索引擎下面的目录及其子目录，这会帮助你更加深入地了解相关文件档案。

利用元搜索引擎

像Dogpile这样的元搜索引擎提供了搜索档案资料的途径，输入一项关键词指令，比如说"Native American literature + archives"，Dogpile就会列出一系列网站，例如参考著作（Reference Works）以及印第安人研究资料（Research Material for Native American Studies）。印第安人研究资料收藏集提供了一系列很有价值的文献列表，例如：

Native American Studies Encyclopedias and Handbooks

Native American Studies Bibliographies

Native American Studies Periodical Indexes

Native American Biography Resources

Native American Studies Statistical Resources

Links to other Native American sites on the Internet

Links to Usenet discussion groups related to Native Americans

因此，研究者会发现许多可以参考的档案资料。比如说，某个网站可以将研究者带到红地球博物馆（Red Earth Museum）那里（参见图 4.6）。

使用电子邮件讨论组或世界性新闻组网络

进入搜索引擎，在你的主题后面加上"LISTSERV"的字样，比如"Native American literature + LISTSERV"，搜索引擎就会列出许多链接，比如 **Native-L: Native Literature LISTSERV and archives**。遵循恰当的步骤，你就可以登录进去，并且进行通信。这些论坛以及群组的参与者会很快为你指出正确的话题方向以及写作论文所需的资料。

使用报纸档案

当你发现了一些感兴趣的报纸，可以使用报纸的网络搜索引擎去查找它的文章档案资料。想要了解更多关于这一重要资源的信息，可以参照 4.6 部分的内容。

你的研究项目

1. 想要寻找一个与你研究题目相关的在线讨论组，可以利用元搜索引擎。不过，在输入自己的主题时，记得点击搜索新闻组而非网络的按钮。探索更多可供选择的资源，你也可以试试搜索 4.9 部分给出的一些选择。

2. "飞梭之声"（Voice of the Shuttle）是一个针对教育领域相关资料的规模巨大且功能强大的搜索引擎。进入这个网站，并搜索你的题目。如果不成功的话，可以试试 4.3 部分列出的其他教育搜索引擎。

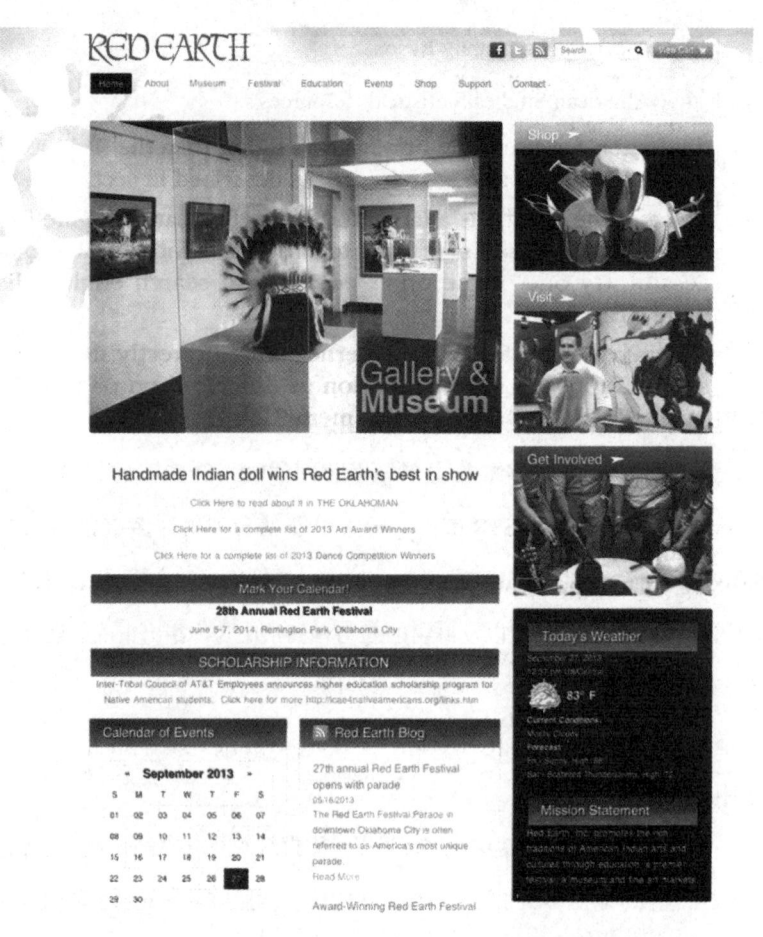

图 4.6　红地球博物馆的主页，在该网站上，学生可以找到与印第安人相关的档案资料

3. 如果发现一篇网络文章与你所探讨的话题直接相关，在使用这一资源的时候要记得 4.1 部分提示的内容，也就是需要对这些资源进行评估。你需要问问自己："这个网站是有价值的吗？"并将这一疑问作为测试，来检验你所找到的其他文章。

4. 尝试使用浏览器当中的书签功能。也就是说，你无须将文章从网络上打印下来，而是为其标注书签，以备将来引用时使用（参见 4.4 部分中的"Web2.0 以及社会化书签"）。

5. 像处理图书馆文献资料一样，你同样需要制作参考文献条目，将那些有用的网络资源用笔记记录下来。你还需要为那些有用的资源建立电脑档案，为那些需要打印的网络资源建立一个文件夹，并且保存这些打印资源的信息，以备之后建立参考文献条目时使用（参见本书 5.2 部分了解更多关于建立参考文献书单的内容，以及参见本书 14.2 部分的例子，看看如何为网络资源编写参考文献条目）。

第 5 章

在图书馆收集资料

- 开启研究
- 建立一份工作参考书目
- 找到与你课题相关的书籍
- 查找通俗杂志与学术期刊中的文章
- 搜索传记
- 在报纸索引中查找文章
- 查找特殊主题目录
- 查找书本中的随笔文章

> **明确目标**
>
> 图书馆应该是你研究过程中主要依靠的资源,无论是通过网络的形式进行访问还是亲自到场查阅。本章将帮助你通过学术出版物来开展研究。
> - 访问图书馆资源来开启你的研究。
> - 建立一个工作参考书目。
> - 为你的课题寻找可靠的资源。
> - 使用索引拓展你的课题。

图书馆是最好的图书和期刊资源贮藏室,你在其中阅览到的文章主要是由学者撰写而成的,并且只有经过了同行学者们细致的评议之后,才能在期刊或者书籍上面发表。登录图书馆网站,可以将文章下载到你的电脑中,也可以打印出来,或者直接在线阅读。

5.1 开启研究

你在图书馆里的研究应该包含以下五个步骤,当然,要根据个人的需求进行调整。

1. **对相关资源进行初步检索**。浏览图书馆电子资源的参考书目,浏览印刷品索引、摘要、参考书目以及引文书目。查找图书馆的电子书资源目录,并访问图书馆的电子数据库,这项初步的工作有几个目的:
   - 它展示了有不同意见的文献资源的可获得性。
   - 它提供了最初的一组参考文献引文、摘要以及文章全文资源。
   - 它提供了针对某一主题的综述概览,因而可以帮助你定义主题以及划定主题范围。

2. **提炼课题以及评估资源**。当你开始提炼自己课题的时候,需要花许多时间来阅读摘要、文章以及书籍里面相关的部分。大多数论文指导老师会建议你参考并引用那些学术性的文献，因此除了在线文章与实地研究之外，你还应该阅读一系列期刊文章以及图书。

3. 走捷径。首先，参考本书的附录部分"为你的一般性主题寻找参考书目"，这部分列出了许多有用的电子资源与印刷资源。它为你介绍了历史学、社会学、科学以及哲学等诸学科领域中的核心文献。

其次，你还需要参考图书馆当中众多的计算机资源，比如说电子书目录（参见 5.3 部分），以及像 InfoTrac 这样的电子服务器（参见 5.4 部分）。通过图书馆里面的计算机工作站，你可以建立起一个工作参考书目，也可以阅读摘要以及文章全文，总的来说，就是可以帮助你对课题的研究取得实质性的进展。

4. 阅读并做笔记。阅读书籍、文章、随笔、评论、计算机打印件以及政府文件。在需要的时候，你应该在阅读的过程中做笔记，这样就可以将它们转录或者粘贴到自己的文章当中。

5. 咨询图书管理员。如果在一开始，针对你的课题并不能找到太多相关的资源，你可以咨询图书管理员。图书管理员会提供建议，帮助你使用更合适的字词或短语来检索你的主题。当你感觉遇到困难的时候，这可能是非常关键的一个解决办法。

提示： 正像我们需要学习恰当的互联网行为一样，我们也需要学习一些基本的图书馆礼仪，比如出于对他人的尊重，要轻声细语地交谈，并且不要带食物以及饮料进入图书馆。在计算机工作站，你应该对文献进行分析鉴别之后再打印出来。不要毫无选择地打印所有文献（参见本书 4.1 部分了解更多分析文献的方法）。

5.2 建立一份工作参考书目

学术论文是一个涉及许多文章以及注释的大工程，因此进行整合是很关键的一步。这就意味着你需要保留每一个摘要、文章以及下载文件和它们出版信息的副本，不管是印刷资料还是电子资料。一份工作参考书目包含三个目的：

1. 它为了撰写笔记而对文章以及书籍进行定位。

2. 它提供了编写文内引用所需的信息，像下面 MLA 格式的例子：

  The healing properties of certain foods have been noted by Milner (682–88) and Hasler (6–10).

3. 它为最后的引用文献以及参考文献页提供信息（参见本书第 14 章至第 17 章）。如果将引用条目储存在电脑文档中，你就可以很轻松地将它们插入论文最后的参考文献页。

最终的论文定稿需要添加一个参考文献页，在其中列出你在论文中所使用的全部文献。因此，你现在需要建立一个工作参考书目。

无论是将资料键入电脑中，还是用手写的方式记笔记，工作参考书目的每一个条目都应该包含以下信息，当然，针对印刷资料与电子资料也会有不同的变体：

- 作者的名字。
- 作品的标题。
- 出版信息。
- 出版媒介（网络、印刷）。
- 访问日期（仅限网络资源）。
- （可选）个人化的笔记，记录下资源的位置或内容。

如果想了解引用文献条目 MLA 格式更为全面的例子和详细的清单，请参见第 14 章。下面只举几个例子。

对一本书的引用文献条目（MLA 格式）：

Welty, Eudora. *One Writer's Beginnings*. Harvard UP, 1984.

对一篇期刊文章的引用文献条目（MLA 格式）：

Davis, Jim, Raquel Cook, and Jon Ostenson. "Empowering Stereotyped Readers through Self-Directed Learning." *English Journal*, vol. 105, no. 1, Sept. 2015, pp. 42–47.

对一篇杂志文章的引用文献条目（MLA 格式）：

Cozzens, Peter. "Stone River Debacle: An Ill-conceived Attack on a Strong Union Line Costs the Rebels Dearly." *America's Civil War,* May 2016, pp. 22+.

对一篇学术数据库中的文章的引用文献条目（MLA 格式）：

Fong, Rowena, Ruth G. McRoy, and Hollee McGinnis. "Overview of Intercountry Adoptions." *Transracial and Intercountry Adoptions: Cultural Guidance for Professionals*, Edited by Rowena Fong and Ruth McRoy. Columbia UP, 2016, pp. 19–37. JSTOR, www.jstor.org/stable/10.7312/fong17254.

对一篇网络文章的参考文献条目（MLA 格式）：

Will, George F. "Super Bowl Sunday: The Day America Celebrates Football — and Brain Damage." *The Washington Post*, 5 Feb. 2016, www.washingtonpost.com/opinions/super-bowl-sunday-the-day-america-celebrates-football--and-brain-damage/2016/02/05/4afc537c-cb81-11e5-88ff-e2d1b4289c2f_story.html.

5.3 找到与你课题相关的书籍

你的许多研究将在图书馆的网站上进行，在那里，可以找到图书馆自己馆藏书籍的索书号以及通往全世界资源的链接。

使用图书馆馆藏目录

图书馆当中的计算机化目录，理论上会包括按照主题、作者名、标题等进行区分的全部馆藏书籍。你可以通过对主题进行**关键词索引**的方式开始你的目录研究，比如输入"健康"之后，你就会在显示屏上看到一个书籍列表，接下来可以点击进入每一个书名来获取更多信息。

实际上，电子书籍目录页也会提供一份有关某一特定题目的包含许多现有书籍资源的参考文献目录。接下来的一步就是点击某一个书名，从而获取所有细节与信息。

> **提示：**许多大学图书馆以及公共图书馆都只是图书馆网络的一部分。图书馆网络拓展了每一个图书馆的馆藏资源，因为每一个图书馆都可以将图书借给其他图书馆。因此，如果你所需的图书在你所在的图书馆找不到的话，可以咨询图书管理员关于馆际互借的相关信息。然而，必须知道的是，你可能需要等待数日才能借到想借的图书。不过大部分期刊文章都可以在网上直接找到。

使用图书馆的参考文献

你可能需要对你的工作参考书目进行补充，这时候可以搜索参考指南、参考书目以及索引。当图书馆订购了它的研究数据库的时候，也就相当于订阅了电子版或印刷版的参考书目。像参考书目索引（Bibliographic Index）这样的指南，会提供一个与你题目相关的书籍列表。图 5.1 显示了在金梅尔（Kimmell）的书中第 261 至 277 页的参考书目列表。这样的列表在研究的初始阶段会成为很有价值的资源。

Prehistoric War

Kimmell, Andrew. *From Rocks to Rockets*: *The Art of the Battle.* New York: Minnet, 2016 pp. 261–77.

图5.1　参考书目索引当中的例子

如果这本书与你的研究相关度比较高，那么你就可以为这一资源编写一个引用文献条目。之后，你可以考察这本书 261 至 277 页的文章以及参考书目，这样就能找到与这个课题相关的更多文章。下面是一个学生标注的参考书目：

Kimmell, Andrew. *From Rocks to Rockets: The Art of the Battle*. Minnet Press, 2016. Bibliography, pp. 261–77.

使用交易参考书目

交易参考书目，一般是供书商以及图书管理员使用的一种书目，它可以从以下三个方面对你产生帮助：

1. 找到那些在其他参考书目中没有出现的文献。
2. 找到与出版相关的事实性信息，比如说出版地点和时间。
3. 判断一本书是否已经出版。

在线咨询或查询印刷版本：

Subject Guide to Books in Print (New York: Bowker, 1957–date).

在网络中，这样的一类文献可能显示为 **Books in Print**。使用这个方法进行主题分类，其中任意一个都可以为书籍提供一份现成的参考文献书目。图 5.2 提供了一个在"history"这一关键词下面找到的例子：

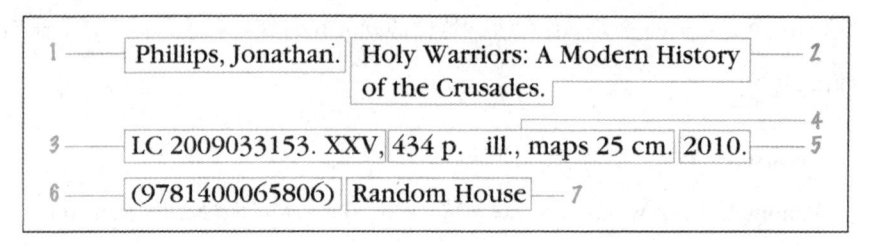

```
1 ——— [Phillips, Jonathan.] [Holy Warriors: A Modern History ——— 2
              of the Crusades.]
                                                        4
3 ——— [LC 2009033153. XXV,] [434 p.  ill., maps 25 cm.] [2010.] ——— 5
6 ——— [(9781400065806)] [Random House] ——— 7
```

1. 作者；2. 标题；3. 美国国会图书馆编号；4. 页码；5. 出版日期；6. 国际标准图书编号（在订购时使用）；7. 出版商。

图5.2 来自Subject Guide to Books in Print的网络资源

使用附录中的参考书目

它提供了与重要参考文献相关的指南，有些是图书馆馆藏的印刷版作品，有的是图书馆收录的电子网络资源，还有一些在网上也找得到。参考文献资源被分为十种主要的类别（参见本书附录部分）。下面是在"艺术、文学、音乐和语言问题"类别下可以找到的两个参考文献来源。大部分参考文献都可以在图书馆的电子数据库或网上找到。

- Contemporary Literary Criticism (CLC) 这一数据库广泛收集了针对小说家、诗人、戏剧家以及其他创造性作者的评论性文章的全文。
- Voice of the Shuttle 提供了与文学、艺术、历史、哲学以及科学研究相关的成百上千的网络资源链接。

考察图书末尾的参考书目

当你在阅读书本时，可以查看书本最后的参考书目部分。在你的工作参考书目中记录下文献的标题，或者将书单列表影印下来以备将来参考。图 5.3 展示了一个例子。

> **SECONDARY SOURCES**
>
> Abbott, Edith. "The Civil War and the Crime Wave of 1865–70 " *Social Service Review*, 1977.
> Amis, Moses N *Historical Raleigh*, 1913.
> Andrews, Marietta M. *Scraps of Paper*, 1929.
> Badeau, Adam. *Military History of U.S. Grant*, 1885.
> Bailey, Mrs. Hugh. "Mobile's Tragedy· The Great Magazine Explosion of 1865 " *Alabama Review*, 1968.
> Bakeless, John. "The Mystery of Appomattox." *Civil War Times Illustrated*, 1970.

图 5.3　N. A. 特鲁多（N. A. Trudeau）的《出离风暴》（*Out of the Storm*）的部分参考文献列表

查找期刊文章末尾的参考书目

在学术性期刊文章的末尾，你也可以找到相关的参考书目。举一个例子，一个历史系的学生会参考《英国历史评论》（*English Historical Review*）各期文章中的参考书目，而一个文学系的学生会在《短篇小说研究》（*Studies in Short Fiction*）上面找到所需的参考文献。此外，期刊本身会提供针对其内容的主题索引。如果你的主题是"收养"，你就会发现大部分资源都在几个主要的期刊当中。在这种情况下，直接去参考这些期刊的年度索引会是一条捷径。

5.4 查找通俗杂志与学术期刊中的文章

索引可以为书籍的某些部分，以及期刊、报纸上的单独文章提供准确的页码标识。图书馆数据库的在线索引不仅可以给你提供期刊当中的文章，还会为你提供文章的摘要，很多时候也会提供全文。

查找期刊的总索引

图书馆网络会为你提供进入电子数据库的通道。下面列举的是一些可能对你有帮助的数据库：

AGRICOLA	农业、动物以及植物科学
American：History and Life	美国历史
American Chemical Society	化学
BioOne	生物学、生态学以及环境科学
CINAHL	护理学、公共卫生以及联合健康领域
ERIC	教育以及大众传媒
GPO	针对所有领域的政府出版物
HighWire	科学、技术以及医学
InfoTrac	所有科目
JSTOR	社会科学
LexisNexis	新闻、商学、法律、医学、参考
Modern Language Association	文学、语言学以及民俗学
Music Index	音乐
Project MUSE	社会科学、艺术、人文科学
PsycINFO	心理学、医学、教育、社会工作
Westlaw	法学学科，包括法律与案例

这些数据库当中的任意一个通常会为你提供多种资源及摘要，而且很多时候也会提供文章的全文。

清单：使用数据库

图书馆数据库是定位和索取学术性期刊文章的最佳工具。如果可以，你应该访问图书馆并参加一些与使用数据相关的课程。可以按照以下几个步骤在数据库中查找文章：

1. 进入图书馆主页，并找到通往数据库的链接。

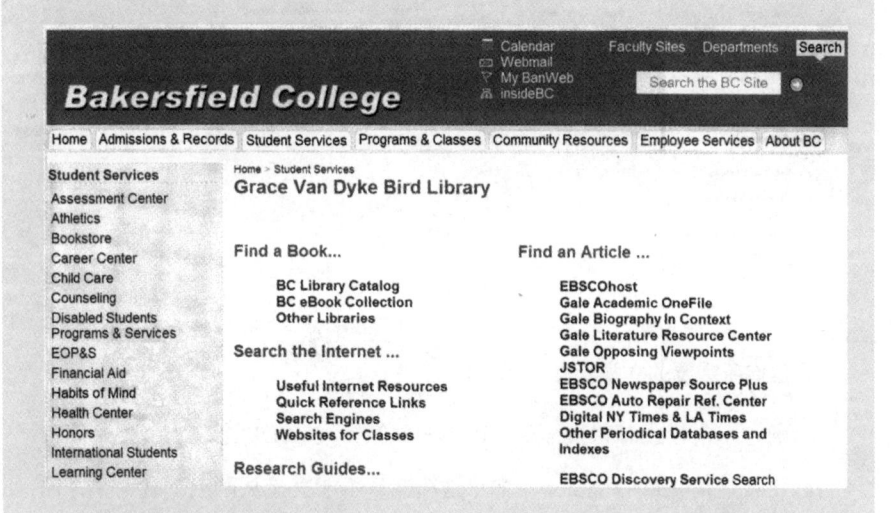

每一个图书馆的主页都是不同的，但你总能找到某个部分进入图书馆的数据库系统。

2. 选择一个数据库，之后对与你课题相关的文章进行关键词搜索。

用"gender and communication"这样的关键词进行搜索，结果中会出现一系列如下图所示的文章列表。从这些搜索结果列表中，可以通过预览文章标题以及出版信息来筛选与你课题相关的文章。

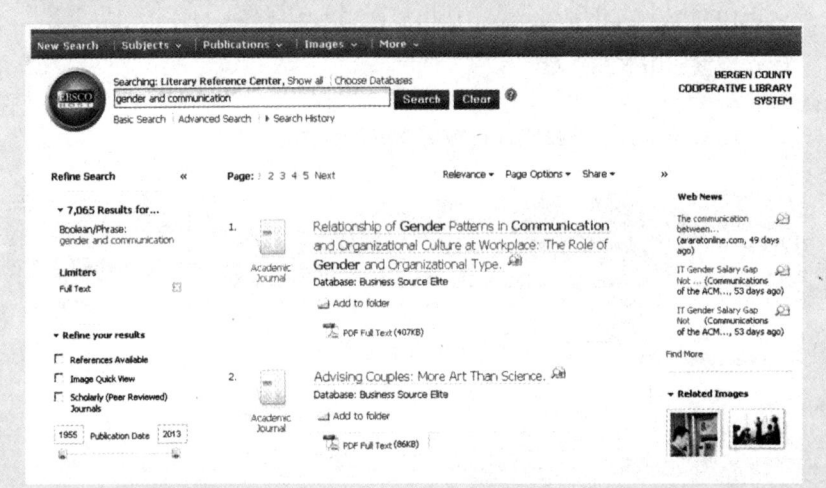

3. 定位你所需要的文章全文。

通过点击搜索结果页面的"PDF Full Text"（PDF 全文）链接，你就可以下载这篇文章的全文了。如果这篇文章不能直接从网上下载全文，你

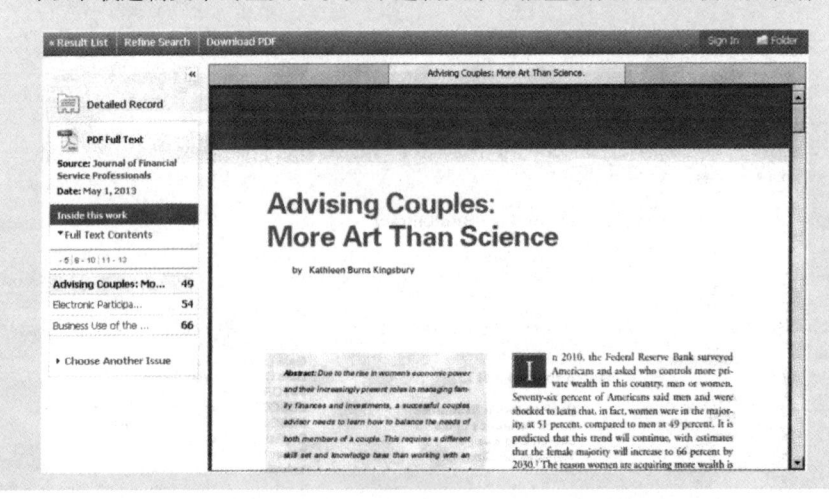

就需要复制标题以及出版信息，然后在你的图书馆书架当中寻找印刷本。

记得要记录下文献的作者、标题以及出版信息，也包括你检索到这篇文献所使用的数据库信息。你将在你的参考文献页中使用这些信息。参考本书 11.4 部分了解更多对数据库资源进行检索的知识。

研究建议：对文章进行改述从而避免剽窃

改述意味着将他人的想法、意思以及观点用你自己的语言重新讲述出来。通过解释，并用相近字数的词语捕捉文献的主旨，你就变成了一座沟通文献与读者的桥梁。

考虑到读者的专业水平，你可以对文章做出类似下文的改述：

该问题涉及大量使用浓度很低的利卡多因和肾上腺素进行局部麻醉的肿胀麻醉技术的临床药理学。肿胀麻醉技术可以对皮肤和皮下脂肪进行持续数小时的深度局部麻醉。

——来自 http://www.liposuction.com

在下面的段落当中，注意看作者是如何利用日常的词语进行叙述并且将术语放置到括号当中的，你也可以用相反的方式进行表述：

抽脂术中的肿胀麻醉技术使用了局部麻醉剂（利卡多因）以及血管收缩剂（肾上腺素）。当两种药物被注入脂肪组织，它们可以为患者的皮肤以及皮下组织提供局部麻醉（www.liposuction.com）。

这一段显示了如何通过括号来标明引文，在你引用一篇佚名作者的作品时，采用这种方式会取得较好的效果。

在附录中通过主题定位索引

本书的附录部分列举了许多学术期刊文章的索引。这个文章列表是按主题组织起来的,因此可以找到与你研究领域相关的最佳参考文献。下面列举的是音乐领域的三条文献条目:

> *Bibliographic Guide to Music.* Boston: Hall, 1976–present. Annually.

这一参考著作几乎为音乐领域下所有的课题都提供了非常出色的主题索引。它会给你提供在该领域大多数主题下的参考文献数据以及众多文章。

> *Music Index.* Warren, MI: Information Coordinators, 1949–present.

这一参考著作为许多音乐期刊提供了索引,比如《美国音乐教师》(*American Music Teacher*)、《合唱杂志》(*Choral Journal*)、《乐队研究杂志》(*Journal of Band Research*),以及《音乐治疗杂志》(*Journal of Music Therapy*)。

> *RILM Abstracts of Music Literature.* 在线版本以及印刷版本。

这一海量的资源集合可以给你提供简短的资源描述,进而协助你为参考文献选择合适的作品。

《期刊文献读者指南》(*Readers' Guide to Periodical Literature*)

《期刊文献读者指南》(在线版本以及印刷版本)提供了在期刊研究早期阶段的重要阅读索引,这些期刊包括:

American Scholar	Fortune	Psychology Today
Astronomy	Health	Science Digest
Earth Science	Oceans	Scientific American
Foreign Affairs	Physics Today	Technology Review

《社会科学索引》(Social Sciences Index)

《社会科学索引》(在线版本以及印刷版本)为以下领域的 263 种期刊提供文章索引:

Anthropology	Geography	Political science
Economics	Law and criminology	Psychology
Environmental science	Medical science	Sociology

《人文科学索引》(Humanities Index)

《人文科学索引》(在线版本与印刷版本)为多个领域的 260 种出版物提供目录:

Archeology	Folklore	Performing arts
Classical studies	History	Philosophy
Language and literature area studies	Literary	Religion
	Political criticism	Theology

其他索引

其他重要的索引包括:

  Applied Science and Technology Index 为化学、工程学、计算机科学、电子学、地质学、数学、摄影学、物理学以及相关领域的文章提供索引。

  Biological and Agricultural Index 为生物学、动物学、植物学、农业以及相关领域的文章提供索引。

  Business Periodicals Index 为商学、营销学、会计学、广告学以及相关领域文章提供索引。

  Education Index 为教育学、体育教育以及相关领域的文章提供索引。

  除了这些重要的索引,还可以根据你的研究领域去参考本书附录中列举的参考文献。

查找对摘要的索引

摘要（abstract）是对一篇文章的简要描述，通常是由作者本人撰写的。对摘要进行索引可以加快你的研究进度，因为你在进行任务定位以及阅读整篇文章之前，就可以先通过摘要了解大致的内容。你可以在电子图书目录当中输入关键词"摘要"来找到它们，输入后会产生一个种类繁多的列表，如下：

show detail	Abstract of current studies
show detail	Dissertation abstracts international
show detail	Social work abstracts
show detail	Women's studies abstracts

更为具体的关键词索引可以加入你的学科信息，比如说"心理学摘要"。这将搜索出一个参考文献，最有可能的是 PsycINFO 这个由美国心理学会提供的可搜索数据库。它会为你输出如图 5.4 所示的文献条目。

查找学位论文摘要

你也可能想要在国际学位论文摘要（*Dissertation Abstracts International*）上找到已经毕业学生的学位论文摘要，这也是可以在网上直接访问的。比如说，上网访问 2014 到 2015 年间的 *ProQuest Dissertation & Theses*，在标题"American Novelists"下会出现如图 5.5 所示的条目。

你可以在论文当中引用摘要部分，但记得要告知读者你是从摘要而非完整的学位论文中进行引用的。

第 5 章　在图书馆收集资料　105

```
1 ── DT: Article
2 ── TI: Methamphetamine Laboratories: The Geography of Drug
       Production
3 ── AU: Weisheit, Ralph A. and L. Edward Wells
4 ── SO: Western Criminology Review; 11(2): 9–26. 17p. 5 figures/
       3 tables
5 ── IS: 1096-4886
6 ── AB: There has been considerable public concern and legislative
       activity surrounding the issue of domestic methamphetamine
       production. What has not been extensively examined is the broader
       context within which domestic methamphetamine production takes
       place. This study utilizes geographic location data on 14,448 seized
       methamphetamine laboratories to document the association between
       the presence of methamphetamine labs and economic factors, social
       factors, and crime. The study shows that laboratory seizures spiked
       upward immediately prior to the implementation of legislation
       restricting access to methamphetamine precursor drugs and declined
       immediately after the legislation was passed, remaining well below
       pre-regulation levels. However more than a third of U.S. counties
       reported laboratory seizures after strict precursor regulations were in
       place, suggesting that while the problem of local methamphetamine
       lab production was diminished by precursor regulation, it was not
       eliminated. The study also examined factors most strongly associated
       with the seizure of methamphetamine laboratories at the county level.
       Economic instability was not a good predictor of the presence of
       methamphetamine labs, nor were spatial or geographic variables. In
       general, counties with higher lab seizure rates tended to have a
       predominantly White, English-speaking population with a substantial
       representation of evangelical churches. Methamphetamine laboratory
       counties also tended to have employment based on manufacturing, a
       larger farm population, single-female-headed households, a higher
       than average property crime rate, be more racially segregated, have a
       population that moved into the household within the past year and
       have a higher percent of occupied housing. In sum, neither traditional
       measures of social disorganization nor measures of civic engagement
       consistently predict the presence of methamphetamine labs.
```

1. DT：文件类别；2. TI：文章标题；3. AU：作者；4. SO：来源；
5. IS：国际标准期刊编号；6. AB：文章摘要。

图5.4　来自摘要索引搜索的示例项

```
American Novelists
1 ── From Hawthorne to History: The Mythologizing of John Endecott.
2 ── By Abigail F. Davis, PhD
3 ── UNIVERSITY OF MINNESOTA, 2011, 253 pages ── 4
5 ── AAT 543221
```

1. 学位论文的标题；2. 作者；3. 单位；4. 页数；5. 出版号。

图5.5　对ProQuest的数字学位论文进行在线搜索的例子

5.5 搜索传记

当想要了解某个人物的一生时，你就需要同时在书籍与文章、印刷版本与电子版本中查找人物传记。当你键入了关键词"biography + index"后，电子书籍目录通常就会提供多种资源，比如：

show detail   Literary Biography

show detail   Index to Artistic Biography

show detail   Biography Index

一些电子索引资源，比如说 InfoTrac 以及 ProQuest 会为你提供一些传记的摘要甚至是全文，例如这些：

Biography Reference Bank

Current Biography Illustrated

Wilson Biographies Plus Illustrated

其他索引资源，无论是印刷版本还是在线版本，都对寻找传记有很大的帮助。

传记索引

印刷版本的传记索引通常是名人研究的起点，它会提供你想要研究的任何地区人物的传记信息。参见图 5.6 了解在某传记研究当中的信息。

Summit, Pat, 1952-2016, Women's basketball coach

    Summit, Pat, *Sum It Up: One Thousand and Ninety-Eight Victories, a Couple of Irrelevant Losses, and a life in Perspective.*

        Crown. 2013.

图5.6　传记索引

《当代传记年鉴》（Current Biography Yearbook）

《当代传记年鉴》为许多著名人物提供了小传。许多文章只有三四页的长度，在文章的末尾提供其他参考文献。这一年鉴具有当代的、全面的与全球化的特色。

《当代作家》（Contemporary Authors）

《当代作家》在虚构作品、非虚构作品、诗歌、新闻、戏剧、动画、电视业以及其他领域为如今的作者提供了一份传记指南。它提供了一份关于当代作家较为全面的概览，也包括一系列作品列表、传记事实（包括目前的地址以及代理人）、侧记，多数情况下还包括编者对作者的采访。许多条目都提供了与作者相关的补充资料的参考目录。

《文学传记辞典》（Dictionary of Literary Biography）

《文学传记辞典》提供了一百多卷包含数千名作家的简介，每一卷都按照下面的标题进行命名：

American Humorists, 1800–1950

Victorian Novelists after 1885

American Newspaper Journalists, 1926–1950

5.6 在报纸索引中查找文章

电子网络可以帮助你跨越国别的界限，搜索各地报纸上的文章。图书馆的网络一般会提供一个报纸搜索引擎，如果没有的话你就需要上网登录 newspapers.com 这个网站。该网站会带领你快速地进入从 Aspen Times 到 Carbondale Valley Journal 的 800 多家报纸的网页。多数情况下，一些网络报纸也会建立它们自己的搜索引擎，你同样可以利用这些引擎查找该报纸档案库当中的文章，参见本书的4.6部分了解更多相关讨论。此外，下面这些索引也会对你有所帮助：

Christian Science Monitor Historic Archive

The New York Times Index

London Times Index

Wall Street Journal Index

5.7 查找特殊主题目录

建立工作参考书目很重要的一个工具是按照某一共同主题刊登文章的数据库。例如，ProQuest 为报纸、期刊、学位论文以及其他整合的数据库提供资源档案库，通常可以通过图书馆网络门户进入，利用一些搜索平台比如说 eLibrary、CultureGrams 或者 SIRS 为你提供导航。

社会问题资源系列（SIRS）

社会问题资源系列（SIRS）按照某一主题汇集文章，并将它们视作特定主题下的一个单元进行重印，这些主题可以是社会媒体的影响、学校中的祷告或者污染问题。利用 SIRS 这个平台，你可以搜索到 10 至 12 篇可借鉴的文章。图 5.7 显示了与网络隐私和社交网络这一话题相关的众多文献中的一条，它在 SIRS 搜索器（SIRS Researcher）上是这样显示的：

> "Toward of historical Sociology of Social Situations"
> Diehl, David and Daniel McFarland.
> American Journal of Sociology Vol. 115, No. 6
> May 2010; Lexile Score: 1370; 22K, SIRS Researcher
> **Summary:** In recent years there has been a growing call to historicize sociology by paying more attention to the contextual importance of time and place as well as to issues of process and contingency. Meeting this goal requires bringing historical sociology and interactionism into greater conversation via a historical theory of social situations. Toward this end, the authors of this article draw on Erving Goffman's work in Frame Analysis to conceptualize experience in social situations as grounded in multilayered cognitive frames and to demonstrate how such a framework helps illuminate historical changes in situated interaction.

图5.7　显示在SIRS搜索器上面的带注解的参考书目

CQ搜索器（CQ Researcher）

　　CQ 搜索器像 SIRS 一样，会将文章按照话题进行分类，比如"能源与环境"。它会探讨围绕某一话题的中心议题，为读者提供背景知识，为重要事件或发生过程提供年表记录，表达某些观点，以及提供带注解的参考书目。在这里，你可以找到值得引用与改述的材料，以及一个附加文献列表。

> **提示：** 想要知道如何用正确的格式对ProQuest以及CQ搜索器上面的文章进行引用，参见本书第14章。

5.8　查找书本中的随笔文章

　　一些随笔文章会散布在丛书以及选集当中，很难找到。你可以从图书馆的数据库中，在按主题排列的随笔列表中找到它们，例如：

　　Essay and General Literature Index

这一参考资源可以帮助你找到埋藏于选集当中的随笔文章，它为那些资源提供索引，并带有传记以及批判性质，例如：

King, Martin Luther, 1929–1968

　　Raboteau, A. J. Martin Luther King and the tradition of black religious protest. (In Religion and the life of the nation; ed. by R. A. Sherrill, p. 46–65).

你的电子图书目录会提供谢里尔（Sherrill）图书的索书号。

你的研究项目

1. 如果之前没有参加新生熟悉校园的活动，那你应该花时间去图书馆转一转，熟悉图书馆的各个部分，了解其中有什么特色藏品以及可用信息的类型。

2. 在图书馆里，你可以坐在其中一台计算机终端面前，研究其中的功能选项。随意拟定一个题目，并在计算机上搜索相关书籍以及文章。试着找出一篇摘要或者是文章全文并打印。

3. 去咨询台向图书管理员咨询与你题目相关的专业参考书目，比如说，你可以这样问："你们这里有没有与全球变暖相关的专业参考书目？"

4. 为了检验图书馆的资源，你可以搜索自己出生那天的相关信息。不要仅限于那天发生的重大事件，也可以搜索你家乡的新闻。看一看那时候的广告，了解过去人们穿的是什么，以及东西的价格。

清单：图书馆搜索

　　在开始对某一问题进行研究时，你需要根据图书馆的文献资源状况，不断辗转于电脑终端、图书馆里堆叠的书籍和期刊、打印好的传记以及索引之间。起步的时候，你可能会用得上这一清单中的资源。

查找图书：

　　用关键词搜索电子图书目录；

　　在线使用关键词"参考文献+你的学科"。

查找期刊文章：

　　用关键词搜索电子数据库；

　　在线使用关键词"索引+你的学科"；

　　威尔逊索引（The Wilson indexes）。

查找摘要：

　　在线使用关键词"摘要+你的学科"；

查找书籍以及期刊当中的传记：

　　在线使用关键词"传记+索引"；

　　《传记索引》（Biography Index），电子版本以及纸质版本。

查找报纸文章：

　　使用网址 www.newspapers.com；

　　在电子数据库中键入关键词"报纸"。

查找小册子文件（pamphlet files）：

　　在线使用图书馆网络进入 SIRS 以及 CQ 搜索器。

查找书籍当中的随笔文章：

　　使用《文学论文索引》（Essay and General Literature Index），电子版本与纸质版本。

第 6 章

进行实地研究

- 调查当地资源
- 参考视听资源、电视以及广播
- 用问卷进行调查
- 进行实验、观察

> **明确目标**
>
> 每一个学科对它自身的探究方法以及展示方式都有不同的要求。这一章会为你提供许多不同的实地研究技巧：
> - 用采访、阅览私人文件等方法调查当地资源。
> - 研究政府文件。
> - 使用视听资源。
> - 创建一份调查或问卷。
> - 进行实验、观察。

人类的独特之处就在于他们拥有系统性理解世界的方法，从而诞生了像计算机技术员、显微外科专家以及核能工程师这样的世纪先锋。通过实地研究，你有望成为他们当中的一员。

一般来说，实地研究（Field research）是指在图书馆外开展的任何研究，比如说在考古遗址进行发掘，检测一个排水口的故障问题，观察学生在停车场的行为，或者用问卷的方式调查某一个群体。这样一类工作往往会提供非常宝贵的信息，你可以将其视作研究计划当中非常重要的一个环节。你可以通过书信或者电子邮件的方式与人们交谈，而且如果时间允许的话，也可以亲自进行一对一的采访或者使用调查问卷。你还可以观看电视专题片、参观法院档案馆，以及在某个指导员的引导下进行观察式研究（参见 6.4 部分）。

你需要采用一种客观的方式进行实地研究，以控制好你个体的主观感受。即使对自己的题目有很强烈的个人感情，你仍需非常客观地寻找证据。几乎所有的作者都会被自己的研究题目深深地吸引，但他们也会在参与的同时结合一些分离的技巧。事实是怎么样的？这些事实究竟支持什么样的结论？需要进行测试，得到结果，进而探讨其影响。

6.1 调查当地资源

采访那些知识渊博的人士

去跟那些拥有与你题目相关体验的人交谈。亲身访谈可以提取非常有价值且有深度的信息，能够获得通过其他方式获取不到的信息。你可以到一些机构寻找知识渊博的专家。比如说，如果你写作的内容与民俗学相关，就可以与当地的历史学家或者当地的历史学会取得联系。有必要的话，你也可以发布公告来寻求帮助，你可以这样写："我正在进行一项与当地民俗相关的研究，需要招募对地方文化有了解的人。"你还可以采取另外一种方式完成这项任务，那就是加入电子邮件讨论组，并且邀请对这一题目感兴趣的人发表评论（更多细节可以参见本书的 2.2 部分）。如果你参与了一门在线课程的话，也可以利用讨论版来完成这项工作。为了确保准确性，你应该储存获得的文件或者录入采访的信息（当然，要经过被采访者的允许）。当完成这项工作时，你也需要像给一本书撰写参考文献条目那样，编写这样的一个条目：

Sedaris, Pamela. "Re: T.S. Eliot Notes." Received by Jonathon J. Winters, 30 Mar. 2017.

如果你的论文是用 APA 格式写作的话，仅需要在文章内为电子邮件采访的内容进行标注，而不需要在参考文献中将其列出。为了保证材料的匿名性，应该采用文内引用的格式：（Anonymous interview, April 6, 2016）。按照 APA 格式的要求，你也不必列出那些无法检索到的参考文献条目，比如电子邮件信息、采访、个人信件、备忘录或者私人文件等等。

除去本章 6.4 部分给出的指导清单，你还需要记住一些很重要的事项。第一，你需要为采访做好准备，这就意味着你需要了解被采访者的专业背景，并准备好一系列切题的问题以及追问。第二，将你的重点放在核心问题上。被采访者可能会不断想要讨论一些离题的观点，因此你需要准备一些恰当的问题将他们带回到中心议题上来。第三，保持风度，尊重被采访者陈述内容的准确性。

学生瓦莱丽·内斯比特－霍尔研究了网络配对服务以及聊天室在促进网络恋情方面起到的作用。因为熟识一对最初在网络上认识并且后来走进了婚姻殿堂的夫妇，于是她决定进行一项采访，并选择了实时访谈的形式。下面是她提出的一些问题，以及被采访者——来自苏格兰的斯蒂芬与来自美国的珍妮弗的一些简要回答：

1. 你们是什么时候在网上认识的？ 回答：2014年10月。

2. 是什么促使你们使用网络配对服务的呢？回答：其实我们并没有使用网络配对服务。我们先是在聊天室聊天，成了朋友，之后才见的面。

3. 是谁最先发起的？ 答案：是斯蒂芬先发起的在线聊天。

4. 在你们某一个人给出地址和/或电话号码之前，你们通过电子邮件联络了多久？是谁先给的？ 回答：我们通过电子邮件聊天与通信了一个月之后，珍妮弗把她的电话号码告诉了我。

5. 在你们分享彼此的照片之前花了多长时间？ 回答：在我们开始分享书面信件以及照片之前有九个月的时间。

6. 是谁提议第一次见面的？你们在哪里见的面？在见面之前花了多长的时间？ 回答：是斯蒂芬首先提出见面的，珍妮弗从美国飞到了苏格兰的格拉斯哥。大概是认识一年的时候。

7. 从你们第一次网络认识到结婚，这之间花了多长的时间？ 回答：在第一次聊天的一年半之后，我们结婚了。

8. 你是否认为网络恋爱会让你在亲自见面之前预先安排一些事情并且保护自己的隐私？ 回答：是的。我们会很小心，有时候也会想放弃，但我们还是在网上一次又一次相聚，直到彼此了解并足以信任这段感情。我们从网络走到现实中约会，爱情很快就开花了。

9. 国籍上的差异是否成为一个问题？回答：是的，但只有当我们讨论到移民事项的时候才成为问题。而且，珍妮弗的父母非常担心她要去另外一个国家，去见那些从未谋面的人。

10. 最后，你是否会为那些寻找伴侣的人推荐网络配对服务或者网络聊天室呢？回答：是的，在适当的情况下吧。我们是幸运的，而其他人未必。

写信以及用电子邮件的形式进行通信

信件往来为研究提供了一份纸质的记录。为了进行采访你需要问一些有针对性的问题，这样被采访者才能对你的核心问题直接回应。你需要告诉被采访者你是谁，打算做什么，以及为什么你选择与这个人或这个群体的成员通信。如果相关的话，你还可以解释一下自己为什么选择了这个题目，并向别人证明你写作这一题目所具有的条件。

要把你想传达的信息尽量明确地告知参与者，你仅需要很少量的信息回馈，并不应该让参与者提供非常多的回复。如果你需要引用参与者回复的内容，记得在引用文献页上编写一条像下面这样的参考文献条目：

Casasola, Evelyn. Principal of Parkview Elementary School, Topeka, KS. "Re: Elementary Ed. Survey." Received by Edette Ogburu, 5 Apr. 2017.

> **研究建议：用笔记编写一个概要**
>
> 概要笔记（summary note）就是用快捷而简短的话对参考资料当中的要点以及数据给予大致描述。如果这个信息有用的话，你之后可以再用一种更明确、适当的散文风格对其进行改写，有必要的话，还需要找到参考文献对其进行修订。你可以使用概要笔记来保存数据、记下某些有趣的观点或者是记录资料。下面的概要将瓦莱丽参与的十个采访问题的回复内容

按照大纲的方式进行了描述：

> 本研究探讨了一个最终以婚姻结尾的配对关系。两个对象——珍妮弗和斯蒂芬接受了关于网络恋情的采访。下面是采访的概要，该概要已存档。二人于 2014 年 10 月在网络聊天室中相识，而非网络配对服务。斯蒂芬最先发起的联络，在珍妮弗首先提出交换手机号码、地址以及照片的建议之前，他们进行了 1 个月的匿名聊天。斯蒂芬在他们相识 11 个月后第一次提出了见面的请求，邀请珍妮弗从美国飞到了苏格兰的格拉斯哥。7 个月之后，他们结婚了，这距离他们在互联网聊天室里初次相识一共只有一年半的时间。

阅读私人文件

你可以查找书信、日记、手稿、家族史以及其他私人文件来辅助研究。城市图书馆一般会有私有馆藏，而且图书管理员也可以帮助你联络地方的历史学家或是拥有重要文件的普通公民。显然，使用私人文件时必须恪守礼仪并保持谨慎细心的态度。此外，你同样要为这类文献编写参考文献条目：

Anderson, Candice. "Collected Notes from the Robert Penn Warren Museum." 4 Mar. 2017, Robert Penn Warren Birthplace Museum, Guthrie, KY. Manuscript.

参加讲座以及公共演讲

关注公告板以及报纸，看看有没有一些演讲嘉宾会访问你的学校。每参加一次讲座，你都需要细心地做笔记，如果可以的话，索取一份讲座或者演讲的内容副本。记住，许多讲座都被录制成了视频，储存在图书馆或者系里的文件库当中。记得为你所使用的他人的词语以及观点建立参考文献条目：

Petty-Rathbone, Virginia. "Edgar Allan Poe and the Image of Ulalume." Heard Library, 25 Jan.2017,Vanderbilt U, Nashville.

6.2 参考视听资源、电视以及广播

有些很重要的数据可以在众多视听资源中找到，比如在电影、摄影胶片、音乐、CD 光盘、幻灯片、录音带、录影带以及 DVD 光盘中。在校园内外均可以找到这些资源。使用 DVR 或者 VCR，你就可以对某些节目进行录制，以便之后进行更为细致的研究考察。同样地，你需要为那些对论文有帮助的资料撰写参考文献条目：

Martinez, Michael, and Greg Bothelho. "Driving California's Inferno Freeway." Cable News Network. 26 Dec. 2015.

清单：使用媒体资源

- 仔细查看视频开场以及结尾中的字幕来获取引用文献条目中所需的信息。格式可以参照本书第 14 章。

- 根据研究重心的不同，你的引用可能需要提到表演者、导演或者解说员。

- 就像对待采访一样，你也需要在做笔记的时候小心翼翼地确保准确。尽量直接引用，因为如果对电视评论进行改述很有可能在无意中歪曲事实或存在偏见。

- 参考那些在 PBS.org、Discovery Channel 和 National Geographic TV 上面的在线纪录片以及其他资源。

> • 认真计划一下对媒体展示内容的评论，甚至要考虑准备一系列问题或者建立一系列标准来帮助你做评判。

6.3 用问卷进行调查

问卷可以生成最新的、一手的数据资料，你可以对这些资料进行表格编制以及分析。当然，为了获得有价值的结果，你必须调查一系列随机样本，也就是说，每一个样本都必须在年龄、性别、种族、教育、收入、住所等诸多因素上具有反映整个人群的代表性。除非你努力保持客观，否则种种程度不同的偏见都有可能悄悄混进你的问卷当中。因此，在正式进行调查之前，你需要拥有进行测试和评估的经验，以及统计分析的经验，或者有一名可以帮助你处理这些技术问题的论文指导教师。

在线调查已经成为多个研究领域非常重要的工具，包括社会以及官方的数据调查领域。网络调查拥有其他自填式问卷调查所没有的优势，因为整个搜集数据的时间被极大地缩短了，所以在线调查可以用非常及时的方式搜集并处理数据。此外，为题目提供很长的列表选项，可以帮助你对某些问题的答案进行直接编码，而这些题目在纸质版的问卷中通常是以开放式的形式出现的。有一些非常受欢迎的调查网站，包括 Zoomerang、SurveyMonkey、KwikSurveys，以及 QuestionPro 等。在线调查可以根据不同的情况做出调整，对参与者来说可以提升使用的方便度，对信息的编纂者来说也是如此。你可以按照这样的方式为调查信息撰写参考文献条目：

Sanderson, Micah. "Study and Class Time vs. Leisure Time." Survey. Emporia State U, Emporia, KS, 11 Feb. 2017. www.emporia.edu/survey/studyclass/leisure/html.

> **清单：采访、书信、私人文件、政府文件**
>
> • 提前做好预约。
>
> • 咨询有经验的人。如果可能的话，和不同的人交谈之后权衡不同的意见。采访无论是以电话的形式还是电子邮件的形式进行都是可取的。
>
> • 对待采访要表现得有礼貌且守时。
>
> • 为开始和推进采访提前准备好一些要点及切题的问题。
>
> • 对待私人以及公共的文件都要非常谨慎。
>
> • 为了确保准确性，用数字录音机记录下采访的过程（当然也要获得被采访者的同意）。
>
> • 在进行直接引用时，再向被采访者或者通过录音记录核实一下。
>
> • 在引用一个人的名字或者引用他/她的原话的时候，需要取得对方的同意。
>
> • 给那些在研究过程中帮助过你的人一份你的报告副本，并附上致谢信。

多数学校都会有人类受试者委员会（Human Subjects Committee），这一委员会设立了一些指导标准，提供了知情同意书，并且由于收集信息的过程可能有干扰，委员会也要求参与者匿名。在校园的走道中进行的非正式调查，在学术论文中是缺乏可信度的。如果你需要为研究结果建立一个表格或者图表，一些例子和建议可以参照本书10.5部分。在引用文献条目中可以这样标注你的调查信息：

Castor, Diego, and Carmen Aramide. "Child Care Arrangements of Parents Who Attend College." Questionnaire. North Idaho College, Coeur d'Alene, ID, 21 Oct. 2016.

与采访问题（参见本书6.1部分）不同，采访一般是为了获取某一个人或者某几个人对某一问题的回应，调查问卷则是为了从更多人那里获取更多不同的回应，参与者的人数从 25 到 30 乃至数千的规模。应该将问卷设计成方便制成表格的形式，这样就可以将结果放置在图表当中。

6.4 进行实验、观察

实证研究往往在实验室中进行，借此可以发现事物为什么存在、如何存在、功能是什么，以及它们之间是如何相互作用的。你的论文需要解释在探索一个假定（你的论点）的过程中所采用的方法以及所发现的结果。因此一项实验就成为你论文的主要证据。

观察是一种在实验室之外进行的实地研究。"实地"可能是一所托儿中心、一家电影院、一个停车场或者一间快餐店的吧台。在那里你可以观察，计算，记录行为、模式或者系统。这种研究也可能包括观察以及检测某条小溪中的水、某种野花的生长情况以及鹿的栖息方式。

大多数实验以及观察都始于某种假定，这种假定与论文论点是类似的（参见本书 2.6 部分）。假定是一种出于调查目的而被假设为真的陈述。"蜂鸟生活在一个由族长统治的大家族当中"是一个需要通过数据来测试其真实性的假定。"大多数人不会纠正说话者的语法错误"也是一个假定，需要测试与观察来证明其正确性。

不过，你也可以不带假定地进行一项观察，让结果自然生成某种结论。后文"你的研究项目"部分要求你进行一项为期一周的复式观察，并撰写一篇简短的思考文章，思考你从实地记录中学习到了什么。这可以成为你实地研究当中的引言部分。

清单：进行调查

- 保证你的问卷简短、明晰且聚焦于研究课题。
- 提出不带偏见的问题。在使用之前，让你的教授审核你打算采用的调查手段。
- 设计一个对选项（选择A、B或C）、排名（第一选择、第二选择等等）以及填充空格的快速回复。
- 为提交试卷设计一个方便的形式，甚至要考虑提供贴好邮票的回邮信封。
- 保留电子邮件的回复，直到研究项目完成。
- 在附录当中提供一份调查问卷样卷以及表格。
- 客观地将结果制成表格。即使那些与你的假定相悖的结果也是有价值的。

清单：进行实验或者观察

- 表达一个明确的假定。
- 为研究选择一种合适的设计——实验室试验、观察或者在实地搜集原始数据。
- 在恰当的情况下，可以包括文献综述。
- 仔细记录，保证数据的准确性。
- 不要让你的期望影响结果。
- 保持对人类以及动物实验参与者的尊重。在这方面，你可能需要为你的研究申请获得管理委员会的同意。记得阅读学院的规章制度，了解一下在研究涉及人类以及动物参与试验时的相关要求。

一般来说，一份关于实验或观察的报告要遵循预期的格式，包括四个不同的部分：介绍、方法、结果、讨论。了解这些元素有助于设计你的调查。可参考本书 15.5 部分的实证研究报告或理论性论文详细指南。

你的研究项目

1. 选择一个事件或者自然界的事物每天进行观察，持续一周。使用复式格式编写你的现场记录：在页面左边进行记录，在页面右边撰写注释及对你所观察到的东西进行的思考。然后，用一个简短的段落来探讨你的发现，例如：

记录：	回应：
第一天	
在窗口前十分钟，	是雄性在驱逐雌性，
三只蜂鸟为了喂食器争斗。	还是说雌性是侵略者？
第二天	
在窗口前十分钟，	我做了一些研究，发现
看到八只单身蜂鸟，	红喉的雄性是富有侵略性的
有一只在驱逐其余蜂鸟以	那只。
守护喂食器。	

2. 仔细考察你的研究主题，进而决定在图书馆之外进行研究是否会对你的项目有所帮助。如果有，又是哪种研究类型会对你有帮助呢？通信、地方记录、新闻媒体、问卷、观察还是实验？

3. 与你的论文导师一起合作，构思出一个会对你的研究以及研究结果产生影响的研究手段。事实上，大多数论文导师都会检查你将要发出的问卷内容，并且对你的实验或者观察的设计做一番考察。

4. 如果你的实验有人类与动物参与，要遵循学校的指导方针。

第 7 章

避免剽窃

- 使用文献来提升你论文的可信度
- 将参考文献放在文章合适的语境当中
- 理解什么是版权
- 避免剽窃
- 在集体合作的项目中与他人共享成果
- 尊重并引用在线课堂当中的资源
- 获得在个人网站上发布资料的许可

> **明确目标**
>
> 知识产权是很重要的。因此，在学术环境下写作，你需要遵循一系列的道德标准。本章的目标就是定义并探讨研究性写作当中的道德规范：
>
> - 使用文献来提升你论文的可信度。
> - 在合适的语境中添加文献引文。
> - 尊重知识产权以及引用文献的出处。
> - 利用常识及正确的引用方式来避免剽窃。
> - 在集体合作的项目中与他人共享成果，并尊重他人的贡献。
> - 尊重并引用在线课堂中的资源。
> - 在你的网站发布资料时，同样要遵守版权法律的规定。

通过文献引用和剽窃的一些例子，我们会知道什么样的研究是最好的或是最差的，也会了解哪种引用参考资料的方式才是最好的。此外，我们还应该重视网络带来的一个比较普遍的问题，它让抄袭及直接将资料下载并粘贴到论文当中变得相当容易。

剽窃，是指将他人的文字或者观点据为己有的一种行为。剽窃严重违反了学术写作的道德标准，针对有剽窃行为的学生，许多学院和大学都制定了非常严格的惩罚措施，包括留校察看甚至是开除。许多学校也发布了官方的学生行为准则（有时候也叫作"学术诚信政策"），你需要对这些标准熟稔于心，并且了解如何将这些标准应用于自己的研究以及写作当中。

大多数学生都知道，在没有进行文献引用的情况下，有意地将外部材料整篇抄录进自己的研究当中，是剽窃最为明显的一种形式。然而，**无意剽窃**也同样是一种违反学术道德规范的行为。在未注明出处的情况下使用他人的句子、短语以及术语便是剽窃。因此，为了避免此陷阱，你需要进行引用，并且使用引号来标明你在哪里使用了他人的文章。同样地，在未注明出处的情况下对他人的观点、研究或者方法进行使用，也是一种剽窃，因此你需要细心地改述，参考本书 1.3 部分清单当中的提示来帮助自己避免无意剽窃。

7.1 使用文献来提升你论文的可信度

　　研究就意味着你需要分享而非隐藏一些信息。许多学生不理解一件事，那就是为什么要在论文中对某些文献进行引用，其实即便它们非常简短，也可以给你的读者提供一些特殊且有价值的信息——你已经对某一题目进行了研究，了解了与其相关的文献，并且有对其进行分享的能力。研究性写作锻炼了你的批判性思维，以及收集观点的能力。你需要讨论的不单单是主题，比如说"草原土壤资源的退化"，也应涉及与这一题目相关的文献，比如说网络上的相关文章，以及你在图书馆数据库中找到的最新期刊资源。通过清楚地标明你所使用资源的名称，这也向读者展示了你阅读的视野，因而也就代表了你的可信度，正像下面这位同学在笔记中所写的：

> 根据马瑟斯和罗德里格斯的说法，土壤侵蚀通过流失营养物质、蓄水能力和有机质进而削弱了土壤的生产力。根据杜曼斯基以及其他人的报告估计，大平原地区每年的土壤侵蚀带来"1.55 亿美元~1.77 亿美元的水资源方面的损失，以及 2.13 亿美元~2.71 亿美元的风能方面的损失"（Dumanski 208）。
>
> 波斯特尔宣称"一个新的水的时代已经到来"（Postel 24）。她预估世界上的大草原都将干枯，包括美国的在内。当美国人注意到干旱的讯息时，也许会改变一些事情。

　　这些笔记如果写入论文当中，就可以使读者了解作者所使用的文献。这些记录提供了作者对这一题目进行研究的清晰证据，也提升了该学生作为研究者的形象。正确使用这些资料文献，你的论文就能因之获得好评。相反，抄袭则是将相关信息据为已有地展示，例如：

> 世界上的大草原很快就要干枯，包括美国的在内，因此一个新的水的时代已经到来。

该句子借用的内容太多了。如果不能确定，就应该标出引用文献并且将其放在文章合适的语境当中。

7.2 将参考文献放在文章合适的语境当中

你使用的资料会反映出你的特殊兴趣，甚至是偏见，因此你需要将它们视为可靠的文献置入论文的适当位置。如果必须使用某个充满偏见或可疑的资料，你需要提前告知读者。比如说，如果你在写与吸烟的危害相关的文章，就需要在农民的杂志、健康和健身杂志以及烟草公司赞助的行业杂志当中寻找不同的观点。你应该为读者仔细评判网站并考察发表的文章是否具有以下问题：

- 有特殊的利益因而可能会歪曲相关报道。
- 缺乏可信度。
- 某非赞助性网站。
- 充满偏见的推断，特别是那些在博客以及聊天室找到的内容。
- 为特殊利益服务的商业杂志。
- 极端自由主义或者保守主义的立场。

下面就是一个例子，诺曼·伯科威茨在研究与世界水资源供应问题相关的文献时，找到了一篇感兴趣的文章，于是，就将文章与本人的描述放在了一起，就像下面笔记中记录的那样：

《地球第一》将自己定位为一份激进的环保期刊,其中的文章编辑均采用了笔名,例如天空、翡翠、楔子以及小枝。在文章《鲍威尔湖的终结》中,小枝认为,"科罗拉多河可能很快就无法提供供应 2,500 万人民的灌溉系统了"(Sprig 25)。但是,危险并不仅仅局限于鲍威尔湖。小枝补充道,"对水的过度使用,加上每 25 年一个循环的地区性干旱周期,可能意味着鲍威尔湖以及科罗拉多河上游地区的其他水库都将失去水源"(Sprig 24—25)。

伯科威茨不仅标明了资源的名称、引号、页码范围,也帮助读者辨明了该杂志的性质。

7.3 理解什么是版权

版权法的原理是比较好理解的。当某个创造性作品以某种有形的形式被记录下来时,无论它是一份书面文件、一幅画,还是一份视频录像,这一作品都获得了版权。尽管在美国地区出版的作品通常需要在美国华盛顿特区的版权办公室注册,但没有经过法律注册的作品同样也具有版权。因此,只要你在论文、歌曲、画布上创造性地表达了自己,这种表达就是一种知识产权。该作品流通过程中所产生的任何利益,你都对其拥有既定的所有权。因此,歌曲作家、漫画家、小说家以及其他艺术家都坚决捍卫他们作品的权益,不希望自己的作品被无偿地传播。

考虑到网络技术的迅速发展与演变,在社交网络环境下的版权法依旧处于变化之中。最近,禁止免费下载音乐到私人电脑上的规定就是一项有关网络版权的实践。正因为网络使用者可以非常便捷地传播版权信息,所以侵权行为的数量在网络上剧增。尽管如此,学生研究者应该将自己在课堂上的努力与营利性网站区分开来。

学术性写作虽然不是一个营利性的职业，但作者也同样需要获得认可。我们通过提供文内引用以及参考文献条目，从而对他人的工作给予认可。作为一个学生，你可以在自己的学术论文中使用那些拥有版权的材料，但应该像法典当中所说的那样，对其进行合理使用：

> 对版权作品的合理使用……为了批评、评论、新闻报道、教学（包含课堂中使用的多份副本）、学术或研究目的而使用并不违反版权法的规定。

因此，只要你是为了教育性目的对资料进行借用，这些都不会涉及版权问题。需要记住的是，你需要参照下一节 7.4 部分中讨论的内容，给予文献以适当的认可，并恰当地标注文献来源。不过，你如果决定在网站上发表你的学术论文，还需要考虑一些其他内容（参见 7.7 部分）。

7.4 避免剽窃

想要避免剽窃，你可以遵循以下几个步骤：第一，记下与某个课题相关的观点，看一看你对这一问题是怎么理解的；第二，不要直接将文献一个接一个地粘贴到你的文章上，而应该在整合权威作者观点的同时，试着通过总结、改述或者直接引用的方式表达自己的观点，这一点可以在本书第 9 章找到具体的操作方法；第三，对那些在阅读当中收集整理到的观点进行反思与有意义的联结，并且当你提到了某些文献当中的观点或者具体字句时，要给其作者的工作以充分的承认。

再次强调，剽窃是指将他人的字句或者观点据为己有。如果有了以下这些重大违纪行为，可能会导致学业中断或者被学校开除：

- 使用其他同学的作品。
- 购买他人代写的论文。

- 在没有注明文献出处的情况下将整篇文章粘贴到论文当中。
- 在没有注明文献出处的情况下抄袭某个关键的、他人精心措辞的词组短语。
- 在没有注明文献出处的情况下将他人的观点改述成你自己的观点。
- 引用不足或引用缺失。
- 缺少引用符号。
- 引用文献条目不全或缺失。

不管有意还是无意，以上这些情况都涉及了抄袭。

无意剽窃常常是粗心造成的，比如说：

- 忘记将直接引用的内容放入引号内，或者在进行引用时，忘记了为文内引用提供作者名以及页码。
- 改述不合格，太多原文字句都没有经过改写，尽管你提供了文献作者名以及页码的引用信息。

> **研究建议：为借用的观点以及字词标注文献来源**
>
> 作为一名学术作者，你需要为所有借用的观点以及字词进行文献引用。学术引用——注明作者名、页码以及引用文献条目——除了可以增进你研究的可靠性与可信度之外，还有两项功能：
>
> 1. 为其他研究者提供清晰的线索，帮助他们参考你所引用的文献。
> 2. 为那些想要重复（重现）研究过程的研究者提供相关的信息。
>
> > 瓦妮莎·斯蒂尔曼认为"年轻教师思考未来、触及未来以及成为终身学习者的能力会消除第一年的紧张、担忧以及悲观主义"。
>
> 该段落并没有提供期刊文章的页码以及文章名字。作为一名研究者，你必须提供这些具体的信息，这样读者才能找到斯蒂尔曼的文章全文并进行研究。下面的段落例文就包含了更为全面的文献信息：

> 瓦妮莎·斯蒂尔曼在她的论文《给未来教育者的经验》中认为"年轻教师思考未来、触及未来以及成为终身学习者的能力会消除第一年的紧张、担忧以及悲观主义"（34）。
>
> 在书写一条学术引文时，需要标明你所阅读的是谁的文章，你是如何在自己的论文中使用它的，以及别人在哪里可以找到这篇文章。

> **清单：对你的文献进行引用**
>
> • 通过使用标明作者名的引语或者转述，让读者知道你对某文献当中的内容进行借用了。
>
> • 将所有直接引用的材料加上双引号，包括关键短语以及句子。
>
> • 对四行以及四行以上的引文进行段落缩进。
>
> • 保证被改述的资料是用你自己的讲述方式以及语言进行改写的。不可以单纯地只调整句子结构。
>
> • 为每一条借用的材料编写具体的文内文献引用，当然，记得MLA、APA、CSE以及CMS这些格式标准都不同。
>
> • 在引用文献部分为文章中用到的每一个材料创建参考文献条目，包括那些仅在脚注以及附录中出现的文献。

在以上这些情况中，论文导师应该介入并帮助新手研究者，尽管这些情形并不算公然剽窃，但也会成为研究中的瑕疵。

常　识

你无须为那些通常被认为是"常识"的信息进行文献引用。但如何才能分清楚哪些是常识而哪些又不是常识呢？你可以利用下面的标准来衡量。

1. 地方性知识。你与读者可能会共享有关某一主题的地方性、区域性的知识。比如，如果你是北伊利诺伊大学的学生，就无须引用这样一些事实，像"林肯之地"（Land of Lincoln）、芝加哥是最大的城市、斯普林菲尔德是首府城市等。并不需要为这类信息提供文内引用，如下文所示：

> 伊利诺伊州连绵起伏的丘陵是大中西部玉米带的一部分。它由威斯康星州的边界自北向南延伸至肯塔基州的边界。它的政治中心是州中心的斯普林菲尔德，而它的工业和商业中心则是芝加哥——坐落于密歇根湖岸边的喧闹都市。

不过，大多数作者可能想要对下面的段落进行文献引用：

> 平原上的早期印第安部落称自己为"伊利尼维克"（Illiniwek，意为强壮的男子），法国定居者将这一名字定为"伊利诺伊"（Angle 44）。

2. 共享经验。课程和讲座会为你以及课堂上的其他成员提供针对某一题目的相似观点。比如，在研究非裔美国作家的文学课堂上，学生们会共享一些相同的知识，因此这些学生的某些写作信息可以不需要文献记录，比如：

> 兰斯顿·休斯，19世纪20至30年代一位重要的诗人，是哈莱姆文艺复兴的领导者之一，像许多作家一样，他为自己的非裔美国人血统感到自豪。他并不回避使用本地化的黑人方言，我会说他是当今说唱音乐的始祖之一。

如果学生需要涉及一些非常识性的信息，就要进行引用，比如：

> 休斯被杰罗德·厄尔利描绘为联系着革命性诗人保罗·劳伦斯·邓巴与激进诗人阿米里·巴拉卡二者的重要艺术家（246）。

3. 常见事实。对年鉴、资料手册或字典当中常见的事实性信息不需要进行引用。下面是一个例子：

> 作为美国的"开国之父"，约翰·亚当斯是一位政治家和外交官，以及支持美国从英国独立出去的主要倡导者。作为波士顿的律师以及公众人物，亚当斯是参加大陆会议的一位马萨诸塞州代表。他协助托马斯·杰斐逊在1776年起草了《独立宣言》，并成为国会的重要拥护者。

上文不需要进行文献引用。然而，如果添加了具体的事件，则需要对其进行文献引用。当然，你只需对超出常见事实的部分进行引用，比如：

> 约翰·亚当斯的成就在当代获得了更多人的认可，尽管其贡献并不像其他奠基者那样著名（Hixson 86）。

清单：不需要进行文献引用的常识

- 不要对那些有一定知识的人可能知道的信息进行文献引用，要同时考虑到作者与读者所处的知识语境。
- 不要对课堂成员都熟知的术语以及信息进行文献引用。
- 不要对那些在你阅读文章或者书籍之前就了解的信息进行文献引用。
- 不要对那些年鉴信息进行文献引用，比如说日期、出生地、职业等等。
- 不要对那些已经通过不同渠道反复被报道过的普遍知识进行文献引用（比如说，迈克尔·乔丹在数届职业篮球联赛中创造了得分纪录）。

正确借用文献

下方的例子（MLA格式）展示了正确使用文献与具有剽窃嫌疑地使用文献的不同之处。首先列出的是被引用文献的原文，之后是不同学生对该文的引用，我们会分别对他们的优缺点进行讨论。

原始材料：

网络攻击已经成为常态。似乎每周权威通讯社都会报道一些备受瞩目的、影响到商业与消费者的数据泄露事件。即便如此，许多公司还未意识到这一威胁的严重性。事实上，最近一篇来自欧洲风险管理联合会（FERMA）的报告显示，只有16%的公司专门设置了首席信息安全官来监督网络风险与网络隐私，只有不到半数的公司准备了就网络风险事件与公众进行沟通的相关策略，这不能不让人感到惊讶。报告《迎接网络风险的挑战》显示了另一个令人不安的数据：许多公司都未购买针对网络攻击的保险。只有19%的受访者宣称他们购买了覆盖信息安全与隐私泄露的安全隐私险。但预防工作远不只是保险这么简单。

——Holbrook, Emily. "Cyber what?" *Risk Management*, 27 Feb. 2013, www.rmmagazine.com/2013/02/27/cyber-what/.

学生版本 A

此版本可以被视作无论在伦理还是道德上都有污点的剽窃之作：

最近一篇来自欧洲风险管理联合会（FERMA）的报告显示，只有16%的公司专门设置了首席信息安全官来监督网络风险与网络隐私，只有不到半数的公司准备了就网络风险事件与公众进行沟通的相关策略，这不能不让人感到惊讶。报告《迎接网络风险的挑战》显示了另一个令人不安的数据：许多公司都未购买针对网络攻击的保险。只有**19%**的受访者宣称他们购买了覆盖信息安全与隐私泄露的安全隐私险。但预防工作远不只是保险这么简单。

这段文章读起来很不错，对于那些毫无疑心的读者来说也是一样。然而，这名作者几乎借用了霍尔布鲁克（Holbrook）的整篇文章，因此剽窃是该文最主要的问题。作者偷窃了文献中的句子，写出的内容让读者读起来觉得这些句子好像都是原创的一样。

学生版本 B

从文献中直接盗取观点的剽窃：

> 网络攻击在我们当今社会已经屡见不鲜了，每周都在发生影响商业与消费者的信息泄露事件。只有非常少的公司设置了首席信息安全官来监管网络风险以及隐私问题。不仅如此，多数公司都没有准备就网络风险事件与公众进行沟通的计划与策略。

该版本通过改述以及重写关键词、关键句的方式大量地借用了原文资料。该作者盗用了原文献当中的主要观点，并且没有标注任何参考信息。文中使用的字词是属于学生作者的，但其中的观点则属于霍尔布鲁克。

学生版本 C

不合规范的改述以及过于模糊的引用所造成的剽窃：

> 根据权威通讯社的报道，以影响商业与消费者的信息泄露为形式的网络攻击在当代社会已经变得屡见不鲜。很少有公司意识到这一威胁的严重性。多数公司都没有设置首席信息安全官来监督网络风险与网络隐私，同时也没有准备就网络风险事件与公众进行沟通的相关策略（Holbrook 45）。

从某种程度上说，这个版本要比前两个好一些。该版本引用了霍尔布鲁克，但读者不知道的是，作者的改述中包含了太多霍尔布鲁克本人的语言，而这些语言本应该被加上引号的。此外，对霍尔布鲁克的引用信息也是模糊的，我们不知道作者是从什么时候开始对他人进行引用的。下面这个版本则更好地处理了这个问题。

学生版本 D

通过大块引文进行恰当引用的合格版本：

> 根据艾米丽·霍尔布鲁克的观点，"权威的通讯社每周都会报道一些备受瞩目的、影响到商业与消费者的数据泄露事件"(45)。可悲的是，网络攻击在新千年已经成为一种常态：
>
> 最近一篇来自欧洲风险管理联合会（FERMA）的报告显示，只有16%的公司专门设置了首席信息安全官来监督网络风险与网络隐私，只有不到半数的公司准备了就网络风险事件与公众进行沟通的相关策略，这不能不让人感到惊讶。(Holbrook 45)

该版本提供了处理文献资料较好的一种方式。文献在一开始被借用时就被注明，文字以块状的形式被引用，对页码的标注标志着引用的结束。不过，让我们假设作者并不想对整段文章进行引用，下面的例子就展示了一个经过改述的版本。

学生版本 E

一个标明了引用文献信息的可取的版本：

> 网络风险攻击在新千年已经成为一种常态。根据《风险管理杂志》主编艾米丽·霍尔布鲁克的观点，"许多公司都未购买针对网络攻击的保险。只有19%的受访者宣称他们购买了覆盖信息安全与隐私泄露的安全隐私险"(45)。

该版本同样令人满意地处理了引用文献。在这个例子当中使用了直接引用，权威作者获得了尊重与认可，并且，在列出霍尔布鲁克的观点之前，学生还用自己的语言撰写了一个简短的介绍。

7.5 在集体合作的项目中与他人共享成果

共同作者在合作写作当中一般不会出现什么问题，特别是在当项目的参与者都了解自己的任务是什么的情况下。通常，项目的所有参与者会获得相同的成果荣誉。然而，如果你能与你的同学以及论文导师事先讨论好下面的问题，该过程会更加顺利：

- 该项目将如何被评判以及授予奖励？
- 所有的参与者都会获得相同的分数吗？
- 没有成效的人可以被开除出小组吗？
- 每个人都应该写作作品的一个部分，并且所有人一起对整篇作品进行编辑吗？
- 某些人应该负责写作草稿，另一些负责编辑并且发布到网上吗？
- 小组成员可以通过电子邮件而非多次小组会议的形式进行协同工作吗？

如果你能在项目的一开始就着手解决这样一些问题，之后就会避免许多纠葛以及意见分歧。另外还应注意，在网上发布你们的集体合作项目会产生一些法律以及伦理问题（参见 7.7 部分）。

7.6 尊重并引用在线课堂当中的资源

当下教育的一个非常普遍的趋势，就是基于网络的课程以及通过电子邮件方式开展的在线课程。一般来说，对这些媒介当中的文献，你也应当遵守有关印刷文献的合理使用原则（参见 7.3 部分），即对这些文献进行恰当引用，并且只使用原文献有限的部分。

在这里同样会涉及一些规则，甚至许多教师对传递信息的方式会有一些困惑。如果是为了教育的目的，这里的规则就比较宽松，大部分出版商已经在网页上将它们的文本或者部分文本发布出来了。此外，许多作品的版权都已经过期了，因此在公共领域内出现的许多作品都是免费的。另外，许多杂志以及报纸都让它们的文章以在线的形式免费供人参阅。

> **清单：那些必须进行文献引用的信息**
>
> 1. 从某一文献中获得的原创观点，无论是直接引用还是经过改述。下面这个例子中的后一句需要进行文内引用，并把关键的短语放入引用符号当中：
>
> 　　遗传工程，儿童的身形与智力由之决定，让人不得不唤起"纳粹在优生学上做尝试的记忆"（Riddell 19）。
>
> 2. 你对文献中某一原创观点的要点归纳：
>
> 　　遗传工程被描述为对动物或植物的基因结构进行重排的技术，即选取 DNA 的某个部分，将其重新连接到另一部分的技术（Rosenthal 19—20）。
>
> 3. 超出课程范围的那些不属于常识性知识的事实信息：
>
> 　　遗传工程也有其风险：非致病性机体可能会被转换为致病性的，或者因某种错误产生某个不利的特性（Madigan 51）。
>
> 4. 任何从文献中复制的特定措辞：
>
> 　　肯尼思·伍德沃德强调遗传工程是"涉及数十亿美元并影响着未来的高风险道德震撼"（Woodward 68）。

你与同学以及老师相互传递的信息是很少有隐私可言的，而且并不能获得足够的保护。所以说，当你以电子沟通的方式进行信息分享时，需要遵循下面这些常识性的规则：

1. 像你在使用印刷版论文时那样，对线上交流信息进行出处引用，当然也需要下面一些额外的信息记录：

- 作者、创建者或者某网站的网络管理员。
- 电子文章的标题。
- 网站的标题。
- 网站上的发布时间。
- 发布的媒介（网络）。
- 你访问该网站的日期。

2. 仅仅去下载那些网站允许下载的图片以及文本。

3. 针对那些未获得使用授权的图像以及文本，特别是整个网页，你需要在文本当中特别提及，以有限的方式进行改述和引用，切勿直接下载到你的文档当中。同时，你需要标明与这些资源直接关联的 URL 地址。只有这样做，读者才能找到你所用的材料，并且将其视作你文本内容的补充。

4. 如果要下载一些实质性的大块内容需要获得授权。如果想要在网络上发表你的作品，可以参见本书 7.7 部分。

5. 如果你有疑问，也可以通过邮件咨询你的论文导师、LISTSERV 上的管理员或者某网站的作者。

7.7 获得在个人网站上发布资料的许可

如果你拥有自己的主页或者网站，你可能会将自己的研究成果在网络上发布。然而，一旦你做了这件事，那就是在发表该作品并将其放在了公共领域内。这一行为本身就需要承担一定的责任。例如美国法律当中规定的合理使用原则指用于个人教育目的。当你将借用的图片、文本、音乐或者艺术作品上传到网络上时，就将知识产权提供给了世界上的每一个人。

使用简短的引用、少量的图像以及简略的说明来支撑你的论点，这些都是合理使用的例子。然而，如果借用的内容过多，你就需要获得许可。借用不能影响原创作品的市场，也就意味着你不能以任何方式歪曲这些作品。举一个例子，如果你使用了与研究相关的两幅连环画，这是否属于借用内容过多？如果你借用了这两幅作品的全部内容，那毫无疑问就是借用过量了。这又是否会影响该连环画的销售？所以你应该遵循以下几点：

• 当你在发布的网络文章中使用有版权的资料时需要获得许可。虽然大多数作者都会给你免费的许可，但这一问题应追溯到版权持有人。

• 如果你尝试去获得许可，而且你使用该资源的目的并非为了获利，与版权所有人进行交涉就不会有什么太大的问题。版权所有人需要确认你对图像或者文字的使用不会对其造成经济上的损失。

• 当你发布那些已经在公共领域内的作品时不需要获得许可，比如说霍桑（Hawthorne）的《红字》（*The Scarlet Letter*）或者一篇白宫总统的讲话。

• 为你网站上使用的所有资源进行文献引用。

• 如果想要提供链接到其他网站的超文本，你可能需要获得许可。某些网站可能不希望过多的学生在进行研究时堵塞它们的网址。不过，现在互联网访问规则往往可以被自由地解释。

• 你需要做好心理准备去面对这一情况：人们会访问你的网站甚至借用网站上面的内容。你需要事先决定如何处理他人提出的使用你作品的请求，特别是当你的作品包含了你在诗歌、艺术、音乐或者平面设计领域的创造性工作时。

你的研究项目

1. 从现在开始对你借用的文献内容保持一种系统化的审视。需要记住的是，直接引用展现了你文献中的声音，改述则展现了你自己的声音。在改述的时候，你不能借用原文的具体措辞。

2.仔细查看你学院的公告栏以及学生手册，看看上面是否有关于剽窃的信息，是否提到了版权保护的相关问题。

3.当你对所使用的文献有疑问的时候，可以咨询你的写作老师。为新生配备写作老师就是为了帮助你避免剽窃问题（当然，他们也有许多其他的职责）。

4.如果你可能要将论文发布在网络上，并且该论文包含了对某些文献的大量借用，你现在就需要获得复制这些资料的许可。你需要在信件或者邮件当中提到你的名字、学校名称、论文主题、想要借用的资料以及你将怎样使用这些资料。你可以复印或者附上这些资料具体出现的论文页。

第 8 章

阅读与评估文献

- 查找可靠的文献
- 将一手文献和二手文献结合起来
- 评估文献
- 为文献撰写大纲
- 为文献撰写概要
- 准备带注释的参考书目
- 为课题准备文献综述

> **明确目标**
>
> 　　在进行研究和写作时，你会参与到多处学术讨论当中；但在你阅读时，下面这些问题会很快浮现出来：
>
> - 我应该怎样搜寻和评估最佳的、最适合的文献？
> - 我应该如何评估一个文献？是需要分析它的全文还是分析它的某一部分？
> - 我应该如何对文献信息进行反馈？
>
> 　　对以上三个问题的统一回答是：多怀疑、需谨慎。不要把印刷出来的每一个字都视作真理。本章将切中以下问题的核心：
>
> - 找到并评估可靠的文献。
> - 分辨并混合使用一手文献与二手文献。
> - 对文献进行反馈。
> - 准备带注释的参考书目和文献综述。
>
> 　　尽自己所能检查与核证你所引用文献的内容，尤其是在这样一个电子出版业发达的时代。

8.1 查找可靠的文献

　　很多手头资源都可以帮助你找到可靠的文献。

　　• **你的导师**。在查找文献时要毫不犹豫地向自己的导师寻求帮助。导师们了解研究领域，了解最好的学者，并能提供一份简短的清单帮助你开始研究。有时导师会从他们办公室的书架中翻出一些书籍来为你提供一个好起点。

　　• **图书管理员**。没有人比专业人士更了解图书馆的文献。对他们的评估取决于他们能在多大程度上满足你的需求。如果你寻求帮助，他们会陪你进入书库找到合适的参考书或相关的期刊文章。

• **图书馆**。大学图书馆为你所在的学科领域提供了许多学术化的资源——最佳的书籍，当然还有合适的数据库与重要的期刊。正如我们在第 4 章提到的，图书馆数据库是以学术研究为基础建立的，一般来说，它们并不对网络上的一般公众开放。你可以通过自己的学生身份获取信息。公共图书馆可能也会提供学术图书馆所具备的专业资源，不过这种情况很少。

• **年代**。尽量使用近期的文献。一本书可能和你的研究密切相关，但如果其出版于 1975 年，那它的内容很可能已经被近期的研究和最新的研究进展所取代。科学与技术相关的题目通常需要你掌握研究的最新信息，多去参考那些按月或按季度发行的期刊与书籍。

• **选择**。图 8.1 的倒金字塔为你提供了一个从最优文献到相对不可靠文献的

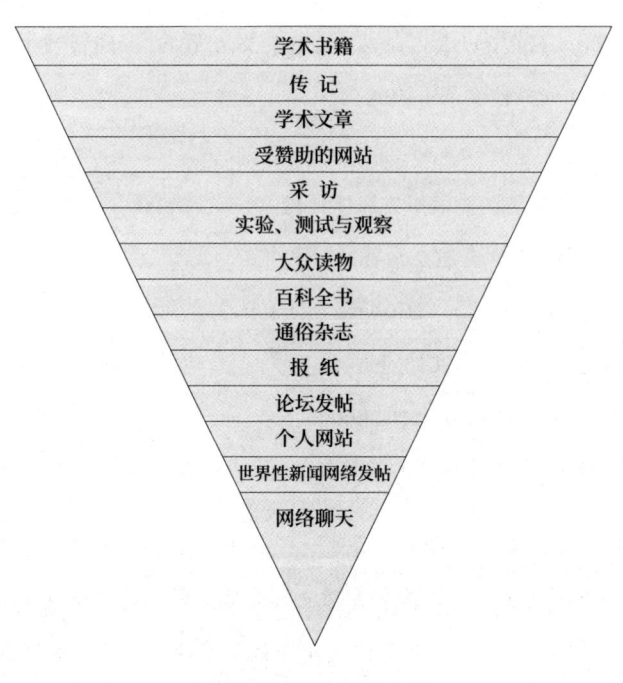

学术书籍
传　记
学术文章
受赞助的网站
采　访
实验、测试与观察
大众读物
百科全书
通俗杂志
报　纸
论坛发帖
个人网站
世界性新闻网络发帖
网络聊天

图8.1　文献优劣序列

序列。这一金字塔形图表并不是让你无视那些处于底层的条目，而是指明处于顶层的文献一般来说更为可靠，因此应该成为你研究的首选。

学术书籍

大学图书馆是学术书籍的贮藏室，包括技术与科学著作、博士学位论文、大学出版社的出版物以及教材。这些文献提供了对论文证据的深入探讨与详细的文献引用。

查询一本书最迅捷的途径是使用在线数据库。美国文学专业学生奥萝拉·纽伯莉利用她图书馆的数据库来查找有关南方作家威廉·福克纳（William Faulkner）的一篇评论。通过搜索引擎，她找到了一些链接，它们可以引导她找到乔安娜·戴维斯－麦凯里加特（Joanna Davis-McElligatt）所写的一篇书评，这一书评的评论对象是约翰·T. 马修斯（John T. Matthews）的著作《福克纳：看透南方》（*William Faulkner:Seeing through the South*）。下面转载了该文的一部分以展现书评是如何抓住文章本质的。

《威廉·福克纳：看透南方》（评论）

乔安娜·戴维斯－麦凯里加特

来自：《大学文学》（College Literature）

第 40 卷，第 1 期，2013 年冬季

pp.139-141 | 10.1353 / lit.2013.0003

代替摘要，下面是内容的简短摘录：

在《威廉·福克纳：看透南方》对福克纳作者身份的全面介绍中，约翰·T. 马修斯认为，尽管作者大部分时间的身份都是一个与南方的悲惨过去搏斗的密西西比人，但他同样也是一个致力于探索当时深刻的

世界、国家以及地区变革的世界主义现代作家。通过对福克纳的 19 篇小说——甚至包含不知名的短篇小说——的审慎细读，马修斯揭示出了福克纳的艺术如何始终如一地触及个体在面对现代性巨变时的接受过程，以及个体的不同反应如何展现出他们独特的性格、背景以及未来（Matthews 20）。通过大致上遵循福克纳作品创作年代排列的五个较长的章节，马修斯轻盈且出色地勾勒出福克纳的每篇文章在美学与主题上对压迫性的历史意外事件的独特回应。除此之外，马修斯还乐于在福克纳的传记经历与他的创作之间寻找关联。为了完成这一工作，他考察了福克纳作为好莱坞编剧的工作经历，还有其与梅塔·卡彭特·王尔德的恋情以及与埃斯特尔·奥尔德姆·福克纳的婚姻生活，将历史与福克纳的生平结合，最终带来了对福克纳创作的崭新且贴切的解读，让读者能以某种更为复杂的方式贴近他的生活与创作。

研究建议：做好注释以避免剽窃

奥萝拉·纽伯莉，一名美国文学专业的学生，利用图书馆资源来探究现代社会对威廉·福克纳笔下的南方传统的影响。借助乔安娜·戴维斯－麦凯里加特所写的对《福克纳：看透南方》一书的书评，她在自己的论文中引用了该文献的一个片段，同时写下了完整的引用文献条目。

借助乔安娜·戴维斯-麦凯里加特的观点思考了福克纳的艺术，认为它始终如一地触及"个体在面对现代性巨变时的接受过程，以及个体的不同反应如何展现出了他们独特的性格、背景以及未来"（Davis 139）。

引用文献条目：

Davis-McElligatt, Joanna. Rev. of *William Faulkner: Seeing through*

> *the South*, by John T. Matthews. *College Literature*.40.1 (Winter 2013): 139–41. Print.
>
> 通过在探索研究的早期对文献信息进行引用与归档，这名学生为她在研究项目中编写参考文献页提供了良好的开端。

传 记

图书管理员能够帮助你在上千本可供选择的传记中找到合适的一本。短篇传记一般在以下作品中出现：《当代作家》（*Contemporary Authors*）、《美国国家传记》（*American National Biography*）和《哲学中的谁是谁》（*Who's Who in Philosophy*）。长篇的评论性传记通常会研究一个人物的一生，像理查德·埃尔曼（Richard Ellmann）的《奥斯卡·王尔德》（*Oscar Wilde*），是对这位爱尔兰诗人与剧作家的研究；而阿尔夫·迈普（Alf Mapp）的《托马斯·杰斐逊：一个错误身份的奇怪研究案例》（*Thomas Jefferson: A Strange Case of Mistaken Identity*），则是对这位前总统的人生与所处时代的解读。运用图书馆的电子书目录可以找到评论性的传记。你也可以在线搜索传记，很多著名人物都有一些专门为他们而建的网站，并载有他们所写的文章或研究他们的文章。

参考传记是出于以下几个原因：

• 核实及查询一些人的身份与名声以便在自己的论文中对其改述或直接引用。

• 在你的文章引言中提供传记细节。比如，如果你的主要课题是卡尔·荣格（Carl Jung）关于心理学的无意识理论，那么你的论文中就可以添加有关荣格职业生涯的信息。

• 讨论与某创造性作家作品相关的人生经验。比如说，了解牙买加·金凯德（Jamaica Kincaid）的个人生活会增进你对她的故事或小说的理解。

学术文章

一篇学术文章通常在你使用图书馆数据库时出现在一本期刊中。你会对一篇期刊文章的可靠性充满信心。因为期刊文章作者致力于学术荣誉,他们会注明所有引用文献的来源,并通过大学出版社和学术机构发表,而这些机构通常会在发表前对文章进行评审,以判断其质量。因此,一篇发表于《儿童发展》(*Child Development*)或《婚姻与家庭杂志》(*Journal of Marriage and Family*)上的有关儿童虐待的期刊文章是可信的,而一篇发表于流行杂志的相同主题的文章就可能在事实与观点上不足为信。通常情况下(当然不是每种都适用),你可以用以下方法鉴别一个期刊的可靠性:

- 没有鲜艳的封面。实际上,内容目录通常会显示在封面上。
- 不用鲜艳的图画或照片来介绍每一篇期刊文章,只使用一个标题和作者姓名。
- 通常,"期刊"(journal)一词会显示在标题中,比如《美国社会学期刊》(*American Journal of Sociology*)。
- 按年度出版的期刊通常会以一本书的形式出现。
- 通常,学术期刊会将一年当中所有期的内容进行连续编页(与通俗杂志不同,通俗杂志通常会对每一期进行重新分页)。

有时面对大量令人困惑的文章,你会因不知哪些是最好的而犯愁。有一个好办法是使用引用搜索(citation searching),也就是通过搜索那些在文献中被反复引用的作者来评估一系列文章。举个例子,一个学生在搜索美国总统与国会的关系的相关文献时,发现了李·汉密尔顿(Lee H.Hamilton,前众议院议员)的文章被大量引用,如下面的三条引用所示:

Hamilton, Lee H. *Congress, Presidents, and American Politics: Fifty Years of Writings and Reflections.* Bloomington: Indiana UP, 2016.

Hamilton, Lee H. *How Congress Works and Why You Should Care.* Bloomington:

Indiana UP, 2004.

Hamilton, Lee H. *Something Congress*. Bloomington: Indiana UP, 2009.

常识告诉该学生应该搜索汉密尔顿的其他文章。很明显，文献中大量的对该学者著作的引用可以证明他在本领域受到的尊重。

受赞助的网站

互联网能提供极好的信息，也会提供一些在价值上存疑的信息，你必须对这些材料的正确性做出判断。面对网站上的文章，你需要多问自己几个问题：

它对我的研究是否合适？

它是否可靠且具有权威性？

它是否受到了某些机构或组织的赞助？

请参阅本书4.2部分的内容以获得一些参考。

采 访

对见多识广者的采访可以为学术论文提供高质量的信息。不管是面对面还是通过电子邮件，采访为你的研究提供了个人的、专业的视角。当然，关键因素还是被采访者的专业水平。

实验、测试或观察

收集你自己的数据是很多领域的主要研究方法，尤其是在自然科学领域。一项实验会给你的论文提供主要论据，通过你对自己假设结论的阐释，得出测试结果并且探讨发现的意义。想更好地进行科学调查，了解大致的步骤与格式的细节，可以参看本书第6章。

大众读物

《CNC 机器人学：创建你自己的机器人工作室以及机器人产业图景的介绍》（*CNC Robotics: Build Your Own Workshop Bot and A Field Guide to Industrial Landscapes*）是在书店和一些公共图书馆可以找到的非虚构类大众读物的典型，它们在大学图书馆并不常见。大众读物作为一种商业消费品，其内容很难达到学术的深度。大众读物有其特定的目标群体——厨师、园丁和古董商等等。此外，大众读物在出版前一般不会经过像学术书籍和教材那样严格的审查。例如，如果你的主题是"节食"并特别关注"时尚饮食"，你可以在当地书店和商业网站上找到大量饮食类的图书。不过，在你进行研究时应该忽略这些资源，而使用那些在图书馆数据库中找到的、有严谨研究支撑的严肃讨论。

百科全书

按照本身的设计意图，百科全书通常包含有关名人、事件、地点和成就的简单介绍。它们可以在你进行初步调查时给予你帮助，但大多数指导老师希望你能越过百科全书而对学术书籍和期刊中的文章进行引用。百科全书一般不会包含那些你可以从书籍和期刊论文中获取的批判性观点。

通俗杂志

像大众读物一样，通俗杂志也有其目标读者——年轻女性、摔跤爱好者、电脑行家和旅行者等等。这些杂志文章的写作通常非常迅速，也很少经过专家的评审。因此，在你阅读流行的商业杂志时要小心谨慎。

然而，也会有一些面向知识分子群体的杂志，这些杂志有相对高的学术含量。它们包括《大西洋月刊》（*Atlantic Monthly*）、《科学评论》（*Scientific Review*）、《天文学》（*Astronomy*）、《史密森尼》（*Smithsonian*）、《探索》（*Discover*）、《哈珀斯杂志》（*Harper's*）和《纽约客》（*New Yourker*）。一般来说，大学图书馆会有一些知识型杂志馆藏，它们也可以在大部分连锁书店中被找到。

报　纸

虽然一些报纸上的文章没有经过细致研究或同行评议，但是包括《纽约时报》（*New York Times*）、《洛杉矶时报》（*Los Angeles Times*）和《华尔街日报》（*Wall Street Journal*）等在内的报纸，一般都会提供有据可查的信息和经过严格调查的事件。一般来说，报纸可以提供优质的信息资源，特别是那些不能在别处找到的地方性信息。

讨论组（LISTSERV）

通过讨论组发布的电子邮件信息，当聚焦于学术议题时也是值得关注的对象，例如英国浪漫主义文学，或者更为具体的罗伯特·布朗宁（Robert Browning）的诗作。在很多情况下，线上讨论组都会依托于一个大学或学术组织。事实上，很多指导老师也会为每个课程建立自己的线上讨论组。在线课程通常也会设立一个讨论组，以方便观点交流和同行评议。这些讨论组可以很好地帮助你找到合适的主题，并且学习文学老师或社会学家近期教授的内容。不过，你应该借助线上讨论组激发灵感，而不是将它当作一种可以在引用中使用的事实文献来源。

个人网站

个人主页为那些自认为已知或未知某个知识点的人提供了一种出版媒介。你无法躲开个人主页，因为它们会在搜索引擎中突然弹出，但你可以谨慎地对待这些资料。例如，一个学生研究时尚饮食，在搜索了网络后，却发现大部分网站都是一些商业网站，它们大多带有明显的商业动机——售卖商品，或者是描述个人减肥经历，所以谨慎是必须的。相关内容也可以参看4.1部分。

新闻组（Usenet）

网络新闻组将信息发布在网站上。像热线节目一样，他们会从广大人群中汇集不同群体的观点，其中一些是可靠的，另外一些则不然。大多数情况下，参与者会使用化名，因而对于需要标注引用来源的论文，他们的观点通常是没有价值的。

网络聊天

聊天室对学术研究来说几乎没有价值。很多情况下，你甚至都不知道在和谁聊天，而且这些交流很少涉及学术话题。

8.2 将一手文献和二手文献结合起来

一手文献包括小说、演讲、目击者陈述、采访记录、信件、自传和原创性研究成果。只要和你的讨论有直接关联，那么你就可以放心地对一手文献进行引用。如果你在研究珀西·比希·雪莱（Percy Bysshe shelley）的一首诗，你就必须对这首诗进行引用。如果你在研究美国前总统巴拉克·奥巴马（Barack Obama）的国内卫生保健政策，你也必须引用白宫的文件。

二手文献是那些关于一手文献、某一作者或某人的成就的作品。二手文献的例子包括关于总统演讲的一则报道、有关科学发现的一份综述和对某诗作的一篇分析。一部传记为一位名人的一生提供了间接的看法，一本历史书籍对历史事件进行了阐释。所有这些评价、分析或阐释为一手的作品、事件和人物提供了研究视角。

不要随意引用二手文献，要有所取舍。要选取措辞精当的语句，而不是整个段落。将关键的短语纳入你的文本当中，而不是八九行字。

一篇学术论文的主体部分决定了文献素材的性质。表 8.1 可以作为你的研究指南。

表8.1 一手文献和二手文献

	一手文献	二手文献
文学	小说、诗歌、戏剧、短篇故事、书信、日记、手稿、自传、电影、现场表演视频	期刊文章、评论、传记、针对作者及其作品的批评书籍
政府、政治科学、历史	演讲、领导的著作、地区政府与机构的报告、历史人物所写的文件	报纸报道、新闻杂志、政治学期刊和时事通讯、期刊文章、历史书籍
社会科学	案例研究，调查结果，社会工作者、心理医生、实验室技术人员的报告	报告中的评论与评估、文档、期刊文章、书籍
自然科学	工具与方法、实验、实验和测试的结果、观察、发现、测试模型	在期刊与书籍中对实验数据的解释和讨论（时效性很强的科学书籍的价值略低于最新的科学期刊）
艺术	电影、绘画、音乐、雕塑、为研究服务的它们的复制品和概要	期刊文章中的评价、批评性的评论、传记、有关作者及其作品的批评书籍
商业	市场研究和测试、技术研究和调查、图形、设计、模型、备忘录和书信、电脑数据	报纸中商业界的讨论、商业杂志、期刊、政府文件、书籍
教育	初步研究、学期课题、测试与测试数据、调查、采访、观察、统计、电脑数据	期刊、小册子、书籍与报告中对教育学实验的分析与评估

8.3 评估文献

评估一篇文章的关键部分

仔细查看文章当中以下这些有价值的部分。

- **标题**。在阅读文章之前，寻找与你主题相关的字词。例如，在你搜索到副标题"儿童和家长：在新几内亚成长"之前，"儿童和家长"看起来是虐待儿童研究的理想选择。

- **摘要**。要确定一篇文章或一本书是否符合你具体的需要，阅读摘要是最好的方法。一些摘要会出现在已发表文章的开头，还有一些会由摘要档案提供。图书馆数据库当中的大部分文章都会显示摘要，因此你应该在打印或下载整篇文章之前仔细阅读这些摘要。记住，为了环保起见，打印前先阅读。

- **开篇**。如果一篇文章的开头与你的研究没有关系，就不用看了。

- **文章主体中每一段的主题句**。主题句一般是段首句，这些句子，即便进行快速浏览，也可以为你提供作者的观点概要。

- **结尾段落**。如果文章的开篇看上去有价值，那么也浏览一下结尾，看看是否相关。

- **作者信用**。了解作者的信用信息。通常杂志上的文章都会提供作者的个人简介。学术期刊文章和互联网主页通常会包含作者从属的学术机构和认证信息。

在快速浏览一篇文章并确认其值得细读之后，再阅读整篇文章。环境工程专业的学生乔·马修斯为自己关于全球气候变暖的论文浏览了一篇文章。下面是他为与自己研究相关的内容做的旁注和评论。

中等程度的气候变暖可能会使永久冻土融化

普尼特·科利帕拉（Puneet Kollipara）

　　石笋的过去可以帮助预测地球的未来。通过研究已经存在了 500,000 年的西伯利亚洞穴的构成，研究人员发现，即便是中等程度的气候变暖也可能引发永久冻土的大规模融化。

　　科学家在《科学》杂志 2 月 21 日的网络报道中称，如果今天发生大规模的冻土融化，可能会导致温室气体的大规模释放。永久冻土贮存

作者指出在冻土上体现出的气候变化和温室气体的危害后果。

了大量的碳，如果冻土解冻，大量的碳就会转化为二氧化碳和甲烷，加剧全球变暖的趋势。

研究报告显示，在一个平均温度比前工业化时期高了1.5摄氏度的时代，永久冻土如今在全年冰冻的地区逐渐融化。并没有参与研究工作的来自佛罗里达大学的泰德·舒尔表示，令人担忧的是，与这一融化相伴的不足2摄氏度的气温变化，是联合国设定的逆转变暖的灾难性影响的目标值。他还表示，最新的研究第一次关注到了数十万年前的永久冻土。他说："回头看看过去，看看已经在地球上发生了什么是很有意义的，这为我们对未来的预测也增添了不少信心。"

> 回顾过去的影响，揭示环境保护的必要性。

西伯利亚洞穴中的矿床增添了许多层，就像树木增添年轮。研究者在构成中寻找关于永久冻土的历史线索，发现仅仅1.5摄氏度的升温就会融化现在完全冻结地区中的永久冻土。研究者利用土壤与冰来计算现存的（而非过去存在的）永久冻土的年龄。

> 研究者可以通过土壤与冰的样本计算当前永久冻土的层级。

研究者发现，在今天，拥有部分永久冻土覆盖的地区，几乎所有研究过的温暖时期都出现了洞穴沉淀物层数增加的现象。在研究中最温暖的时期，也就是400,000年前，地球的温度相对前工业化时代高出了1.5摄氏度。也只有在那时，沉淀物在最北边的洞穴中得到了增加。

> 显著的融化与环境破坏会在小至1.5摄氏度的范围内发生。

这些表明，1.5摄氏度的变暖就足以融化永久冻土，即便是在那些被完全覆盖的区域。密歇根大学的乔治·克林认为，这一发现意味着未来有可能发生同样的事情。他说："我们的挑战是预测目前贮存在永久冻土中的碳会以多大的数量与多快的速度进入大气层中。"阿拉斯加费尔班克斯大学的弗拉基米尔·罗曼诺夫斯基对这项研究表达了赞许，但同时注意到了该方法存在一些不确定性，提醒研究者不能将其研究结论随意推广到世界其他地方的永久冻土上。"永久冻土可能

> 对研究者的挑战是预测融化的速度和温室气体的计量。

只是洞穴沉淀物生长的一个可能的原因。"他说,"有一种可能性是,仍旧冻结的永久冻土中的断裂部位会有水渗出。"

另一个问题是,研究者使用的方法可能无法检测到部分性的冻土解冻。罗曼诺夫斯基说,如果是这种情况,水可能无法到达洞穴,洞穴沉淀物也不会生长。不过他也提醒,通过将先前贮存的碳转变为温室气体,即使是部分性的融化也可能改变气候。

来源:《科学新闻》,183卷第7期,2013年4月6日,第10页。

研究建议:直接引用以避免剽窃

学生乔·马修斯在为他研究气候变化这一环境问题寻找文献信息时,从这篇文章中考察并吸收了观点。在自己的论文中,他将想要引用的部分与自己的观点结合在一起,在引用内容上添加了引号,并且提供了引用文献的页码。通过这样一种方式,他恰当地引用了文献,并避免了剽窃。

气候变化是缓慢的,但仍在逐步破坏着我们的环境。虽然看起来并不严重,但是一个剧烈变化的例子就是与永久冻土融化相伴的温室气体的释放。作者普尼特·科利帕拉认为,仅仅 1.5 摄氏度的升温就会将碳沉积物液化,"大量的碳就会转变为二氧化碳与甲烷,加剧全球变暖的趋势"(10)。

评估一本书的关键部分

相比之前列举的文章的关键部分,一本书通常还需要考察一些附加的部分:

- **内容目录**。一本书的内容目录会指出与你的研究主题相关的章节。通常只有一个章节是有用的。例如,理查德·埃尔曼的《奥斯卡·王尔德》中有一章"道林的时代"，主要研究了王尔德的《道林·格雷的画像》（*The Picture of Dorian Gray*）。如果你的搜索聚焦于这部小说，那么就需要关注这个章节，而不是整本书。

- **书的腰封**。如果有的话。例如，《奥斯卡·王尔德》的腰封：

> 埃尔曼的《奥斯卡·王尔德》已经写作了将近二十年的时间，它将像举世称赞的《詹姆斯·乔伊斯》（*James Joyce*）那样，获得不朽的生命。这本书的情感共鸣、丰富且真实的色彩与对话充满了细致入微的批判性阐释，所有这些都为这位复杂的男子、令人着迷的人、伟大的戏剧家、大胆而卓越的艺术之王的肖像带来了耀眼的生命力。

类似这样的信息可以帮助你阅读并为这本重要的著作撰写笔记。

- **前言、序言或引言**。作者的序言或引言可以视作对书籍的批判性概览，它聚焦于文本的主题以及所采用的具体方法。例如，埃尔曼在他的《奥斯卡·王尔德》中是这样开篇的：

> 奥斯卡·王尔德，我们只需听到这一伟大的名字，就知道应该引述哪些让我们惊叹与喜悦的句子了。在19世纪90年代的所有作家中，王尔德是唯一一位在今天仍被每一个人阅读的。在我们赋予那个时代的众多标签——唯美主义、颓废派、比尔兹利时期中，我们不应该隐瞒的一个事实是，提起这个时代，最先让我们想起的就是辉煌、壮丽、随时准备堕落的王尔德。

这段引言触及了该书的本质：埃尔曼将把王尔德描绘为19世纪90年代占有支配地位的文学人物。序言则通常由作者以外的人所写，它们常常带有深刻的见解并值得引用。

- **索引**。一本书的索引列出了名字与术语在文本中出现的页码。例如，《奥斯卡·王尔德》的索引在《道林·格雷的画像》中列出了将近80个条目，其中包括：

　　homosexuality and, 312, 318

　　literature and painting in, 312–13

　　magazine publication of, 312, 319, 320

　　possible sources for, 311

　　underlying legend of, 314–315

　　W's Preface to, 311, 315, 322, 335

　　W's self-image in, 312, 319

　　writing of, 310–314

　　你可以通过索引及其清单，来确定该本著作与你研究的相关度。

评估一篇网络文章的关键部分

　　前文列出的评估书籍和期刊文章的技巧也同样适用于网络文章。除此之外，你还需要考察：

　　• **主页**。如果有的话。最好选择那些由大学或者专业机构赞助的网站。如果你想找到与赞助相关的信息，应该通过截取 URL 来找到其主页。

　　• **导向其他网站的超文本链接**。这些网站的资质可以通过 .edu、.org 或 .gov 这样的后缀来辨认。要当心包含 .com 这一后缀的网站。

　　图 8.2 展示了学生研究者丹尼·奥尔蒂斯在搜索与缺水地区水坝老化相关的文献时发现的一个受赞助的网站。上面显示了詹姆斯·G. 沃克曼（James G. Workman）的一篇在线文章，沃克曼也为其加上了一些关键性的旁注。可以照此方法检验你的网络文章。

老化堤坝和维修或替换其结构的成本是经济和环境的问题。

建筑与堤坝的破坏一样，都显示出了需要商业用水的人和想保护我们自然资源的人之间的矛盾。

经济学上将老化堤坝看作地方性和国家性的问题。

老化的堤坝给地方政府带来极大的经济与环境压力。

对老化堤坝进行替换和维修会产生巨大的成本。

老化堤坝在财政支出、基础设施建设与当地气候上都存在消极作用。

ISSUES IN SCIENCE AND TECHNOLOGY online

Home
Issue Contents
Search
Back Issues

The Delicate Balance: Environment, Economics, Development

JAMES G. WORKMAN

How to Fix Our Dam Problems

Thousands of aging dams should be repaired or destroyed, at a cost of billions. A cap-and-trade policy would speed the process and help pay the bills.

California is the world's eighth largest economy and generates 13% of U.S. wealth. Yet Governor Arnold Schwarzenegger says high temperatures, low rainfall, and a growing population have created a water crisis there. A third of the state is in extreme drought and, if there's another dry season, faces catastrophe. The governor fears that his economy could collapse without a $5.9 billion program to build more dams.

His concerns are widely shared in the United States—not to mention in dry Australia, Spain, China, and India. Yet as California desperately seeks new dam construction, it simultaneously leads the world in old dam destruction. It razes old dams for the same reasons it raises new dams: economic security, public safety, water storage efficiency, flood management, job creation, recreation, and adaptation to climate change. Dam-removal supporters include water districts, golf courses, energy suppliers, thirsty cities, engineers, farmers, and property owners.

With 1,253 dams risky enough to be regulated and 50 times that many unregistered small dams, California is a microcosm of the world. There are more than 2.5 million dams in the United States, 79,000 so large they require government monitoring. There are an estimated 800,000 substantial dams worldwide. But within the next two decades, 85% of U.S. dams will have outlived their average 50-year lifespan, putting lives, property, the environment, and the climate at risk unless they are repaired and upgraded.

Neither dam repair nor dam removal is a recent phenomenon. What is new is their scale and complexity as well as the number of zeros on the price tag. Between 1920 and 1956, in the Klamath River drainage 22 dams were dismantled at a total cost of $3,000. Today, the removal of four dams on that same river—for jobs, security, efficiency, safety, legal compliance, and growth—will cost upwards of $200 million.

Which old uneconomical dams should be improved or removed? Who pays the bill? The answers have usually come through politics. Pro-dam and anti-dam interests raise millions of dollars and press their representatives to set aside hundreds of millions more tax dollars to selectively subsidize pet dam projects. Other bills bail out private owners: A current House bill earmarks $40 million for repairs; another one sets aside $12 million for removals. The outcome is gridlock, lawsuits, debt spending, bloated infrastructure, rising risks, dying fisheries, and sick streams.

> Dam decisions don't have to work that way. Rather than trust well-intentioned legislators, understaffed state agencies, harried bureaucrats, or nonscientific federal judges to decide the fate of millions of unique river structures, there's another approach. State and federal governments should firmly set in place safety and conservation standards, allow owners to make links between the costs and benefits of existing dams, and then let market transactions bring health, equity, and efficiency to U.S. watersheds. Social welfare, economic diversity, and ecological capital would all improve through a cap-and-trade system for water infrastructure. This system would allow mitigation and offsets from the vast stockpile of existing dams while improving the quality of, or doing away with the need for, new dam construction.

堤坝的维修、搬迁、建设与所有市民的利害相关。

图8.2 "科学与技术在线"上的网络文章

8.4 为文献撰写大纲

通过列举主要议题及其支撑观点的表述，你可以搭建一个大纲，进而把握作者想要表达的主题。为沃克曼的文章撰写的简要大纲可以像下面这样：

老化堤坝的维修和结构更换所需的花费。

我们必须进行全球化的思考，因为堤坝不仅对加利福尼亚州的经济至关重要，对整个国家的经济状况也有重要的影响。

无论是堤坝的建设还是拆除，都意味着要在那些需要水资源进行商业活动的人与那些想要保护自然资源的人之间寻求困难的平衡。

因为它们只有五十年的寿命，堤坝的老化会给当地政府带来巨大的经济与环境压力。

替换与维修旧的堤坝伴随着天文数字一般的花费。

除了与堤坝的改善及拆除相伴的巨大花费，还有在财政支出、基础设施建设以及当地气候上面临的僵局。

事实上，所有居民都在堤坝的维修、拆除以及建设上拥有发言权。

这个由奥尔蒂斯写作的简要概述清楚地罗列了议题，为文章提供了概览。之后，奥尔蒂斯可以寻找与这些议题相关的其他文献。

8.5 为文献撰写概要

概要就是将一份文献的大致内容浓缩为简洁的记录，撰写概要迫使你去把握材料的精要内容，你甚至可以在论文中通过添加自己的评价与评论来使用它。概要可以成为一份带注释的参考书目的核心内容，本章也附带了概要的引用（参见8.6部分）。下面是奥尔蒂斯为沃克曼的文章撰写的概要。

> 沃克曼提出了他对堤坝维修与更换结构所带来的环境与经济代价的看法。由于它们只有五十年的寿命，堤坝的损坏会给当地政府带来巨大的经济与环境压力。沃克曼呼吁我们必须进行全球化的思考，因为堤坝不仅对加州的经济至关重要，对国家的经济也有重要的影响。无论是水坝的建设还是拆除都意味着在那些需要水资源进行商业活动的人们与那些想要保护自然资源的人们之间寻求困难的平衡。除了堤坝的改善和拆除产生的巨大花费，还有在财政支出、基础设施建设以及当地气候上面临的僵局。沃克曼想要所有居民都清楚涉及水坝修缮、拆除以及建设的巨大花费。

这一概要能帮助研究者扩展论文，同时可以作为文献综述的一部分出现在论文当中（参见8.7部分）。

清单：对文献进行反馈

- 阅读并且在你的文献上做旁注。
- 借助学校图书馆的资源查找学术性的材料，例如书籍和期刊。不要完全依赖网络。
- 如果需要的话，在使用一手文献的同时，也可以对二手文献的内容进行改述或直接引用。参见表8.1列出的两种文献。

- 评估文献的性质，以了解其可能含有的任何偏见（参见本书 8.1 和 10.6 部分）。
- 无论是文章、书籍还是网站，需要阅读并关注文献的关键部分（参见本书 8.3 部分）。
- 将关键要点编入大纲以确定议题。
- 撰写概要，以把握文章的精要内容。

8.6 准备带注释的参考书目

注释是为书籍或文章的内容撰写的概要。参考书目是针对特定话题的文献清单。因此，带注释的参考书目有两个主要的作用：（1）提供一份经过挑选的参考文献列表；（2）为每本书籍或每篇文章的内容提供概述。撰写含注释的参考书目虽然在一开始看上去任务繁重，但它会帮你评估文献的实力。

下面是含注释的参考书目的四种类型及其特点：

陈述型：定义文献的领域、列出涵盖的重要话题并解释该文献是关于什么的。

信息型 / 总结型：总结文献。在运用论据或假设展开文章之前，写出文章的论点。

评价型：衡量文献的优缺点，看看它对于推进你的论点是否有一定的相关性与有用性。

结合型：大部分带注释的参考书目都遵照这种形式。它用一两句话概括或描述内容，同时用一两句话提供评价。

下面带注释的参考书目概括了与媒体伦理这一话题相关的一系列文献内容。

萨拉·莫里森

戈彻博士

传播学 4600

2016 年 10 月 26 日

媒体伦理：带注释的参考书目

Ess, Charles. *Digital Media Ethics*.2nd ed. New York: Wiley, 2013. Print.

查尔斯·埃斯（Charles Ess）是杜利大学跨学科研究的一名教授。在《数字媒体伦理》（*Digital Media Ethics*）一书中，他强调了21世纪记者所面临的伦理困境。埃斯为数字时代的作家与记者提供了一个清晰的视角："由于我们的信息可以快速便捷地传达到世界各地的人们那里，数字传媒技术的使用让我们通过崭新的方式成了世界主义者（世界公民）。"（Ess 16）埃斯进而描述了世界各地的人们是如何通过指尖点击来查看故事、视频或图片的（17）。埃斯的核心观点是记者在报道新闻故事时必须做出伦理选择。

Good, Howard. "Teaching Ethics in a Dark World."*The Chronicle of Higher Education* 59.23 (11 Feb. 2013): 83. Print.

古德（Good）思考了让学生在一个并不尊重民主理想与伦理准则的世界中学习严肃地对待这些标准是不是不负责任的。同样地，在这样一个并不尊重民主理想与道德准则的世界中，严肃对待这些准则似乎也是非常困难的。这一切的背后是一种信念支撑，"出版自由是存在的，因此争议可以用一种体面的方式被解决，即通过明智地对话，而非通过恐吓或强权"（Good 83）。

Kovach, Bill, and Tom Rosenstiel. "Overview." *The Elements of Journalism: What Newspeople Should Know and the Public Should Expect*. Crown / Archetype, 2007, www.barnesandnoble.com/w/books/1112954149.

科瓦奇（Kovach）与罗森斯蒂尔（Rosenstiel）研究了现代媒体被公认的缺陷。现代媒体人几乎没有意识到自己对新闻的看法大部分都取决于他们的同事，因此"他们并没有服务于更广大公众的利益，而是恐惧他们的职业正在损害这些利益"。二人继续解释，由于新闻业是社会用来供给信息的系统，因此我们"关心所获得信息的品质：它们会影响我们的生活、思想以及文化"。

Miller, Ron. "Journalistic Responsibility in the Digital Age."*EContent*,vol.36, no.2,5Mar.2013,www.econtentmag.com/Articles/Column/Media-Redux/Journalistic-Responsibility-in-the-Digital-Age-88024.htm.

在这篇文章当中，米勒（Miller）将网络媒体的力量与社交网络关联起来。他视推特与脸书这样的社交网络为"通过保存谣言与散布不实信息来加剧问题"的表达途径（32）。他进而认为"在这样一个明显充斥着混淆信息的时代，记者应该成为捍卫事实真相的那批人"（32）。此外，当用户在分享与叙述个人化的故事时，究竟又有多少不实信息被制造出来也是一个问题。

Slattery, Karen, and Erik Ugland."The Ethics of Staging."*The Digital Journalist*.Feb. 2005. www.digitaljournalist.org/issue0502/ethics.html.

根据《新闻预演的伦理》（*The Ethics of Staging*）一文作者的观点："对于印刷品与电视台的摄影记者来说，新闻预演都是一个尤为棘手的问题。一些人认为新闻预演就不应该发生。不过也有人认为，实践中的摄影者在拍摄某个场景之前对现实进行干预已成惯例。"作者进而认为"这一问题对摄影记者来说是非常重要的，因为他们的目的就是告知真相"。根据斯莱特里（Slattery）与乌格兰（Vgland）的观点，有三种情况可能导致新闻预演的发生。第一种是以编辑为目的的新闻预演，这与打光、调整角度拍摄、采访、局部剖视的传统相关。第二种需要进行新闻预演的情况是，出于时间上的考虑，某个对象被要求重复或重现某一行动。第三种新闻预演的行为涉及在摄像机面前操控行动，以此使得故事"朝着特定的方向发展，当其他发展的可能性被认为并不存在时"。

Wolper, Allan. "Pictures of Pain: Outcry against *The Journal News'* Gun Map Paints Hypocritical Portrait of Media Critics." *Editor & Publisher* , vol. 146, no. 3, Mar. 2013, 28+. Questia, www.questia.com /magazine/1G1-322563905/pictures-of-pain-outcry-against-the-journal-news.

作者提出了与"夸大其词"的新闻报道相关的隐私问题。他质疑了2012年12月14日的一篇报道,报道内容为发生在康涅狄格州纽镇上,一间名为桑迪胡可小学中的校园枪击事件,这一事件造成了20名儿童以及6名学校工作人员的死亡。根据沃尔珀(Wolper)的看法,媒体与摄影师"从被害者的朋友与亲属那里窃取到了许多私密的影像和图片,而毫不在意这些图像是否会给他们带来永久伤害"。呼吁人们关注这一地方性的恐怖主义本意是好的,但众多报道者们"锋芒毕露"的版本仍很难让人接受。

8.7 为课题准备文献综述

文献综述是以短文形式撰写的一系列改述,通常为了实现两个目的:一是帮助你探究课题,因为它需要你考察并描述每篇文献是如何解决问题的;二是以有利于读者的合理方式对文献进行组织与分类。

因此,你应该将每一篇文献与你的主题进行关联,并按它们对你论点的支撑方式进行分类。譬如,下面的简要综述探究了以媒体伦理为主题的文献,它使用一串连续的标题对文献进行分类:议题、原因、结果和可能的对策。

像下面萨拉·莫里森的论文那样,你也应该用标题为不同的部分分类。

萨拉·莫里森

戈彻博士

传播学 4600

2016 年 10 月 26 日

媒体伦理：文献综述

　　传媒专业的人通常需要面对一种两难处境：是否应该干预或者说介入他们的新闻故事？一些人认为，作为一名具有关怀品质的公民，保护那些身体上受到侵害的个体是媒体的职责。而另一些人则认为，媒体的职责是仅仅作为观察者来记录瞬间，并不能对事件进行干预。这些意见在下面都被分门别类地展示，进而提出问题，展示两难的原因并给出可能的解决方案。

问题

　　查尔斯·埃斯是杜利大学跨学科研究的一名教授，在《数字媒体伦理》一书中，他强调了记者所面临的伦理困境。与众多媒体平台相伴而生的是多元的伦理观，他认为，"由于我们的信息可以快速便捷地传达到世界各地的人们那里，数字传媒技术的使用让我们通过崭新的方式成了世界主义者（世界公民）"（Ess 16）。埃斯进而描述了世界各地的人们是如何通过指尖点击来查看故事、视频或图片的（17）。数字时代的作者与记者需要变得异常审慎，因此当我们讨论干预某新闻故事所要采用的伦理途径时也需要更加小心。

　　当摄影师凯文·卡特（Kevin Carter）在苏丹捕捉到正被一只秃鹫接近的饥童的形象时，这一观点就被放大了。尽管这一场景真实地描绘出那些在第三世界国家饱受饥荒之苦的生命的悲惨程度，但卡特仍旧面临着激烈的拷问，因为他在那里等着去拍摄照片而非帮助这名可怜的儿童去寻找食物（Dastur）。

在线媒体的强势崛起同样带来了快步调的两难困境。在《数字时代的新闻业责任》中，米勒视推特与脸书这样的社交网络为"通过保存谣言与散布不实信息来加剧问题"的表达途径（32）。他进而认为："在这样一个明显充斥着混淆观点的时代，记者应该成为捍卫事实真相的那批人。"（32）然而可悲的是，现实往往相反，一些新闻从业者通常会迫于压力去报道有漏洞的信息。诺尔·梅里诺（Noël Merino）说："大部分的网络新闻都源自社交网络。"人们必须去质疑，在用户彼此介绍与分享个人故事而非出版的过程中，有多少错误的信息被制造了出来。"社交网站如今已经取代了在线新闻网站，成了信息的集散地，在其中读者可以任意塑造和过滤他们接触到的新闻。"（Merino）

与此同时，在这样一个并不尊重民主理想与道德准则的世界中，严肃对待这些准则同样也是非常困难的。这一切的背后是一种信念在支撑："出版自由是存在的，因此争议可以以一种体面的方式被解决，即通过明智地对话，而非通过恐吓或强权。"（Good 83）。

媒体人需要遵循一系列准绳。例如，他们是否应该不计一切代价去捕捉故事？或者当某人的生命危在旦夕之时，他们是否应该停止对瞬间的捕捉，而成为事件的一个部分？CNN的安德森·库珀是2010年海地大地震之后最早到达现场的主要新闻记者之一。在报道的过程中，库珀发现有一个小男孩头上一直在流血，于是他放弃了对故事的报道，而开始救助这个身处危难的儿童。他做出的决定是，放弃仅仅作为一个观察者的身份，而是在发现他人处于危险之中时毅然进入他所观察的故事（"Anderson Cooper"）。库珀成了新闻故事的一个组成部分，而不再仅仅是一名记者。流血的男孩获得了及时的人道救助。库珀的这一举动符合世界公民的定义，他在正确的时间采取了正确的行动。在不同的情况下，记者要在观察者、志愿者或好公民这些身份之间做出选择。

原因

关于媒体伦理的问题涉及以下几个方面：什么是媒体的责任？报道者或者拍摄者应该在什么时候进行干预？传媒专业的人为了得到他们的故事，伦理问题可以在多大程度上被忽视？让问题变得更为复杂的还有两个因素——新闻直播的"应知"影响与媒体事件的预演。

第一个原因："应知"的因素

媒体拥有知悉观众所不了解的信息的途径与权力。因此，关于"电视直播"这一现象，媒体总是被质疑并处于很大的压力之下。

吉恩·佩特（Jean Pate）认为"自由的媒体永远不应该自动隐瞒那些最引人注目的、争论之外的信息，特别是为了政治上的私利与方便"。佩特写道，出于政治或安全问题的考虑，媒体被要求推迟报道某一事件，这其实已经越界了。在佩特文章的另一部分，披露信息还有更深层次的考量，比如官方重要信息的泄露，这种报道可能就会影响公平正义。因此，在"应知"与"想知"之间的平衡应引起媒体人的思考，思考他们报道产生的后果。

塞西莉亚·维加（Cecilia Vega）论述了"应知"与"想知"的问题。在卡特里娜飓风席卷了新奥尔良时，报道小组进入了这一地区，联邦应急管理局的意见是，在援救团队从家里拖曳尸体时，不允许报道者对此摄制或报道。媒体从业者只要能为观众提供"想知"的信息就足够了，尸体的图像对于民众而言是不"应知"的。

像维加一样，艾伦·沃尔珀（Allan Wolper）讨论了与"夸大其词"的新闻报道相关的隐私问题。该报道是2012年12月14日发生在康涅狄格州纽镇上一所名为桑迪胡可小学中的校园枪击事件，这一事件造成了 20 名儿童以及 6 名学校工作人员死亡。"淹没了桑迪胡可地区的新闻报道从被害者的朋友与亲属那里窃取了许多私密影像，而毫不在意这些图像是否会给他们带来永久的伤害"（Wopler）。自由的报道应该呼吁人们关注这一地方性的恐怖主义，但众多报道者仅仅为了满足观众与读者的"想知"，从而制作出"锋芒毕露"的版本，这让人很难接受。

向公众分享某些信息的伦理准则应该是"应知"还是"想知"？所有媒体记者都需要做出一系列的判断，比如报道内容是否可以给公众一个清晰且简洁的新闻故事，电视直播上的信息是否会过于形象化且残酷。

第二个原因：媒体事件的预演

每天都会有数不清的文章、简报与采访发布在媒体上，这其中有许多事件都是经过预演的。让被采访者提前知晓采访问题，并且指导他们如何回复，这一现象比公众了解的更为普遍。正如《新闻预演的伦理》一文的作者所强调的那样，"对于印刷品与电视台摄影记者来说，新闻预演都是一个尤为棘手的问题。一些人认为新闻预演就不应该发生。不过也有人认为，摄影者在拍摄某个场景之前对现实进行干预已成惯例"（Slattery &Ugland）。

一篇名为《经过精心设计的士兵与布什的聊天》的文章揭示了为了政治目的而进行媒体预演的现象。德布·里希曼（Deb Riechmann）讨论了排练是如何帮助总统以一种采访的形式来强化他的议程的。"它被宣传为一场总统与美国军队的对话，然而前总统布什周四以电话会议的形式传达的提问被精心设计过，以配合实现他在伊拉克战争中以及周六对伊拉克新宪法进行投票的目标。"（Riechmann）

在自然灾害发生时也会出现许多经过预演的新闻和照片。美国的新闻博客"守护者"认为，在桑迪飓风期间，许多人都依靠社交媒体来获取信息，然而在这期间许多误导性的内容大行其道。根据新闻报道，"在飓风桑迪登陆之前，经过修改的纽约街头的鲨鱼照片与东海岸地标的过时影像被到处散布"（Holpuch）。

结果与解决方案

每个故事都有不同的背景，但充当公众的眼与耳是媒体的职责。许多人都将媒体作为他们了解世界信息的唯一渠道。如果媒体从业者本人不是伦理与道德意义上的好公民，那么公众读者也不会想要聆听或阅读他们写的故事。公众会找到那些总是愿意做正确事情的记者，即便可能看不到从最佳角度呈现的故事。科瓦奇与罗森斯蒂尔总结说，我们需要新闻来过我们的生活，"来保护我们自己，与他人建立关联，发现朋友与敌人"。他们继续解释道，由于新闻业是社会用来供给信息的系统，因此我们"关心我们所获得的信息的品质：它们会影响我们的生活、思想以及文化"。

基于这一观点，我们期待更多的媒体可以在需要的时候采取行动。如果生命危在旦夕，就需要人们去行动。如果有其他人在场救助，那么报道者就可以仅仅做一个观察者。不管在什么情况下，决定权都在每一个记者手中。

不管采用纸质出版还是在线直播或网络发布等形式，记者都需要遵循一系列标准与指导方针。报道那些感人和有趣的新闻是非常困难的，然而，不惜一切代价地获取故事只会伤害那些置身其中的人们。知晓什么时候需要介入并帮助他人对各行各业的人们来说都是至关重要的。当作为观察者的媒体从业者作为志愿者去协助那些亟须帮助的人时，他们就将介入的权利交予了公众。

引用文献

"Anderson Cooper Carries Bloody Child to Safety in Haiti." *The Huffington Post*, 18 Mar. 2010. *Huffpost Media*, www.huffingtonpost.com/2010/01/18/anderson-cooper-carries-b_n_427472.html.

Dastur, Mahazaree. "On a Wing and a Prayer." *Down To Earth*. 15 Mar. 2013, www.downtoearth.org.in/blog/on-a-wing-and-a-prayer-40462.

Ess, Charles. *Digital Media Ethics*, 2nd ed. Wiley, 2013.

Good, Howard. "Teaching Ethics in a Dark World." *The Chronicle of Higher Education*, vol. 59, no. 23, 11 Feb. 2013, p. 83. chronicle.com /article/ Teaching-Ethics-in-a-Dark/137033/.

Holpuch, Amanda. "Hurricane Sandy Brings Storm of Fake News and Photos to New York." U.S. *News Blog*. 30 Oct. 2012. *The Guardian*, www.theguardian.com/world/us-news-blog/2012/oct/30 /hurricane-sandy-storm-new-york.

Kovach, Bill, and Tom Rosenstiel. "Overview." *The Elements of Journalism: What Newspeople Should Know and the Public Should Expect*. Crown / Archetype, 2007, www.barnesandnoble.com/w /books/1112954149.

Merino, Noël, ed. "Preface to 'How Have New Technologies Affected Media Ethics?'" *Opposing Viewpoints In Context: Media Ethics*. Greenhaven Press, 2013.

Miller, Ron. "Journalistic Responsibility in the Digital Age." *EContent*, vol. 36, no. 2, 5 Mar. 2013, www.econtentmag.com/Articles/Column/

MediaRedux/Journalistic-Responsibility-in-the-Digital-Age-88024. htm.

Pate, Jean. "A Media Balancing Act: Deciding When News Should Be Withheld." *Midwest Media Review*, vol. 13, no. 2, May 2016, p. 61. www.midwestmedia.org/media balancing/13.2-May16/.

Riechmann, Deb. "Soldiers' Chat with Bush Choreographed in Advance." *Newsmine.org*, www.abcnews.go.com/Politics/wireStory?id=1210978.

Slattery, Karen, and Erik Ugland. "The Ethics of Staging." *The Digital Journalist*, Feb. 2005, www.digitaljournalist.org/issue0502/ethics.html.

Vega, Cecilia M. "As Bodies Recovered, Reporters Are Told 'No Photos, No Stories'." *San Francisco Chronicle*. 13 Sept. 2005, www.sfgate.com/news/article/As-bodies-recovered-reporters-are -told-no-2609387.php.

Wolper, Allan. "Pictures of Pain: Outcry against *The Journal News*' Gun Map Paints Hypocritical Portrait of Media Critics." *Editor & Publisher*, Mar. 2013 pp. 28+. *Questia*, www.questia.com/magazine /1G1-322563905/pictures-of-pain-outcry-against-the-journal-news.

你的研究项目

1. 借助本章 8.1 部分的倒金字塔清单检验文献的有效性。你是否使用了足够多来自上层学术著作中的文献？如果没有，去搜寻期刊文章和学术书籍来充实清单。不要完全依赖网络文章，即便每篇都来自接受赞助的网站。

2. 对你的主题进行引用搜索。它会帮助你确认那些在该领域著作颇丰的关键人物。

3.检验一手文献与二手文献的列表。寻找你的学科——文学、政治、历史——然后决定是否需要对一手文献与二手文献进行混合使用。

4.通过撰写两个条目对你的文献进行回应：（1）一个针对文献内容的简要大纲；（2）一个对文献的简要概述。

5.在本书1.5部分查阅研究计划表，考虑你对研究主题的分析。通过仔细考量被细化了的题目和笔记，你就可以开始组织和草拟论文了。

第 9 章

撰写有效的笔记并创建大纲

- 撰写有效的笔记
- 撰写个人笔记
- 撰写直接引用笔记
- 撰写改述笔记
- 撰写概要笔记
- 撰写大纲笔记
- 撰写实地研究笔记
- 用学术模型创建大纲
- 撰写正式大纲

> **明确目标**
>
> 　　做笔记是研究的核心。如果你的笔记质量高，只需将它们进行小幅的调整就可以收入初稿当中。你需要为撰写不同类型的笔记做好准备——从权威作者处直接引用措辞精当的篇章，同样也可以用你自己的语言进行改述或总结成为笔记。本章介绍了以下几种笔记：
> - 表达自己观点或记录实地研究的个人笔记。
> - 保存权威学者经典语句的引用笔记。
> - 解释或重述权威作者讲了什么的改述笔记。
> - 以简略的形式把握作者观点梗概的概要笔记。
> - 记录访谈、问卷、实验和其他类型实地研究的实地笔记。

　　为了展现对主题的考察过程，你需要将通过个人研究所获得的精确笔记与专家对该主题的释义笔记相结合，从而为你的论文提供支持。作为一名研究者，你的目标是分享可检验的信息，只有提供了完善的记录与报告，他人才可以由此来检验你的成果。

汇集打印文件、影印件、扫描图像和下载的数据

　　现代科技让大量收集材料变得相当容易。你可以在线打印文章或将它们存成文档，也可以使用扫描仪将图像或文字转换为电子格式。此外，复印机让你不再需要将整本书都带回家，而仅仅用几张纸就可以代替。

　　所有这些资料将在你整理与使用它们时变得有意义。记住要归档所有东西，保留所有东西。你需要在文本与参考文献条目中进行引用，所以不要扔掉任何笔记、打印文件或影印文件。

9.1 撰写有效的笔记

无论你用电脑还是手写记笔记，都应该记住一些基本原则，并参照下面总结的内容。

遵照研究格式的惯例

只要你在引用文献时依照惯例，那么撰写笔记的过程从一开始就会很高效。遵照你导师和现代语言协会（MLA）、美国心理学会（APA）、芝加哥格式手册（CMS）或科学编辑学会（Council of Science Editors）的指导和规定，这些规定的示例可以参照下文，本书后面的章节也会做更具体的说明。

MLA: Dalton Forney states, "Like a modern day 'Siege Perilous,' the presidency is a tenuous hot seat, ever besieged by the next national issue or global crisis" (19).

道尔顿·福尼（Dalton Forney）认为，"如同当代'危席'，总统的位置是脆弱且需肩负重任的，随时都需要面对下一个国内问题或全球危机"。

APA: Forney (2017) has commented, "Like a modern day 'Siege Perilous,' the presidency is a tenuous hot seat, ever besieged by the next national issue or global crisis" (p. 19).

CMS 脚注：Dalton Forney states, "Like a modern day 'Siege Perilous,' the presidency is a tenuous hot seat, ever besieged by the next national issue or global crisis."[4]

CSE 顺序编码：Forney has commented, "Like a modern day 'Siege Perilous,' the presidency is a tenuous hot seat, ever besieged by the next national issue or global crisis."[5]

用电脑做笔记

1. 用下面两种方法中的一种记笔记：

• 在共同的目录中把每条笔记作为独立的临时文档，这样在复制与粘贴时可以将每条笔记放在初稿中的合适位置。

• 把所有的笔记放在一个文档中。每条新的笔记用一个词或短语标注。当你真正开始写作论文时，可以从该文档的开端处进行写作，这样笔记就落在你写作内容的下方。

2. 每当你碰到一个文献时，可以将它列在一个参考文献文档中，记录下它的参考书目信息，这样便于你将参考文献清单放在一个按字母顺序进行排序的文档当中。第 14、15、16 和 17 章会提供正确的格式和设计。

9.2 撰写个人笔记

学术论文的内容不是书籍与文章中专家观点的汇集，而是有学术证据支撑的个人观点的表达。读者最感兴趣的是你的论点、主题以及你对问题的个人观察与分析。因此在研究过程中，在研究日志或电脑文档中撰写个人笔记时，你需要记录下自己对问题的思考。

> **清单：撰写有效的笔记**
>
> 1. 为每条笔记编写一个条目，以便你在论文整合的诸阶段中对数据进行整理和排列。如果分类足够清晰，一些笔记也可以保存在电脑文档里。
>
> 2. 列出文献的名称、年份和页码以便进行文本内引用或撰写参考书目条目。
>
> 3. 为每一条笔记添加描述性的词或术语作为标签。
>
> 4. 用完整的句子记笔记以提升你撰写初稿时的速度。

> 5. 保留所有东西（复印文件、潦草的笔记或电脑文档）以验证日期、页码、作者与出版信息。
>
> 6. 以"我的观点"或"个人笔记"作为标签，将你的个人笔记与文献区分开来。

个人笔记很重要，因为它能让你：
- 记录你的发现。
- 思考研究结果。
- 进行关联。
- 探索其他观点。
- 鉴别流行的观点和思维模式。

个人笔记应该符合三个标准：
- 笔记中的观点是属于你自己的。
- 笔记中要标上"我的想法""我的"或"个人观点"，以便你之后能够确认它们不是借用的。
- 笔记是粗略的概述、观点的梗概，最好是一到两个完整的句子。

个人笔记的示例如下：

个人想法

对我来说，器官捐献是生命的礼物，因此我签署了器官捐赠卡。如果我的生命遭遇了意外，起码我的一部分还可以继续存活下去。我的男友认为我的想法是可怕的，但我认为这一观点是很实际的。而且，他将来也有可能成为受益者，到那时他又会怎么说呢？

9.3 撰写直接引用笔记

引用别人的话是做笔记最简单的一种方式。引用笔记是非常重要的，因为它能让你：

- 获取专家们针对某一主题发出的权威声音。
- 展示重要的论述。
- 为你仔细研究的主题提供证据。
- 提供相互冲突的观点。
- 展示与主题相关的对话。

在这一过程中，你需要遵循基本的惯例：

1. 选择重要的、措辞精当的引用材料，不要选择那些无足轻重的或常识性的材料。

2. 用引号标识。不要从文献中直接抄袭文字，这样会让读者认为那些是你写的。

3. 运用文献中确切的字词。

4. 在文内引用中标明作者与页码，或者在引用开头给出作者名字而在引用结束后给出页码，下面以 MLA 格式为例：

> Barnill says, "More than 400 people each month receive the gift of sight through yet another type of tissue donation— corneal transplants. In many cases, donors unsuitable for organ donation are eligible for tissue donation" (2).

> 巴尼尔说："每个月有 400 多人通过另一种人体组织捐献——角膜移植获得了光明的馈赠。在许多情况下，不适合进行器官捐赠的提供者仍有资格进行人体组织捐献。"

5. 文内引用位于最后的引号之外、句号之内。

6. 尽量引用关键句和较短的节选段，不要引用整段整段的内容。找到重要的观点并把它概括出来。不要强迫你的读者在冗长的文句中艰难寻找切题的观点。在你的句子中使用简洁的引用，如下所示：

  Trying to mend their past eating habits, many Americans adopt functional foods as an essential step toward a more health-conscious future. This group of believers spends "an estimated $29 billion a year" on functional foods (Nelson 755).

  为了调整他们过去的饮食习惯，许多美国人将功能性食品视作迈向更具健康意识的未来的必需品。这群信徒在功能性食品上的花费"一年大约有29亿美元"。

7. 同时从一手文献（作者与言说者的原话）与二手文献（对原创作品的评论）中进行引用。下面是对这两种类型文献的探讨。

引用一手文献

引用一手文献的四个具体原因：

- 借鉴作者的智慧。
- 让读者听到作者的经典表述。
- 准确再现诗作和戏剧中的原文。
- 再现图形、图表和统计数据。

引用诗歌、小说、戏剧、信件和访谈。在某些情况下，你会想自由地引用一篇总统的演讲、一位商人的发言或者再现原始信息。下面的例子会为你示范怎样精准地进行引用，甚至保留了空格与页边空白，来严格按照原文转述。

  The brevity of life in Percy Bysshe Shelley's "Mutability":

> We are as clouds that veil the midnight moon;
> > How restlessly they speed, and gleam, and quiver,
> Streaking the darkness radiantly!—yet soon
> > Night closes round, and they are lost forever:
>
> Or like forgotten lyres, whose dissonant strings
> > Give various response to each varying blast,
> To whose frail frame no second motion brings
> > One mood or modulation like the last.

珀西·比希·雪莱《无常》一诗中展现生命的短促：
> 我们如遮蔽午夜月光的云彩；
> > 如此不安地迁变、闪光与震颤。
> 清朗地朝着黑暗疾驰！——然而很快地
> > 夜幕四合，它们也永久地消失了。
>
> 或者像那被遗忘的七弦琴，它们刺耳的琴弦
> > 对每一声变化着的轰隆做出自己的回应，
> 在那纤弱的乐器上，每次重弹，
> > 情调和音节都不会和前次一样。

引用二手文献

以下三个具体的情况可以引用二手文献：

- 展示特定领域专家观点与表达的精妙之处。
- 阐释复杂的材料。
- 建立自己的论断，尤其当它们相对于引用的文献发生了偏离、增改或者可

以对文献进行补充时。

对二手文献进行过度直接引用会显示出：（1）你没有一个清晰的重点，只是逐字逐句地复制了与主题相关的一切内容；（2）你没有充足的证据，只能用大量引用作为填补。因此，要对二手文献进行有限度的引用，最好引用一个短语或是一句话，如下所示：

  The geographical changes in Russia require "intensive political analysis" (Herman 611).

  要解释俄罗斯的地理区位变化需要进行"深入的政治分析"。

如果引用一整句话，那么可以将这个引用变为直接宾语，它传达出专家说了什么。你笔记的标题可以帮助你对它们进行安排，如下所示：

  Geographic Changes in Russia

  In response to the changes in Russia, one critic notes, "The American government must exercise caution and conduct intensive political analysis" (Herman 611).

  俄罗斯的地理变化

  在回应俄罗斯的变化时，某批评家认为"美国政府必须特别留心，并且要进行深入的政治分析"。

整合两个或多个源自不同文献的引用。如下所示：

  Functional foods are helping fight an economic battle against rising health care costs. Clare Hasler notes, "The U.S. population is getting older," which means more people are being diagnosed and treated for disease (68). These individuals are putting a huge financial strain on the health care system with their need for expensive antibiotics and hospital procedures. Dr. Herbert Pierson, director of the National Cancer Institute's $20 million functional food program, states, "The future is prevention, and looking for preventive agents in foods is more cost effective than looking for new drugs" (qtd. in Carper xxii).

在对抗不断增长的医疗保健费用时，功能性食品起到了一定的作用。克莱尔·哈斯勒认为"美国人民的寿命在不断延长"，这也就意味着更多被诊断患有疾病的人得到了治疗。考虑到个体对昂贵的抗生素以及住院手术的需求，医疗保健体系会面临更大的经济压力。赫伯特·皮尔森博士——美国国家癌症机构 2,000 万美元功能性食品项目的主管认为，"未来关乎预防，寻找食物中的预防性制剂比研发新药更为划算"。

9.4 撰写改述笔记

改述笔记是最难做的，它需要你用自己的语言对他人的想法、意思和态度进行重新陈述。通过阐释，你可以用相近的篇幅把握住文献的精髓，在此过程中你成了一座架于文献与读者之间的桥梁。以下是使用改述笔记的原因：

- 在论文中维护自己的声音。
- 保持自己的风格。
- 避免过度的直接引用。
- 对文献进行阐释，如同你在重新书写一样。

改述文献时牢记这五条原则：

1. 用与原文篇幅近似的字数进行重新书写。
2. 提供对文献的文内引用（MLA 格式的作者名与页码）。
3. 用引号将原文中的特殊词句包裹其内。

4.保留原文饱含讽刺、愤怒、幽默、怀疑以及其他情绪的笔调。用恰当的动词展露作者的态度:"爱德华·齐格勒(Edward Zigler)谴责……辩护……辩论……解释……观察……定义。"

5.为了避免无意剽窃,在改述时可以将原文放在一边以防字句重复。将完成的改述和原文献进行对比,确保对原文的忠实重述,并且对保留下来的原文的精彩词句使用引号。

> **提示:** 当导师看到没有使用引号的文内引用时,他们会假设这是你的改述而非引用。你一定要遵照这种假设进行写作。

下面的例子展示了引用笔记与改述笔记的不同之处:

原文引用:

网络霸凌　　Colvin 211

———

德拉尼·科尔文博士解释说:"网络霸凌发生的频率正以令人不安的速率增长着。尽管在过去大部分的霸凌行为都发生在校园里,但现在,社会的残酷可以轻易地与敲击键盘相伴相生。"(211)

对原文引用的改述:

网络霸凌　　Colvin 211

———

德拉尼·科尔文博士认为霸凌已经从过去的校园中走了出来,因为通过社会媒体网站的线上骚扰行为正以令人担忧的速率增长着(211)。

原文引用（多于四行）：

网络霸凌　　　Colvin 211

―――

德拉尼·科尔文博士阐明了这一趋势：

> 尽管个人与社会都受惠于作为工具的网络，但网络霸凌依旧加剧了作恶者与受害者之间的权力不平衡关系。当网络昵称被盗，并用于发送带有种族和性别歧视内容的恶意信息，或是向所有读者发送不合适的照片时，严重的问题就浮出水面了。（211）

如上所示，MLA 格式需要 10 空格（两个跳格键）的缩进。

对原文引用的改述：

网络霸凌　　　Colvin 211

―――

　　网络资源与社交网站可以促进社会的发展，然而科尔文指出了在网络霸凌者与他们的受害者之间的不平衡关系。带有伤害性的攻击行为可以发生于"当昵称被盗，并用于发送恶意信息时"。通过种族与性别攻击以及不适当的图像，网络霸凌将受害者困于欺骗与暗讽之网中（211）。

如上面的例子所示，用引号标识文献中的关键词。

原文引用：

网络霸凌　　　　　Colvin 211

―――

　　"网络霸凌是今日成人所面对的一种最成问题且最少被研究的霸凌形式"（Colvin 211）。

对原文引用的改述：

> 网络霸凌　　　　　Colvin 211
>
> ———
>
> 德拉尼·科尔文博士呼吁未来的研究能够解决当今青少年所面临的广泛伤害和网络危险（211）。

9.5 撰写概要笔记

概要笔记是在不限格式和表达的条件下对文献材料进行描述和重写。你此时的目的是迅速、简洁地书写，不管措辞讲究与否。如果有需要补充的信息，你可以之后用清晰、适当的风格重写。如果有必要，回到原文献进行修正。使用概要笔记一般出于以下几个原因：

- 记录较为边缘化的材料。
- 保存可能对你的研究有价值的数据。
- 记录那些虽不直接与你题目相关，但与大的主题有一定关联性的文献当中的有趣讨论。
- 参考与议题相关的若干著作，如下面的例子所示：

> 实施回收计划的物流与成本问题在韦斯特和洛夫莱斯的书中，以及琼斯等人、科菲和斯特里特、阿伯内西的文章中都有论及。

成功撰写概要笔记需要做到：

- 尽量简短。它们的价值较低，因此不要花太多时间进行调整。
- 用引号标识那些你不能给予改述的关键措辞。

研究建议：改述一个段落以避免抄袭

在你进行改述的时候，记住不要仅仅改变几个词或者句中词的顺序，这样是不够的。改述需要你完全重写段落，要求你用自己的语言来复述别人的想法、意思和态度。下面是一段原文献与不合理的改述：

原文献：

> 约翰·米尔顿的写作并非出于偶然的冲动。他的每一笔都是一种决心，要把他力所能及的事情都写出来。他努力传达世界上最复杂的细节，而且确实表达了这些细节。他用各种各样的美丽和宏伟来装饰主题，无论是道德、智力还是身体。他的写作将辉煌和恐怖提升到一个惊人的高度。在米尔顿那里，总是存在精确性。
>
> ——米尔顿·金伯尔（Milton Kingsberry）的《作家和著作》（*Of Writers and Writings*），第74页

不合理的改述：

> 作家约翰·米尔顿并不是在随意的冲动下表达自己的观点。他的每一笔都是一种决议。他还想分享世界上最错综复杂的细节。他用各种各样美丽和宏伟的尺度来装饰主题。无论是道德上的，智力上的，还是身体上的，弥尔顿都以精确性将辉煌以及恐怖提升到一个新的高度。

这一不合理的版本使用了一些同义词，并对句子进行了微小的调整，这种改变只是象征性的。除此之外，就是对原文的逐字抄袭。如果这个笔记完全以同样的形式出现在论文里，作者就会有抄袭的嫌疑。

合理的改述：

　　作家约翰·米尔顿是一个完美主义者，他对所分享的每一个字都进行了精确的描述。这些描述及其所代表的信息错综复杂。米尔顿以诚实、恰当和理性的观点给他的主题带来了尊重。通过对伟大或恐怖的描述，约翰·米尔顿为读者提供了细腻和明确的清晰度（Kingsberry 74）。

　　第二个版本在保持原文精髓的基础上，重构了句子并替换掉了原文中的词汇。

- 提供对作者名和页码的引用。然而，如果笔记概述了整篇文章或整本专著而非一个特定的段落，就不必提供页码，例如：

　　电视与现实　　　　　　爱泼斯坦的书
　　———
　　爱泼斯坦的书虽然已经过时，但仍被众多文献引用。这一1973年的作品是奠基性的，特别是在对众多失实新闻播报事件的批评上面。

这种概要会被纳入最终稿中，如下所示：

　　被传媒世界吞噬的电视观众，通过他们对播报的感知与信念参与着对象征现实的建构。爱德华·杰伊·爱泼斯坦在1973年针对该问题做出了奠基性的贡献，他的著作呈现了众多案例，来阐明广播网是如何歪曲新闻，并且未能——也可能不能——展现现实的。

9.6 撰写大纲笔记

大纲笔记与快速的概要笔记并不相同。它适用于特定的目标，因此应该对它的风格进行更细致的调整，帮助它融入整篇论文当中。它需要你用几个词来把握一整段、一整章或一整节的观点。以下是撰写大纲笔记的几个原因：

- 对一篇文章或一本专著进行回顾。
- 为参考文献条目提供注释。
- 提供内容简介。
- 创建摘要。

撰写优秀的大纲笔记需要做到：

- 对原文精确而直接的浓缩。将较长的段落缩减为一句，将一篇文章缩减为一个简短的段落，将一本书缩减为一页。
- 保留原文的基调。如果原文是庄重的，那么大纲笔记也要显示出这种基调来。处理质疑、怀疑、乐观等语气时也是如此。
- 用自己的语言撰写大纲笔记。不过，需要在原文中的特殊词句外添加引号，将其保留下来。避免脱离语境地使用文本材料。
- 提供引用文献信息。

使用大纲笔记来简短回顾一篇在线文章

注意以下简短回顾的例子：

> 论"捐献倡议书"　　　2016 网页
>
> ———
> 国家器官与组织分享共同体（The National Community of Organ and Tissue Sharing）有一个专门发布倡议书的网站。它的目标是传达问题，例如，等候名单上有超过 55,000 人。它希望可以在公众中寻求到更多的参与者。

作者用三个句子为一整篇文章撰写了一条大纲笔记。

用大纲笔记编写带注释的参考文献

注释是对一篇文章或一本专著提供解释或批判性评价的一句话或一段话，这一工作的困难在于抓住文献的主要观点。

"神秘的器官捐献。"Web.10 Feb.2016. 来自美国器官移植协会的教育性网站致力于消除器官捐献的众多误区，说明器官买卖是非法的，将捐献者与接受人配对是非常复杂的，以及秘密的后台操作几乎是不可能的。

在内容简介笔记里使用大纲笔记

通过有限的几句话，一篇大纲笔记可以概述小说、短篇故事、戏剧等类似的文学作品，如下所示：

查尔斯·狄更斯的《远大前程》描绘了年轻的皮普继承了一笔钱，让他可以像绅士那样活着，然而他却发现自己的"远大前程"来自一个罪犯。知晓这一情况之后，他的态度从虚荣转为慈悲。

出于对读者的礼貌，在你的论文里提供内容简介，可以提示他们文章的内容。大纲笔记可以避免你对整个故事情节事无巨细地复述。

以大纲笔记作为摘要的形式

摘要是出现在一篇文章开头的、对内容进行概括的简洁描述。实际上，这也是一种大纲。通常它由文章作者撰写，可以帮助读者做出阅读或是跳过的决策。你可以找到整卷的摘要，如《心理学摘要》（Psychological Abstracts）和《英语学习摘要》（Abstracts of English Studies）。一份摘要对于社会科学与自然科学的大部分论文而言都是必需的。下面是一篇例文：

摘要

功能性食品革命已经开始！功能性食品作为提供超出基本营养的有益产品，正在每年为国家经济增加数十亿的收入。它们的秘密是什么？为什么功能性食品可以风靡一时？功能性食品被看作一种预防医学。这一消息让公众蜂拥而至并让食品营养学家垂涎三尺。

消费者希望功能性食品可以稍稍缓解他们的医疗焦虑。许多研究者都相信功能性食品可以回应国家期望降低医疗保障开支的想法。本论文走到幕后、走入所有炒作的背后，去探讨功能性食品是否可以成为预防医学的一种有效形式。本文会确认并界定一系列功能性食品的功效成分，并解释这些成分在人身体中所扮演的角色。

研究建议：提供引用文献信息，以避免抄袭

注意文献引用的规则会有助于规避抄袭，即未经言明地对别人词句或观点的使用。在为你的研究题目创建注释时应该避开这些陷阱：

- 在引用文献中的确切词句时遗漏了引号。
- 在概述文献中的观点时没有全部修改。
- 在直接引用或概述时没有提供文献引用信息。
- 在笔记上忽略了正确的名字、页码和文献信息。

对文献材料的恰当使用可以提升你作为研究者的可信度。同时，也可以为你免去抄袭的嫌疑。

9.7 撰写实地研究笔记

根据课题的研究焦点和范围，你可能需要进行实地研究。这项工作需要撰写其他类型的笔记，它们往往被保留在图表、卡片、记事本、实验室笔记、研究期刊或电脑上。

如果你采访了一些博识人士，那么在访谈时就需要记录详细的笔记，并将它们加工后誊写在你的文稿中。可以用录音笔为笔记提供备份。

如果你进行问卷调查，调查结果会成为笔记撰写与图表绘制的重要数据，这些都可以为你的论文服务。

如果你进行实验、测试与测量，这些发现可以作为报告结果部分的笔记，也可以成为文章中讨论部分的基础。

9.8 用学术模型创建大纲

一般的全目标模型

如果你不确定自己论文的布局，就从最简单的模型开始，并用你的材料对它进行扩充。读者，包括你的导师，都很熟悉依照这种次序写作的论文，它留有充足的余地。

明确课题

  解释问题。

  提供背景信息。

  建构论点。

分析课题

  探讨第一个主要议题。

  探讨第二个主要议题。

探讨第三个主要议题。

讨论你的发现

重申并升华你的论点。

阐释结果。

提供回答、对策或最终意见。

在引言中你可以添加从文献材料那里找到的一条引语、一则轶事、一个定义或评论。在主体部分，你可以比较、分析、给出证据、追溯历史事件以及处理其他问题。在结论中，你可以挑战一个假设、对流行观点提出反对意见以及重申你的论点。充实每个部分以拟定大纲，如果有需要的话还可加上副标题。

提出观点与理论的模型

如果你想在论文中提出某一理论，可以套用下面的形式，当然，在必要时需要进行调整以删除某些条目和添加新元素。

引言：

确立问题或疑问。

探讨其意义。

提供必要的背景信息。

介绍研究过该问题的专家。

尽可能提出一个论点，从新的角度解读该问题。

主体：

对问题中牵涉到的议题进行评价。

开展一项由过去至现在的考察。

比较和分析细节和小议题。

引用曾研究过相同问题的专家论点。

结论：

随着证据在文章主体中的发展，不断推进并捍卫你的理论。

提供知识或者行动的对策。

为接下来的工作和研究提出建议。

对创造性作品进行分析的模型

如果你计划分析音乐、绘画或文学作品，例如一部歌剧、一系列画作或一篇小说，可以根据你的课题和目标调整下面的模型。

引言：

明确作品。

用一句话进行简要概述。

提供与论点相关的背景信息。

提供与特定议题相关的艺术家的生平事迹。

引用并改述权威观点以构建学术传统。

提出论点，确立你有关该文艺作品的独特视角。

主体：

提供评价式分析，将分析按照意象、主题、人物发展、结构、象征、叙述和语言等要素来进行划分。

结论：

最终聚焦于创作作品的艺术家，而不是重复文章主体的工作——仅仅对要素进行分析。

提出与你论点相符的、探讨艺术家贡献的结论。

论辩型和劝说型论文模型

如果要从某个既定的立场或角度进行劝说型或论辩型写作，你的论文大致上应该符合下面的模式。可以挑选那些适用于你论文构思的元素。

引言：

用一个陈述确立你论文将要考察的问题或有争议的议题。

概述议题。

定义关键术语。

承认争论中的一些要点。

用直接引用和改述来澄清主题的争议性本质。

提供可以将现在与过去进行关联的背景信息。

撰写论点来确立你的立场。

主体：

展开论辩以论证主题的一个方面。

分析议题的正反两方面。

给出文献中的证据，在合适的时候进行引用。

结论：

将论点扩充为一个结论，由此可以清晰地阐明你的立场，这一过程应该在你对议题进行分析与讨论的逻辑中自然发生。

对历史进行分析的模型

如果要撰写历史或政治科学论文，并致力于分析事件以及它们的前因后果，那么你的论文应该符合下面的架构。

引言：
    明确事件。

    提供导致该事件的历史背景。

    提供来自专家的引用和改述。

    提出论点。

主体：
    分析导致该事件的历史背景。

    从一个历史阶段到另一个历史阶段地追溯事件。

    提供一个按时间排序的事件序列来解释其中各个事件的直接相关性。

    引用研究过该历史事件专家的权威观点。

结论：
    重申你的论点。

    讨论该事件造成的影响，解释它是如何改变了历史进程的。

比较研究的模型

    一个比较研究需要你同时考察两个学派的思想、两个议题、两部作品或两个人所持的观点。论文考察两个主题的相似之处与不同点，通常会从三种论文主体架构中选择一种。

引言：
    确立主题 A。

    确立主题 B。

    简要对比两者。

    引入中心议题。

引用聚焦于课题的文献材料。

提出你的论点。

主体（三者择一）：

考察主题 A。	比较主题 A 与主题 B。	议题 1：讨论 A 与 B。
考察主题 B。	比较主题 A 与主题 B。	议题 2：讨论 A 与 B。
比较并对照 A、B。	讨论中心议题。	议题 3：讨论 A 与 B。

结论：

讨论最重要的议题。

撰写结论，将某方置于另一方之上，或者展示两方各自的突出之处。

要记住，以上模型仅仅为你提供大致的参考，它们并不是牢不可破的教条。为了满足你特殊的要求，可以对它们进行必要的调整。

9.9 撰写正式大纲

并非所有论文都需要正式大纲，对于研究者也同样如此。一篇学术短文可以在关键术语、议题清单、粗略大纲和初稿的基础上建立起来。就像本章开头提到的，粗略的、非正式的大纲会帮助确认你是否囊括了关键要点，还可以指导你开展研究。尽管如此，一篇正式的大纲也很重要，因为它通过添加主标题和一个或多个副标题，清晰、有逻辑地将你研究的议题进行分类。大纲可以将混杂的笔记、电脑文稿和影印材料整合成一个井然有序的观念序列。

> **提示：** 正式的大纲并非僵化且一成不变的。你可以在书写和修改的时候进行调整。在每一个示例中，你都应该把大纲或组织图当作工具。像建筑师的蓝图一样，它应该用来促成而非阻碍一件成品的建造。

你可以使用电脑软件中的大纲视图模式进行实验，它可以让你纵览文本不同层次的细节，也可以帮助你将文章按照不同的组织模式进行排列。

使用标准的大纲标志

按照以下形式列出你的主要类别和副标题：

I. _____ 第一个主标题

  A. _____ 第一级副标题

    1. _____ 第二级副标题

    2. _____

      a. _____ 第三级副标题

      b. _____

        （1）_____ 第四级副标题

        （2）_____

          （a）_____ 第五级副标题

  B. _____ 第一级副标题

你想要将副标题深入到哪一个层级，部分取决于你论文主题的复杂性。一篇学术论文中的副标题很少会进入第三级副标题以下，即上面小写字母的第一个序列。

撰写正式的话题大纲

如果你的目标是先搁置细节内容，从论文中快速整理出话题，那么就拟定一个由短语搭建的话题大纲。话题大纲中可以使用名词性短语：

  III. 感官

    A. 检测光的受体

1. 视网膜杆

2. 视网膜的视锥细胞

也可以使用动名词短语：

III. 感知环境

A. 检测光线

1. 通过视网膜杆感应弱光

2. 通过视网膜视锥细胞感应强光

也可以使用不定式短语：

III. 使用感官

A. 去检测光线

1. 去感知弱光

2. 去感知强光

无论选择何种语法形式，你都应该保持大纲中内容的一致性。

撰写正式的句子大纲

句子大纲需要用完整的句子撰写标题和副标题。与话题大纲相比它有两点优势：

• 句子大纲中的许多条目可以直接作为段落的主题句，从而提升写作进度。

• 主题/动词形式可以帮助你提升思考的逻辑方向性，例如，可以将短语"词汇拓展"转换为"看电视能提高儿童的词汇量"。

因此，句子大纲可以更加清楚地展示任何可能的语言组织问题，而话题大纲通常会隐藏这些问题。你在撰写句子大纲时投入的时间，比如写作完整且文辞通畅的笔记，会在书写与修改草稿时得到回报。

下面的例子展示了一名学生所写的句子大纲的一部分。如例所示，论点应该在大纲中作为独立条目展示出来。它是整篇论文的主要观点，因此不要把它在大纲中标为"I"，不然的话，你寻找这一主题时会在"II""III"和"IV"等并列标题处进行徒劳的搜索。

大纲

论点：史前人类的战争是被生物本能所驱动，而非对有限资源进行分享的文化诉求。

I. "高贵的野蛮人"与史前战士的对立在最近的文献中被提及。

 A. 一些文献认为，在早期部落中存在着和谐与和平。

  1. 卢梭在18世纪为"高贵的野蛮人"辩护。

  2.《圣经》中谈论到了伊甸园。

 B. 最近的研究认为战争在人类生命的开端就已存在。

  1. 拉布兰克从西南印第安人那里寻找证据。

  2. 耶茨报告了中国在公元前28,000年之前就存在着武器。

  3. 费里尔考察了洞穴绘画。

II. 证据清晰地显示着史前战争的存在。

 A. 人类学家已经发现了被处决的俘虏的遗骸。

  1. 受害人被活活剥了皮。

  2. 受害人被斩首。

  3. 发生在欧洲、美洲、日本以及世界其他地区的大屠杀。

你的研究项目

1. 仔细研究你迄今收集的所有文献——书籍、期刊论文的影印件以及网络打印材料，尽量为每一份文献撰写一个概要或大纲。同时，决定应该对哪些文献进行直接引用，而对哪些文献进行改述或概述。

2. 你要决定怎样保存你的笔记，也包括研究期刊中的手写笔记或电脑文档。电脑文档是较好的工具，因为你可以把它们直接纳入文本当中，从而节省打字时间。

3. 撰写多种类型的笔记，即撰写一部分直接引用笔记、一部分改述笔记和一部分概要笔记。

4. 要谨慎也要勤奋，尽量多撰写个人笔记。它们将成为你的观点的有力支撑，会帮你发出声音并明确立场。不要让文献替你说话，而应该让它们支撑你的观点。

5. 如果你有电子记事本或者其他做笔记用的程序，花些时间研究一下它们的功能。你可以创建笔记、在文件夹中保存它们，并使用关键词、类别和参考文献搜索你的文档。

6. 为你的项目草拟出一个大纲。列出你的大致论点，并在此基础上建立需要细致并全面拓展的分类。尝试多种方案：你是否需要一系列评判标准？有因果联系的议题？争论？该领域研究所提供的证据？哪一个看上去更有帮助？

7. 选择一种模型，然后使用梗概大纲中的信息对它进行全面拓展（参考上面一点）。

8. 查阅第 1 章末尾的研究计划表。到这个阶段，你应该已经拥有了文献笔记和一个研究项目的组织计划，这个计划在开始写作论文草稿时可以帮助你将自己的思路与文献整合在一起。

第 10 章

按学术风格撰写论文草稿

- 聚焦于你的论证
- 完善论点
- 拟定学术性标题
- 从你的学术期刊、笔记和电脑文档中起草论文
- 在学术论文中有效运用视觉资料
- 避免使用包含歧视与偏见的语言

> **明确目标**
>
> 　　你的研究项目应该深入地探究一个主题，它可以检验你知识和证据的可靠性。本章将提供一种风格，可以帮助你恰当、均衡地阐发一个主题。
> - 用说服、疑问、辩论和呼吁等方法来凝练你的论点。
> - 基于你的研究和观点来提炼与调整你的陈述。
> - 使用不同的策略为你的论文拟定学术标题。
> - 用你的笔记起草论文并注意行文的一致性和连贯性。
> - 有效利用视觉资料。
> - 避免使用包含歧视和偏见的语言。

在起草论文时，你的表达应该流畅且有逻辑地从一个观点转向另一个观点。你应该使用学术化风格来呈现精确且有说服力的证据支撑的立场。此外，你应该提供相互对立的证据，这样，在研究中就有了对比的目标，从而使你的论证得以强化。

脚踏实地

- 写你知道和感受到的，而不是你觉得别人想要听到的。
- 准备好就可以开始写作论文的任意一个部分，而不是机械地按照大纲的次序写。
- 如果需要，在页面留下空白，提醒自己这里还需要添加更多的证据。
- 如果你准备好了后面的段落，可以先跳过前面的部分。

无拘无束

- 初稿主要是为了把文字摆在页面上，不必追求措辞的精美。
- 写作时不要忧虑也不要拖延。

- 认真对待参考文献。
- 在你的笔记与文本中标注引用文献的名称。
- 在你的笔记与文本中附上引用出处。
- 保存文献的页码。

10.1 聚焦于你的论证

学术论文的写作风格应该是以事实为导向的，但也应该反映出你对主题的看法。如果你聚焦于（一些）中心议题，那么论文起草就会进展迅速。你的目的或目标是建立论点的关键。你是想要展开劝说、探究还是商讨？

劝说是让读者确信你的立场是正当的，有些时候还可以促使读者采取行动。例如：

> 我们应该在这个国家的每个城市建立绿色区域来限制城市扩张，并保护动物们的一部分自然栖息地。

探究是对问题的一种考察方式，这种方式是不带有劝说色彩地对议题进行检验。这可以算作一场探索真理的冒险。例如：

> 许多城郊居民抱怨鹿、浣熊以及其他野生动物毁坏了他们的花园、花圃和垃圾桶，然而，动物是最先到达这片土地的。因此，我们需要一个特别小组来考察矛盾双方的权益。

商讨是寻找对策的一种研究。它意味着你可以通过提供一些选项或一个折中方案，化解冲突，例如：

> 城郊居民需要找到能够接纳无家可归的野生动物的方法，而非向动物或者县政府表达他们的愤怒。绿色区域或者荒野小径也许可以解决一些问题，

然而，这样一种解决方案需要与房地产开发商进行严肃谈判，毕竟后者想要开发利用每一寸土地。

通常情况下，导师布置的研究作业会告诉你到底是需要劝说、探究还是商讨。如果没有明确说明的话，你应该尽早做出决定，指明研究的方向。

专注于客观事实和主观观点

作为一个客观的作者，你应该考察问题、在论点中表达观点并提供可以作为支撑的证据。作为一个主观的作者，你应该充满激情地论辩，并且坚定地站在自己的立场上。正因为如此，完全的客观性不太可能存在于这些包含论证的学术论文中。即便如此，你也必须避免过于主观，比如过于苛刻、过分坚持以及诡辩。你对声音的节制——即使是在论辩时——可以体现出你对情势的控制，无论是在情绪上还是在理智上。

你的客观与主观分析以两种方式向读者强调观点：

伦理吸引力。如果你向读者投射出的自身形象是一名熟知且关心某一课题的作者，那么读者会承认并尊重你对主题浓厚的兴趣和精心构思的论辩。读者也会赞赏你对研究惯例的重视。

逻辑吸引力。为了让读者相信你的观点，你必须提供充分的证据，它们可以是来自课题领域专家那里的数据、改述和直接引用。

10.2 完善论点

论点关乎你对论题的确信度、对观点的延伸以及对研究范围的划定。当你拟定了一个初步的论点，并以此指导研究时，你必须完善命题，以便清晰、准确地推进你的观点，并邀请读者进入讨论。论点陈述需要完成三个任务：

- 提出论辩内容，以此支配论文走势并为整篇论文提供焦点。

- 提供连贯性与方向感。
- 为读者阐明研究的要点。

例如，一名学生以"昂贵的学费"为课题，他将这一论题进一步缩小为"学费使家长负债"。最终，草拟了如下论点：

> 美国大学过高的学费正在迫使穷人离开校园，并促进精英阶层发展壮大。

这个论点，作为他必须捍卫的一个结论，聚焦于学费及其对入学注册影响的相关争论。如果没有这种主题聚焦，这个学生在写作中可能会不知不觉偏离到其他领域，这会让他自己与读者产生困惑。

研究建议：提出原创论点

论点陈述为处理主题提供了一条路径。在为采取行动进行宣传与呼吁时，作者可能会强调某种原因或提供某种解释。无论采取什么形式，作者的原创论点提供了可行性、可能性和解释，并需要作者在理性的展示中对它们加以审视。为了产出原创的研究成果，并避免剽窃，作者必须通过找到关键点来细化与锁定议题，例如：

> 论点：儿童节目中的暴力呼应了青少年对残忍的迷恋。

这句话提出了一个原创观点，作者可以充分推进并用证据捍卫这个观点。作者将主题"电视暴力"和聚焦的论点"青少年行为"关联了起来。以下论点陈述提供了额外的观点：

> 论点：电视卡通会影响儿童的性格，因为它们是非常暴力的。
> 论点：电视节目中的暴力让儿童变得冷漠。

这些相同的议题也可以采用省略式三段论或假定的形式，前文已经有过相关讨论。

省略式三段论： 美国的大学促进着精英阶层的发展壮大，因为昂贵的学费正迫使穷人离开校园，限制了他们接受高等教育的机会。

假定： 本研究会基于这一命题进行取证：贫穷学生正因学费以及注册费的迅速增长被高等教育拒之门外。

通过问题聚焦论点

如果你在聚焦论点上有困难，可以问自己几个问题，这些答案中的一个也可以作为论点。

- 我研究的要点是什么？

论点： 平衡用药、规定饮食以及运动这三者可以控制糖尿病并为数百万人提供舒适的生活方式。

省略式三段论： 由于糖尿病会在许多不同方面对身体造成伤害，人们需要在平衡用药、规定饮食以及运动这三者之间谨慎地保持平衡。

假定： 本研究的目标是考察平衡用药、规定饮食以及运动的均衡发展对糖尿病患者的影响。

- 我的这篇论文有什么价值？

论点： 公众需要知道那些使用俗艳、具有性暗示图片的广告商通常没有任何道德顾虑，并且不会顾及基本的体面。

- 我是否能为读者提供一些新的或不同的东西？

论点： 证据明确显示，该县的大部分井水都不适宜饮用。

- 针对该问题我是否有解决方案？

论点： 公共设立的安全屋会为受到父母虐待的孩子提供一个避风港。

- 针对该议题我是否采用了新的角度和新的方法？

论点： 个体经济状况是一股不可忽视的力量，因此，是贫穷而非贪婪迫使许多年轻人走上犯罪的道路。

- 针对该事件我是否应该采纳少数人的观点？

论点： 给予应有的赞誉：卡斯特或许已经输掉了在小巨角的战役，然而疯马（Crazy Horse）以及他的手下，在坐牛的鼓舞下，赢得了战役。

- 我对该主题提出的理论是什么？

论点： 由于它们具有一定的药用效果，功能性食品可以成为一种经济武器，用来对抗不断攀升的医疗保障支出。

- 一个省略式三段论能否通过在原因句子中做出论断来为我的目标服务？

省略式三段论： 足量的、能够满足需求的器官及人体组织的捐赠是近乎不可能的，因为一系列谬见以及宗教顾虑仍旧在许多人的观念中根深蒂固。

- 一个假定能否为我的目标服务？

假定： 消除谬见以及宗教顾虑的教育项目会为器官及组织捐赠提供更多的支持空间。

- 我可以使用哪些围绕该议题的关键词来搭建论点？

假定： 目标是考察一系列问题，包括供需关系、浮出水面的政治权力斗争以及世界淡水资源分散供应问题所涉及的伦理或道德含义。

必要时在研究中调整或改变论点

如果在研究中涉及新的、不同的议题，那么就需要抛弃你的初始论点。例如，某作者在研究儿童虐待时的初始论点是"每一天，社会都面临着救治和帮助受虐待儿童的任务"。然而，调查细化了他的研究焦点："虐待儿童的家长应该被视作受害者而不是罪犯。"因此，作者找到了一个明确的立场，并由此提出，社会组织不仅应该帮助受虐待儿童，也应该为施虐父母服务。

> **清单：撰写最终论点**
>
> 你应该对以下的每一个问题回答"是"。
>
> 该论点是否：
>
> 1. 使用一个详尽的、说明性的陈述句来表达你的立场，而不是一个问题、一个对目标的陈述和一个话题？
> 2. 将主题限制在一个来自研究的细化了的焦点？
> 3. 在发现、阐释或理论表述的过程中展现了探索性的、创造性的优势？
> 4. 指向结论的要点？
> 5. 与标题和你收集的证据一致？

10.3 拟定学术性标题

如同一个好的论点，一个表达清晰的标题会指导你的写作并让你沿正确道路前进。虽然在论文完成之前就确定一个最终的标题并不可能，不过初步的标题能提供用于辨认的特定词语，这样确保你不会偏离路线。例如，某作者以"糖尿病"这个标题开头，此后，为了使其变得更具体，作者又加上其他词语变成"糖尿病管理"。在研究时，她又发现了医药、饮食和锻炼对病人的影响，于是她完善了题目："糖尿病管理：医药、饮食与锻炼的微妙平衡。"因此，她和她的读者对论文将要做什么有了清晰的认识，即探索糖尿病管理的方法。在学术写作中，长标题是符合标准的，在你拟定标题时可以考虑以下策略。

• 用普遍的主题命名，其后用一个冒号和一个短语聚焦或展现你对主题的见解。

  Organ and Tissue Donation and Transplantation: Myths, Ethical Issues, and Lives Saved

  器官与组织的捐赠与移植：谬见、伦理问题以及被拯救的生命

  The World's Water Supply: The Ethics Of Distribution

  世界水资源供应：分配的伦理

• 用普遍的主题命名，并用一个介词短语对其细化。

  Gothic Madness in Three Southern Writers

  三位南方作家的哥特式疯狂

• 用普遍的主题命名，并引用一个特定作品来点明题目。

  Analysis of Verbal Irony in Swift's *A Modest Proposal*

  试析斯威夫特《一个小小的建议》（又译作《野人刍议》）中的言语反讽

• 用普遍的主题命名，其后用一个冒号和一个短语描述研究的类型。

  Black Dialect in Maya Angelou's Poetry: A Language Study

  玛雅·安杰卢诗歌中的黑人方言：语言研究

• 用普遍的主题命名，其后添加一个冒号和一个问题。

  AIDS: Where Did It Come From?

  艾滋病：它从哪里来？

- 建立具体的比较。

  Religious Imagery in N. Scott Momaday's *The Names* and Hyemeyohsts Storm's *Seven Arrows*

  N. 司科特·莫马迪《名字》和荷耶梅约斯特·巨风的《七支箭》中的宗教意象

在你拟定标题时，要避免使用带有文学幻想色彩的标题，它们无法清楚指示要讨论的议题。

食物、时尚以及肥胖（差）

营养食品：一项调查（略好）

营养食品：通往预防医学的关键一步（最好）

关于标题的布置，也可以参看本书 13.2 部分的"标题页或扉页"。

10.4 从你的学术期刊、笔记和电脑文档中起草论文

为了开始学术论文的写作，你需要系统地制订一个初步计划或大纲，也可以在知道要写什么时开始写作。无论以哪种方式，一定要将你手稿中的每个部分牢牢掌控。笔记通常可以帮助你聚焦于主题，而论点将控制你论证过程的走势与方向。不过，你必须让写作找到自己的路，这条路应该遵照你初步计划的引导而非控制。你也可以参考最符合你论文构思的模式（参见 9.8 部分）。

由你的笔记开始写作

用你的笔记和学术期刊进行写作：

- 通过润色修正，将个人笔记转换为草稿。
- 转录大纲笔记，并将改述文献直接纳入文本。
- 引用一手文献。

- 从笔记中引用二手文献。

将文献编入论文来支撑你的观点，而不要将它们视作填充物。你的笔记会帮助文章生长、开花并达到知识的新高度。你可以用多种方式来实现它，甚至可以用下面提到的四种方法之外的方法。

方法一：需要提供在具体命名的目录下面的、各自独立的笔记文档。在撰写草稿阶段，你可以使用插入、拷贝与粘贴指令来将你的笔记纳入文本中。

方法二：假设你已经把所有笔记都编入了一个文档，在一个新文档里开始论文写作。当你需要使用一条笔记时，就将文本文档最小化并将你的笔记文档最大化，或者同时使用两个窗口。找到你想迁移的笔记，将它突出显示、拷贝，最后粘贴到你的文档中。

方法三：假设你已经把所有笔记都编入了一个文档并给每一条都标上了编码或标题。在这个文档的起始位置开始起草论文，这样在写作的时候，笔记就会落在正文的下方。当你需要一条笔记的时候，找到它并拷贝，然后粘贴到你的文本中。

方法四：需要在文档上有完整的大纲，这样你在展开观点的过程中，可以在任意一个大纲标题下键入信息，也可以在大纲的特定位置导入你的笔记。这一技巧可以让你对论文的任意一部分进行写作，将你即时想到的兴趣点与大纲的一个部分进行匹配。这样可以把大纲扩充为你学术论文的第一稿。

在初稿的写作中，记得预留一些空白。保持页边空白尽量宽，使用双倍行距，在段落之间保留空白。这些开放区域是为你后续的修订和添补做准备的。如果你使用的是电脑，那么这一过程会变得更简单，因为你可以先键入论文初稿，之后在文档内就可以直接进行修改了。

在处理从文章、书籍或网络中拷贝下来的页面时要小心，你可能会一不小心就借用过度。记得只对关键的短语和句子进行引用或改述，不要引用一整段话，除非它对你的讨论十分重要而你又不能将它压缩成概要的形式。此外，你借用的任何信息都应该来自具有学术或教育基础的可靠文献。

> **提示**：使用不同的拓展方法写作一两段草稿，是搭建论文主体的一种途径，但仅在每一部分与你的目标和构思相匹配时才可行。写作一个比较段落，对一两个议题进行分类或分析，展示因果关系，设问并回答。你将草拟好论文的主体，甚至比预想的还快。对于这些拓展方法的细节讨论可以参看第12章。

保持统一和连贯的写作

统一性是指通过深入探讨一个话题，为你的写作提供一个单一的视角。有了统一性，那么每一段都会针对缩小了的主题的某一方面进行细致拓展。**连贯性**可以将各个部分有逻辑地联结在一起，它通过以下方式实现：

- 对关键词和句子结构的重复。
- 对代词和同义词的合理使用。
- 对承接词和短语的有效使用。

下面一段文章保持了统一性（对焦点的关注）和连贯性（重复关键词并有效地使用承接词），见黑体字部分：

> 访谈节目采取了**戏剧化**娱乐的景观与形式，**因此**演播室观众们通常**扮演**了**戏剧**中的角色，就像希腊合唱队那样。与主持人、嘉宾一样，电视观众同样是**角色**。**此外**，在这一"电视电影"中，由于"角色"之间的互动，"戏剧"一直在上演。假如我们阅读一本书或观看一场戏剧，**我们会质疑**文本、**质疑**表演，并自主**决定**它们对我们意味着什么。

用恰当的时态进行写作

通过动词的时态，往往可以判断一篇论文是出自人文科学还是自然科学、社会科学。MLA 格式要求用现在时引用一位作者的作品（例如，"Patel explains"

或 "the work of Scoggin and Roberts shows"）。CMS 脚注格式也要求使用现在时。

MLA 格式规定，你在自己的评论和引用文献的评论中都要使用现在时，因为作者的观点和词句仍然在出版，而且它们在当下仍旧真实。因此，在你撰写人文学科论文时，要使用历史现在时（historical present tense），如下所示：

"Always forgive your enemies; nothing annoys them so much", writes Oscar Wilde about adversaries and forgiveness.

"永远原谅你的敌人，没有什么会如此让他们困扰，"奥斯卡·王尔德在谈及对手与宽恕时如此写道。

Yancy argues that sociologist Norman Guigou has a "fascination with the social causes rather than community solutions to homelessness" (64).

扬西认为社会学家诺曼·奎古"执着于探究无家可归现象的社会原因而非其社区解决方案"。

在人文科学的论文中，过去时只用于报道历史事件。在下一个例子中，过去时适用于除了最后一句以外的所有句子：

Great works of art had been created for ages, but Leonardo da Vinci was the first to paint the atmosphere, the air in which the subject sat and which occupied the space between the eye and the thing seen. This technique continues to influence modern paintings, which place subjects in lights and shadows as well as natural settings.

伟大的艺术作品已经产生了许多年，但莱奥纳多·达·芬奇第一个画出了这样一种氛围，此氛围让主体融入其中并抓住了眼睛与被观察事物之间的空间。这一技法继续影响着现代绘画，它将主体置于光影之中，就像在自然环境之中一样。

运用学科化的语言

每个学科与每个课题都有自己的词汇表。因此，在你阅读和记笔记时，需要简明扼要地记下与你研究相关的词汇和短语。熟悉它们，以便可以更有效地使用。例如，一个有关儿童虐待的话题需要使用社会学和心理学的语言，也就是说，你需要熟悉下列术语：

社会工作者	虐待	攻击行为
贫困水平	行为模式	乱伦关系
压力	敌意	受虐儿童
个性形成期	复发	监护人

同样，一篇研究诗歌的论文可能需要使用这些术语，如象征、意象、韵律、人物角色和韵脚。很多作者会制作术语表来加强它们对恰当名词和动词的表达。然而，拙劣与扭捏的术语最容易暴露出作者对课题的无知。例如，下面的句子虽然使用了术语，却扭曲了语言以致行文变得凌乱不堪：

> 学习机会的增加通常受到以下因素的阻碍：儿童心理过程中的病理性破坏。

上面的句子用了很多术语，但这句话是什么意思？大概是想表达：

> 孩子的异常行为经常会中断教育过程。

以第三人称写作

用第三人称的叙述法来撰写论文，避免使用"我认为"和"这是我的观点"这样的表述。与其说"我认为电视上的客观性只不过是一种理想"，不如去掉开头三个字，改为"电视上的客观性只不过是一种理想"。读者会理解论述表达的是你的想法。无论如何，把人类的功能赋予你自己或其他人，而不是非人类来源：

错误：本研究考虑了一系列发现。

正确：本研究报告了一系列文献的研究结果。

研究可以报告它的发现，但是不能对这些发现进行思考。

研究建议：使用文献材料来提升你的写作

读者想看到你对主题的想法和观点。出于该缘故，一个段落不应该只有文献材料，它必须包含一个为研究证据建立基点的主题句。每一个段落应该解释、分析并支撑论点，而不是仅仅将一堆引用串联在一起。

下面的段落有效引用了两个不同的文献：

器官与人体组织捐赠是生命的礼物。每年，都有很多人因疾病或先天性缺陷遭受着健康问题。汤姆·塔多尼亚（Tom Taddonia）解释说，例如皮肤、静脉和瓣膜等组织可以用于治疗先天性缺陷、失明、视力障碍、创伤、烧伤、牙齿缺陷、关节炎、癌症、血管以及心脏病（23）。史蒂夫·巴尼尔（Steve Barnill）认为，"每个月都有超过400名患者通过另一种组织捐赠——角膜移植的方式获得视力的馈赠。在许多情况下，那些不适合器官捐赠的捐献者仍有资格进行组织捐赠"。巴尼尔发现组织已经被用于矫形外科手术、心血管手术、整形外科手术、牙科以及足病学。即便如此，仍没有太多人愿意捐献器官和组织。

这个段落说明了四点。一个作者应该：

1. 将文献有效地编织成整体。
2. 把文献作为讨论的自然延伸。
3. 分开引用每条文献，一次引一条。
4. 提供分开的对页码或脚注数字的文内引用。

> 这意味着你需要仔细阅读，以便能够选择关键的观点和措辞，并且尽量做到准确和精确。

恰当使用被动式写作

导师经常告诫年轻的作者，尽量不要使用被动式，因为与主动式相比，被动式显得并不那么有力。然而，研究者有时需要将焦点从行动者转移到接受者身上，如下所示：

> **被动式**：巴克斯代尔学校三年级某班的 23 名学生被观察了两个星期。
> **主动式**：我观察了巴克斯代尔学校三年级某班的 23 名学生。

上面的例子中，选择被动式更好，因为它可以聚焦于研究，而非作者。此外，一般情况下，尽量不要在学术论文中使用第一人称。下面的例子同样展示了对被动式的有效使用：

> 土壤被检验出了水银的痕迹。
> 总统杰克逊因其印度政策被他的国会对手反复地攻击。
> 有注意力障碍的儿童通常被定位为药物疗法的对象。

正如你所看到的，句子将焦点放在了土壤、总统和儿童上。

10.5 在学术论文中有效运用视觉资料

图像和视觉资料能够帮助分析数据中的趋势和关系，可以使用它们来支撑你的文本。大部分电脑允许你创建表格、线状图、饼状图、概略图、地图等原创设计。你也可以从文献中导入表格和插图，将这些图像尽量放置在与它们相关的文本旁边。如果你的打印机可以进行彩色打印，图像就用全彩的，当然，题注与日期要用黑色。

图 10.1 是一个表格，主要以分栏形式对材料进行了系统展示。图形是除表格以外的非文本条目，如设计图、概略图、绘画、图像、照片、复印照片、地图等等。图 10.2 展示了房间布局的范例。你需要恰当地运用图表。图 10.3 展示的是一个折线图，与饼状图相比有不同的用处，而柱状图与散点图相比，也有不同的功能。例如，一张约翰·济慈（John Keats）的照片可以加强和充实一篇研究英国诗歌的学术论文。

Table 2[a]

Mean Sources of Six Values Held by College Students According to Sex

	All Students		Men		Women
Pol.	40.61	Pol.	43.22	Aesth.	43.86
Rel.	40.51	Theor.	43.09	Rel.	43.13
Aesth.	40.29	Econ.	42.05	Soc.	41.13
Econ.	39.45	Soc.	37.05	Econ.	36.85
Soc.	39.34	Aesth.	36.72	Theor.	36.50

[a]Carmen J. Finley, et al. (165).

图10.1　包含文内引用的表格示例

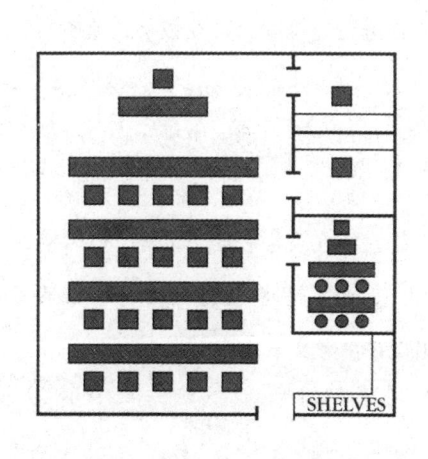

图10.2　附带说明的图形示例

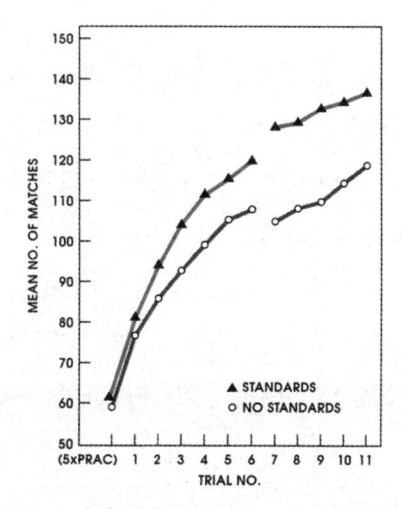

图10.3　带有明确的标签和说明的曲线图示例

你的图形、照片和表格应该遵循下面的要求：

• 在每一个项目中只呈现一种信息，让它们尽量简洁。过于装饰化与花哨的插图会转移读者的注意力。

• 在文本中放入小的图形和表格，在附录中单独的页面上放入大的图形、图形系列或复杂的表格。

• 将图形或表格尽量放在靠近你文本中讨论的位置，但不要出现在你第一次提及它之前。

• 在文本中解释图形或表格的意义。你要描述这些条目，以让读者在不参考条目内容的前提下，就能理解你的观察结论，但要避免在文本中使用过多的数字和图形。用数字给图形和表格编号（例如"图5"），或者用数字与页码来编号（表格4,16页）。避免使用含混的参考标记（如"上面的表格""下面的插图"或"下面的图表"）。

• 为图形或表格编写一个说明，这样你的读者在不参考讨论内容的情况下也可以理解它。

• 在论文中通篇使用阿拉伯数字为数字图形进行连续编号，在数字之前使用"图"（"Fig."或"Figure"）。

• 在论文中通篇使用阿拉伯数字为数字表格进行连续编号，在数字之前使用"表格"（"Table"）。

• 为表格的每一列插入一条说明或数字，放在每一列上部的中央。必要时，也可以从它们的上部斜着或垂直插入。

• 在插入一条说明性或参考性的注释时，把它放在表格和插图下面，然后使用小写字母作为上标进行标识（如图10.1所示），而不是使用阿拉伯数字。文献应缩略为文内引用，而完整的引用信息必须出现在参考文献页中。

> **清单：有效使用视觉资料**
>
> 插图可以有效呈现数据,分析趋势或加深你的讨论结果,如果使用清晰、切题的视觉资料和图表可以推进你的研究,那么就将它们提供给读者。
>
> • **介绍**：将可视化材料整合进文本，并解释图表是如何与你的研究内容产生联系的。
>
> • **展示**：用表格、图形、照片来展示你的发现或呈现具体的数据。
>
> • **讨论**：将这些信息的意义与如何推进你的研究发现相联系。

文档格式

插图与信息性图表通常都是大文档，因此你需要把它们转换为压缩格式，JPEG 或 GIF 都可以，可以通过它们的文件扩展名 ".JPG" 和 ".GIF" 进行辨识。一般地，JPEG 格式适用于照片，而 GIF 格式更适用于动图。

制作你自己的图表文件是一项很复杂但也很有意义的工作，它能为你的论文增添个人创造力。你可以使用下面技巧中的一种：

• 使用一个图表软件，如 Adobe FreeHand MX 或 Adobe Illustrator。利用这些软件你可以创建一个图表文档并将其保存为 JPEG 或 GIF 格式。Adobe Photoshop 和 Paintshop Pro 也很有用，它们主要是用来处理照片。

• 用一个扫描仪复制你的图画、图表、照片等。

• 用数码相机创建原始照片。参考使用手册学习怎样创建 JPEG 或 GIF 图片。

• 使用 Microsoft PowerPoint 或 Excel 创建你自己的信息图表。

只要为你的图表创建了 JPEG 文档或 GIF 文档，就可以把整篇学术论文发布到网站上。

10.6 避免使用包含歧视与偏见的语言

种族平等与性别公平是成为一名成熟作者的标志。优秀的作者会小心规避那些可能会赋予一定人群刻板印象的言辞，不管是涉及性别、种族、国籍、教义、年龄还是残疾。如果作者严格而精确地措辞，那么读者就不会对种族、年龄和残疾怀有先入为主的偏见。因此，不要随意提及性取向、婚姻状况、宗教和种族身份，或是一个人的残疾状况。下面的指南可以帮你规避歧视性语言。

年 龄

检查你陈述的精确性。针对高中及以下年龄的儿童，应该使用"男孩"（boy）和"女孩"（girl）。使用"年轻男性"（young man）和"年轻女性"（young woman）或"男青年"（male adolescent）和"女青年"（female adolescent）是合适的，但是"年轻人"（teenager）一词就包含了特定的偏见。避免将"老年人"（elderly）用作名词，可以使用这些短语，如"老年群体""老人"（older persons），如这句话表述的那样，"15位老人患有老年痴呆症"（Fifteen older patients suffered senile dementia of the Alzheimer's type）。

性 别

"社会性别"（gender）是我们文化中的一个部分，它在社会群体中区别男人与女人。"生物性别"（sex）则更倾向于生物因素（见本部分关于性取向的探讨）。

- 使用复数主语，这样非定指的复数代词在语法上才是正确的。例如，你是想要强调某个技术人员将他/她的实验设备保存在无菌状态中，还是指出普遍意义上的技术人员保存他们的设备？

- 改写句子，这样就不是必须使用代词了。

正确：The doctor prepared the necessary surgical [not his] equipment without interference.

医生在没有干扰的情况下准备了必要的手术设备。（没有用"他的手术设备"）

正确：Each technician must maintain the laboratory [not her] equipment in sterile condition.

每个技术人员必须使实验室设备保持无菌状态。（没有用"将他/她的实验设备"）

- 只在需要明确性别或当性别已经被事先确定的情况下，使用代词来指示性别。

正确：Larissa, as a new laboratory technician, must learn to maintain her equipment in sterile condition.

作为一名新的实验室技术人员，拉丽莎必须学会使她的设备保持无菌状态。

- "女人"（woman）和"女性"（female）作为形容词的用法各不相同，比如"female athlete"和"woman athlete"。在大部分情况下，使用"woman"或"women"（例如，"a woman's intuition"），而在种类与数据中使用"female"（例如，"four female subjects""ten males and twenty-three females""a female chimpanzee"）。如果使用"lady"这个词就会降低好感（即避免使用"lady pilot"这样的表述）。

- 第一次提到一个人时需要列出全名，例如，厄内斯特·海明威（Ernest Hemingway）、琼·迪戴恩（Joan Didion），之后只需要用姓，如海明威、迪戴恩。第一次提到时，使用艾米丽·勃朗特（Emily Brontë），之后用勃朗特，不要用勃朗特女士。一般来说，要避免添加正式头衔（例如，"Dr.""Gen.""Mrs.""Ms.""Lt."或"Professor"）。避免使用它们在其他语言中的对应词（例如，"Mme""Dame""Monsieur"）。

- 避免使用"男士和妻子"以及"七个男士和六位女性"这样的表述。保持术语的对称性，要说"丈夫和妻子"或"男士和女士"，以及"七只雄性老鼠和十六只雌性老鼠"。

性取向

与"性偏好"相比，"性取向"这一术语更容易被接受。用"女同性恋者"和"男同性恋者"比用"同性恋"更被接受。"异性恋""同性恋"和"双性恋"这些词语一般用来描述主语的身份与行为。

宗教和种族身份

一些人喜欢使用"黑人"（Black），另一些人偏好使用"非裔美国人"（African American），仍然有一些人偏好"有色人种"（person of color）这样的表述。像"黑鬼"（Negro）和"美国黑人"（Afro-American）这样的称呼是古老且不合适的。应该使用首字母大写的"Black"和"White"，而非小写的"black"和"white"。同样，一些人偏好使用"西班牙裔"（Hispanic）、"拉丁裔"（Latino）、"墨西哥裔"（Mexican）或"奇卡诺人"（Chicano）。用"亚洲人"（Asian）或"亚裔美国人"（Asian American）比用"东方人"（Oriental）好。"美国原住民"（Native American）是一个涵盖较广的形式，它包括"萨摩亚人"（Samoans）、"夏威夷人"（Hawaiians）和"美国印第安人"（American Indians）。一个经验法则是，最好在了解的前提下明确指出某人的国籍、部落或宗教团体。

残 疾

一般将人放在第一位，不管他们是否残疾。相比"残疾人士"（disabled person）或"智障儿童"（retarded child），说"一个有脊柱侧弯的人"（a person who has scoliosis）或"一个有唐氏综合征的孩子"（a child with Down syndrome）更好。避免说"一个有障碍的人"（a challenged person）或"一个特殊的儿童"（a special child），而用"一个有……的人"（a person with...）或"一个有……的儿童"（a child with...）。请记住，"残疾"（disability）描绘了一种身体上的特性，而"缺陷"（handicap）则可能是由非身体因素导致的，如阶级、贫困或社会态度。

你的研究项目

1. 使用"撰写最终论点"的清单，考察你的论点，尽量修改并完善你的论点。

2. 根据你的研究焦点来决定你是想要进行劝说、探究还是商讨，也可以使用在第1章中提到的一些方式：评价、定义、提议、因果论证、类比、先例。

3. 为你的论文拟定一个学术性标题，通过它清晰地描述你工作的性质。

4. 如果你已经起草了论文的一个重要部分，按以下条目仔细对它进行检查：连贯性、恰当的时态、第三人称表达和学科语言。

第 11 章

把引用资料
整合进你的写作中

- 将参考文献整合进你的文章
- 引用没有列出作者的文献
- 引用无页码的非印刷文献
- 引用互联网文献
- 引用间接文献
- 同一文章中的多次引用
- 引用来自教材或者选集中的材料
- 在文内引用中添加其他信息
- 恰当并统一地为引用加标点
- 缩进长段引用
- 引用诗歌
- 掌握对剧本内容的引用
- 在引用的材料中改写首字母的大小写格式
- 用省略号对引用材料进行省略
- 用小括号和中括号修整引文

> **明确目标**
>
> 　　随着你研究计划的发展和成形，为文章中使用的所有参考材料提供引用就是一件非常重要的事。对文内引用的整合应符合你导师的要求。这一章节说明了由现代语言协会建立的 MLA 文献引用格式，它规范了写作课程、文学、英语的使用和外语写作要求。请看本章中所列的写作技巧：
> - 将引用文献整合进你的文章。
> - 学会引用并慎用无作者或页码的引用文献。
> - 发现互联网资源。
> - 引用参考文献和事件。
> - 恰当且连贯的标点符号引用。

　　虽然本章将强调现代语言协会建立的 MLA 风格，但每种风格都寻求适用且令人信服的资源来支持你的研究权威。MLA 风格强调参考资料的作者，而其他文档风格则强调出版年份和作者。无论你的指导教师指定哪种文档风格，一个事实是，你的研究项目的优势在于主题的有效性，以及你对原始材料的使用，以加强你在所推进问题上的立场。

11.1 将参考文献整合进你的文章

　　也许正如你所想，撰写一篇学术论文带有某种义务。你应该搜集关于主题的学术材料，然后将它们在你的写作中突出展示出来。此外，你需要确认每条文献的作者姓名或保证作品带着页码，但未发表的文献以及大多数的网上文献不需要标明页码。总的方针是，尽量把引用变得简洁。记住，你的读者应该可以在参考文献页中找到所有文献的完整引用信息（参见第 14 章）。

无页码的一般引用

有时候你可能不需要添加括号内引用。

The women of Thomas Hardy's novels are the special focus of three essays by Nancy Norris, Judith Mitchell, and James Scott.

托马斯·哈代小说中的女性是南希·诺里斯、朱迪思·米切尔以及詹姆斯·斯科特三人论文的关注重点。

以作者开始并以页码结束

引入一个带有作者名字的直接引用或改述，并以放在括号内的页码结束，请一直使用这样的标准引用，因为它能让读者了解借用材料的开始和结束的位置。

Herbert Norfleet states that the use of video games by children improves their hand and eye coordination (45).

赫伯特·诺弗利特认为电子游戏可以提升儿童的手眼协调能力。

在下面的文字中，读者可以很容易追溯到这个观点的来源。

儿童电子游戏有其反对者和拥护者。赫伯特·诺弗利特支持儿童玩电子游戏。他认为这可以提升他们的手眼协调性，而且在他们解决各种谜题或通过各种障碍时，可以锻炼心智。诺弗利特认为，"电子游戏的心智比拼以及与其他玩家的竞争对于幼儿的身体、社交以及心智发展都是至关重要的"。不过也有许多专家因为其他原因并不认同他的观点。

将页码放在紧接着名字的位置

有时候，如果要在引文结束的位置插入注释，那么将页码放在名字之后就非常适合。

Boughman (46) urges car makers to "direct the force of automotive airbags upward against the windshield" (emphasis added).

鲍曼敦促汽车制造业"将汽车安全气囊的力量向上引导至挡风玻璃那里"（补充的强调）。

将名字和页码放在参考材料结尾处

如果你喜欢，也可以将引用名字和页码放在引文或者改述的结尾处。

"Each DNA strand provides the pattern of bases for a new strand to form, resulting in two complete molecules" (Justice, Moody, and Graves 462).

"每条 DNA 链都提供了帮助新链形成的基础模式，从而产生两个完整的分子"。

对于改述，你应该给读者一个信号，表明参考材料的开始位置，如下所示：

One source explains that the DNA in the chromosomes must be copied perfectly during cell reproduction (Justice, Moody, and Graves 462).

某文献解释说，染色体中的脱氧核糖核酸必须在细胞繁殖的过程中经历完美的复制。

把姓氏放在文中的括号引用里，如果你的列表含有拥有相同姓氏的两名及以上作者，你应该添加作者名字的首字母，如（H. Norfleet 45）和（W. Norfleet 432）。如果名字首字母也相同，就使用全名（Herbert Norfleet 45）。

> 提示：在MLA格式中，请勿在名字和页码中间使用逗号。

11.2 引用没有列出作者的文献

如果在封面上没有找到作者，那么你就需要引用文章的标题、杂志的名字、公告、书籍的名字或者出版机构的名字。你应该使用缩写或者首字母组合词（比如 BBC、NASA）。

> **提示：** 在开篇页底部、文章的结尾、网络主页或者邮件地址中寻找作者的名字。

引用杂志文章的标题

如未标明作者可使用减缩版标题：

> In the spring of 1862, the tranquil setting of Frances Chancellor's farmhouse seemed far removed from the horrors of war; however, the civilians impending ordeal in the midst of violent combat was fast approaching with the arrival of the Union army. According to a recent article in *Hallowed Ground* magazine, "Sassing Yankees seemed good sport briefly, but gave way to deadly danger when the dusty country crossroads became the focus of operations for two mighty armies" ("Dramatic Events").

1862 年的春天，弗朗西斯·钱塞勒的农舍环境宁静，似乎远离了战争的恐怖。然而，随着联邦军队的到来，平民在激烈的战斗中面临的磨难很快就会到来。根据《圣地》杂志最近的一篇文章，"羞辱洋基人似乎是短暂的好活动，但当尘土飞扬的乡村十字路口成为两支强大军队的行动焦点时，这种行为就让位于致命的危险"（"戏剧性事件"）。

引用文献条目应该写作：

"Dramatic Events at the Chancellor House." *Hallowed Ground*. Spring 2013: 27.

当引用一个较长的标题时，可以将它减缩。

引用报告的标题

One bank showed a significant decline in assets despite an increase in its number of depositors (*Annual Report* 23).

一家银行显示，尽管存款人数增加，但它的资产却显著下降。

引用出版者的名字或者法人团体的名字

The report by the Clarion County School Board endorsed the use of Channel One in the school system and said that "students will benefit by the news reports more than they will be adversely affected by advertising" (CCSB 3–4).

克拉里奥郡学校董事会的报告赞同在学校系统中使用第一频道，并表示，"相较于广告带来的不利影响，学生能从新闻报道中得到更多的收获"。

11.3 引用无页码的非印刷文献

有时候你也许需要辨别非印刷文献，比如演讲、CD 上的歌词、一个采访或者一个电视节目。因为没有页码，所以就可以省略文内引用，而代替文献类型的介绍，例如讲座、信件、采访，这样读者就不会介意没有页码了。

汤普森的演讲将冲动定义为："没有考虑后果的经由神经刺激促发的行为。"

佩吉·米查姆夫人 在接受电话采访时 表示，年轻黑人女性所受到的歧视并不像年轻黑人男性那样严重。

11.4 引用互联网文献

确定文献的名字或者标题

如果可能，请确认互联网文章的作者。互联网文献通常没有页码。

赫赛尔·温思罗普（Hershel Winthrop） 将霍桑的故事解释为在腐败的清教徒社会中对圣洁的追寻。

如果你无法确定作者，请给出文章标题或者网页信息。

某网站 声称，任何缺乏碳水化合物的饮食都会造成身体必需的一些糖分的缺乏 （《时尚饮食》）。

确认信息的性质和可信度

为了方便读者，你应该对网络文献的学术价值进行评定，例如，下面的一条引用描述了交流政策中心的具体角色：

加州大学洛杉矶分校的交流政策中心对电视暴力进行了深入研究，并 建议 人们不要将电视行业视作"暴力的替罪羊"，而要将关注点集中于更致命且更显著的原因：父母管教的缺失、毒品、底层阶级的愤怒、失业以及触手可及的武器。

下面是另外一个可以树立可信度的介绍性示例：

美国约翰逊航天中心宇航局局长 查尔斯·博登（Charles Bolden）声明：

今天，包括美国宇航局在内的国际太空探索合作小组的 12 名成员联合发表了《全球勘探路线图》，这一事实表明地球村要成为美国宇航局统一部署的深空探索战略计划的一部分，这一计划需要机器人以及人类参与完成任务，并以近地小行星、月球以及火星作为目的地。

要了解更多有关互联网文章的信息，可以像上面的例子那样，学着搜索一个主页。

如果你对某一来源的可靠性存疑，即它似乎没有学术或者教育性的基础，请勿引用，或者对此文献进行细致描述，让读者自行判断。

艾奥瓦州的一个非营利组织"自然法母亲"（Mother for Natural Law）在没有任何依据的情况下表示，八种主要作物受到了基因生物工程的影响，包括油菜、玉米、棉花、乳制品、土豆、大豆、西红柿以及黄色弯颈南瓜（《市场上有什么》）。

省略网络引用的页码和段号

一般来说，你不需要列出网站的页码、段号和屏幕编号。

- 你不能列出屏幕编号，因为显示器有所不同。
- 你不能列出下载文件的页码，因为打印机有所不同。
- 除非文档内容本身就带有编号，不然你不能列出段落号。如果没有编号，你就应该通读全文然后数一下段落。

电子文档拥有一个非常棒的功能，即它是可被搜索的，所以读者可以通过查找和搜索功能快速找到你的引文，假设你写下了下面的文字：

《电视暴力报告》建议不要将电视行业视为"暴力的替罪羊"，而要将焦点对准更致命且更显著的原因：父母管教的缺失、毒品、下层阶级的愤怒、失业以及触手可及的武器。

想要了解更多内容的读者可以访问你的引用文献页,找到网址,并使用浏览器定位文章,或者用"查找"功能去搜索某一短语,例如"暴力的替罪羊"。对你而言,这比为段落编号更加方便,对读者而言,这也比数段落编号更加轻松。

一些学术团体要求在互联网上发表论文的学者为他们自己的段落编号,这种做法可能会很快流行起来。因此,如果互联网文章的作者提供了段落编号,你也应当提供段落编号。

> The Insurance Institute for Highway Safety emphasizes restraint first, saying, "Riding unrestrained or improperly restrained in a motor vehicle always has been the greatest hazard for children" (par. 13).

> 高速公路安全保险协会首先强调了安全带,即"在坐车时未系或不正确地使用安全带常常成为儿童安全的最大威胁"。

只有当你找到了藏于电子文章中的原文页码时,才需要提供页码。像 JSTOR 这样的数据库会复制重现作品的原始图像,因此也就包含了原文中的页码。如下面哈罗德·R.沃利(Harold R. Walley)的文章例子,在引用这些页面时可以采用与引用印刷文献同样的方式。

> One source says the "moralizing and philosophical speculation" in Hamlet is worthy of examination, but to Shakespeare these were "distinctly subsidiary to plot and stage business . . ." (Walley 778).

> 一篇文献认为,《哈姆雷特》中的"道德与哲学思辨"值得考察,但对莎士比亚来说,这些都是"情节和舞台明显的附属物……"。

11.5 引用间接文献

有时书籍或文章的作者会引用别人的采访或者私人信件,而这时或许你也想引用同样的内容。比如说，在一份名为《环保署发布的适应气候变化的计划》的新闻稿中，新闻发言人戴尔·凯米里（Dale Kemery）介绍了该机构为响应奥巴马总统的"气候行动计划和预备美国应对气候变化影响的行政命令"所做的准备与采取的措施。以下是新闻稿的一部分：

"To meet our mission of protecting public health and the environment, the EPA must help communities adapt to a changing climate," said EPA Administrator Gina McCarthy. "These Implementation Plans offer a roadmap for agency work to meet that responsibility,while carrying out President Obama's goal of preparing the country for climate-related challenges."

The impacts of a changing climate-including increased extreme weather, floods, and droughts-affect EPA's work to protect clean airand water. The draft Climate Change Adaptation Implementation Plans recognize that EPA must integrate climate adaptation planning into its programs, policies, rules, and operations to ensure that the agency'swork continues to be effective even as the climate changes.

"为了履行保护公众健康和公共卫生的使命，环保署应该帮助社区适应气候变化"，美国环保署署长吉娜·麦卡锡说，"这些实施计划在执行奥巴马总统关于预备美国应对气候相关挑战的目标的同时，也为机构工作提供了履行该职责的方案指南"。

气候变化的后果包括极端天气、洪水和干旱的增多，影响了环保署保护清洁空气与水源的工作。适应气候变化实施草案认识到环保署应该将气候适应规划纳入它的项目、政策、规章以及运营中，从而确保机构的工作进展不会受到气候变化的影响。

假如你想使用上文中麦卡锡的观点，不仅需要引用麦卡锡的话，也需要在括号内添加一手文献的作者凯米里，如下所示：

  Whether it is a natural disaster or gradual climate change, towns, cities, and communities across the nation must seek guidance and assistance for balancing the needs of the people and the preservation of the environment. According to Environmental Protection Agency Administrator Gina McCarthy,"The EPA must help communities adapt to a changing climate." She goes on to say that the "Implementation Plans offer a roadmap for agency work to meet that responsibility." (qtd. in Kemery)

  无论是自然灾害还是逐步发生的气候变化，全国的乡镇、城市以及社区都应该寻求指导与帮助，实现人民诉求与环境保护之间的平衡。根据环境保护署署长吉娜·麦卡锡的意见："环保署需要帮助社区来适应气候变化，实施计划为机构工作提供了履行该职责的方案指南。"

在参考文献页，你需要将凯米里的名字及其文章信息罗列出来，而不需要列出麦卡锡的名字，因为她并非该文章的作者。

换言之，在正文中，你需要两者都引用，既要指明说话的人，也要明确提及你找到的这条引文或改述材料所出自的书籍或文章。如果不提及凯米里，就没有人能找到这篇文章；如果不提及麦卡锡，那么读者就会推断是凯米里说的这些话。

清单：使用链接来标注网络文献的来源

  如果你要在自己的私人网页上发表研究项目，你可以给读者提供通往其他网址的超链接，你在这么做时，请注意以下几点：

  1. 你可以在文档中附上超链接，它会自动将文献提供给你的读者。

  2. 明确标注链接的信息，以便读者能够知道链接到的地方。

  3. 有选择性，不要在文章里到处都放上链接，确保读者把精力放在你的文章里，而非网上。

　　4.链接是你文献引用的一部分，请在你的参考文献条目中放上这些链接文献。

提示：如果你能确定引用的原始文献，请直接引用原文献而不要双重引用。

11.6 同一文章中的多次引用

如果你不止一次引用了同一页同一段里的内容，而且中间没有插入别的引用，那么只需在所有的引文最后提供一个引用信息。

　　When the character Beneatha denies the existence of God in Hansberry's *A Raisin in the Sun*, Mama slaps her in the face and forces her to repeat after her, "In my mother's house there is still God." Then Mama adds, "There are some ideas we ain't going to have in this house.Not long as I am at the head of the family" (37).

　　当人物贝尼塔在汉斯伯里的《阳光下的葡萄干》中否定了上帝的存在时，妈妈打了她一耳光并且强迫她重复自己的话："在我母亲的家里，上帝一直在。"然后妈妈补充道："只要我还是一家之长，就不允许在这所房子里有其他观点"。

同样，当你多次引用同一文献时，无须每次都重复作者的名字，如下所示：

　　The consumption of "healing foods", such as those that reduce blood pressure, grows in popularity each year. Clare Hasler says that when the medicinal properties of functional food gain the support of clinical evidence, functional foods can become an economical weapon in the battle against rising health care costs. In addition, functional foods may be a promising addition to the diet of people who suffer from deadly disease. As executive director of the Functional Foods for Health Program at the University of Illinois, she claims, "Six of the ten leading causes of death in the United State are believed to be related to diet: cancer, coronary heart disease, stroke, diabetes, atherosclerosis, and liver disease" ("Western Perspective" 66).

服用类似于可以降低血压的"疗愈性食物"这些年越来越受欢迎了。克莱尔·哈斯勒说，当功能性食物的药用成分获得了临床方面的证明时，它就可以在对抗不断激增的医疗保障开支中成为一种经济武器。此外，功能性食品可以为那些带有致命性疾病的患者提供可观的膳食补充。正像担任伊利诺伊大学功能性食品健康项目的执行董事所说的那样，她声称，"美国十大主要死因中的六个都与饮食有关，包括癌症、冠心病、中风、糖尿病、动脉粥样硬化以及肝脏疾病"。

> **提示：** 如果你在论文中引用了两部及以上的小说，请同时提供这两部作品的标题（缩写）和页码，除非参考文献出处非常清楚。

11.7 引用来自教材或者选集中的材料

下面所列的是一首你可能在许多文学教材里都能找到的诗歌：

Love

Love bade me welcome; yet my soul drew back,

　　　　Guilty of dust and sin.

But quick-eyed Love, observing me grow slack

　　　　From my first entrance in,

Drew nearer to me, sweetly questioning

　　　　If I lacked anything.

　　　　　　　　—George Herbert, 1633

爱

爱神终于眷顾于我，然而我的灵魂却畏缩，

　　　背负着俗世的浮尘和愧罪。

但明明之爱神，将我的迟疑一眼看穿。

　　　就在我第一次迈入门槛，

接近我，甜蜜地询问

　　　我是否缺少什么。

　　　　　　　——乔治·赫伯特, 1633

　　如果你想引用这首诗中的某行，而且这首诗是从选集中摘引的，请在文内标明引用作者名称和页码，并在参考文献列表中提供一个信息全面的条目。

文本：

　　For Herbert, love "bade me welcome" and at the same time watched him "grow slack" before "sweetly questioning" if he needed something more solid and fulfilling (1094).

　　对赫伯特来说，爱神"眷顾于他"，与此同时也看到他的"迟疑"，从而"甜蜜地询问"他是否需要什么更可靠且让人满足的事物。

引用文献条目：

Herbert, George. "Love." *Literature*, edited by X. J. Kennedy and Dana
　　　Gioia, 13th ed., Pearson, 2015. p. 1054.

此外，假设你也从教科书中引用了其他诗作。

　　In "The Sick Rose," William Blake observes the loss or deception found in the fading beauty of the "sick rose," for love may at one instance appear light, blithe, and beautiful yet "his dark secret love / Does they life destroy" (1069).

　　在《病玫瑰》中，威廉·布莱克发现了"病玫瑰"的凋零之美中蕴含的失落与欺骗，就像爱情可能在一瞬间显得明亮、无虑且美丽，然而"他黑暗隐蔽的恋情 / 被生活所毁灭"。

　　William Blake describes the "invisible worm" that destroyed the happiness found in the "crimson joy" of the lovely rose (1069).

　　威廉·布莱克描绘了"看不见的蠕虫"，它摧毁了在可爱玫瑰的"深红喜悦"中找到的幸福。

既然你引用了同一选集当中的三条引文，就应该在参考文献中列出所使用的选集，该选集由肯尼迪（Kennedy）和乔亚（Gioia）编纂而成。此外，你也应该用简短的引用列出赫伯特和布莱克的名字，并且都要提及主编的名字，即此处的肯尼迪和乔亚。

Blake, William. "The Sick Rose." *Literature*, edited by X. J. Kennedy and
　　　Dana Gioia, 13th ed., Pearson, 2015, 1034.

Herbert, George. "Love." *Literature*, edited by X. J. Kennedy and Dana Gioia, 13th ed., Pearson, 2015, 1054.

Kennedy, X. J., and Dana Gioia, editors. *Literature*. 13th ed. Pearson, 2015.

11.8 在文内引用中添加其他信息

为了帮助读者，你也可以在引用中提供一些额外的信息。标明同一作家书籍中的不同部分、不同作品标题，或不同作家的诸多不同作品。例如，读者拥有的选集可能与你的不同，所以你要提供一个清楚的参考信息，例如"*Great Expectations* 81;ch. 4"，这样就能够帮助读者定位文章的部分。对"*Romeo and Juliet* 2.3.65–68"的引用也一样，读者可以从几乎所有版本的莎士比亚戏剧中找到这段。下面对赫尔曼·梅尔维尔（Herman Melville）的《白鲸》（*Moby-Dick*）的引用就把页码和章节都标了出来。

Melville uncovers the superstitious nature of Ishmael by stressing Ishmael's fascination with Yojo, the little totem god of Queequeg (71; ch. 16).

梅尔维尔通过强调以赛玛利对魁魁格的小图腾神约尤的迷恋，揭示了她迷信的本质。

几个卷宗之一

下面的两条引用提供了三个重要信息：（1）标题的缩写；（2）所使用的卷数；（3）页码。参考文献条目需要列出卷宗的总数（见本书 14.2 部分"卷数"）。

In a letter to his Tennessee Volunteers in 1812 General Jackson chastised the "mutinous and disorderly conduct" of some of his troops (*Papers* 2: 348–49).

杰克逊将军在一封 1812 年致田纳西志愿者的信中谴责了他的一些部队的"叛逆乱纪"行为。

Joseph Campbell suggests that man is a slave yet also the master of all the gods (*Masks* 2: 472).

约瑟夫·坎贝尔认为人既是众神的奴隶，也是主人。

不过，如果你只使用了多卷本作品当中的一卷，你只需要在括号内的引用中标明页码，之后在参考文献条目中写上卷号即可。

Don Quixote's strange adventure with the Knight of the Mirrors is one of Cervantes's brilliant short tales (1,908–14).

堂吉诃德与镜子骑士的奇妙历险是塞万提斯最为精彩的短篇小说之一。

如果你引用了整卷，则不需要再列页码。

The Norton Anthology of World Literature includes masterpieces of the ancient world, the Middle Ages, and the Renaissance (Mack et al., vol. 1).

《诺顿世界文学作品选》涵盖了古代世界、中世纪以及文艺复兴时期的杰作。

同一作者的两个及以上作品

在这个例子当中作者引用了两部小说，都是缩写的形式。标题全称为《德伯家的苔丝》（*Tess of the D'Urbervilles*）以及《卡斯特桥市长》（*The Mayor of Casterbridge*）。

Thomas Hardy reminds readers in his prefaces that "a novel is an impression, not an argument" and that a novel should be read as "a study of man's deeds and character" (*Tess* xxii; *Mayor* 1).

托马斯·哈代在他的序言中提醒读者,"小说是一种印象效果,而非一个论证",而且小说应该被理解为"对人的行为与性格的研究"。

如果作者出现在括号引用中,请在名字后面加上一个逗号:(Hardy, *Tess* xxii; Hardy, *Mayor* 1)。如果在标题后面出现的不是页码而是别的信息,请在标题后面加一个逗号:(Worth, "Computing," par. 6)。

下面的例子中,参考的坎贝尔的两部作品的完整标题分别是《千面英雄》(*The Hero with a Thousand Faces*)以及《上帝的面具》(*The Masks of God*),一个四卷本作品。

Because he stresses the nobility of man, Joseph Campbell suggests that the mythic hero is symbolic of the "divine creative and redemptive image which is hidden within us all . . ." (*Hero* 39). The hero elevates the human mind to an "ultimate mythogenetic zone—the creator and destroyer, the slave and yet the master, of all the gods" (*Masks* 1: 472).

由于对人的高贵的特别强调,约瑟夫·坎贝尔暗示了神话英雄是"隐藏于我们每个人身上的神圣的创造性与救赎性形象……"的象征。英雄可以将人类的心智提升到一个"终极的神话发生地——众神的创造者与毁坏者、奴隶与主人"的高度。

一个引用中的多位作者

如果想引用涉及同一主题的多个文献,你需要将它们按字母顺序排列,这样就与参考文献页的顺序相符,或者也可以按照问题的重要性排序,用分号将它们分开。

Several sources have addressed this aspect of gang warfare as a fight for survival, not just for control of the local neighborhood or "turf" (Robertson 98-134; Rollins 34; Templass561-65).

一系列的文献都将帮派冲突的这一面视作为生存而战，而非仅仅是为了控制当地社区或"草皮"。

页码附加信息

你在引文信息中可以标明某一页面的特定部分，例如脚注、附录、图形、表格，也可以特定强调某些页面。

Horton suggests that Melville forced the symbolism, but Welston (199-248,esp.234) reaches an opposite conclusion.

霍顿认为梅尔维尔强加了象征主义的手法，然而韦尔斯顿得出了相反的结论。

不过，你需要使用分号将页码与所使用的版本、章号或其他标识信息分开。

11.9 恰当并统一地为引用加标点

把页码引用放在引号之外、句号之前，如下所示：

"The benefits of cloning far exceed any harm that might occur" (Smith 34).

"克隆的好处远超其坏处"。

MLA格式中，在名字和页码之间不用添加逗号，比如"Jones 16-17"，而不是"Jones, 16-17"，并且不要用"p."或者"pp."标识页码。但是，如果作者的名字在段落编号或屏幕编号的前面，那么就需要在作者姓名后加上逗号，如

"Richards, par. 4" 或 "Thompson, screens 6-7"。

逗号和句号

将逗号和句号放在引号内，除非后面插入了页码引用。下面的例子将展示：（1）如何把符号放在引号里；（2）如何中断一个引文并插入说话者；（3）如何在常规引号内使用单引号；（4）如何在一个页码引用之后添加句号。

"Modern advertising," says Rachel Murphy, "not only creates a marketplace, it determines values." She adds, "I resist the advertiser's argument that they 'awaken, not create desires'" (192).

"现代广告"，雷切尔·墨菲说，"不仅创造了市场，也决定了价值观"。她补充说："我反对广告商的说法，他们认为自己'唤醒，而非创造了欲望'。"

有时候你可能需要将结束的句号替换为逗号。假设你决定引用这个句子："Scientific cloning poses no threat to the human species."如果要以这个引文开始你的句子，需要把句号变成逗号，如下：

"Scientific cloning poses no threat to the human species," declares Joseph Wineberg in a recent article (357).

"科学克隆不会对人类物种构成威胁，"约瑟夫·温伯格在最近的一篇文章中宣称。

不过，如果是问号或感叹号的话就需要保留，不需要再添加逗号：

"Does scientific cloning pose a threat to the human species?" wonders Mark Durham (546).

"科学克隆不会对人类物种构成威胁？" 马克·达勒姆表示怀疑。

接下来看看其他例子。假设这个是原文献：

The Russians had obviously anticipated neither the quick discovery of the bases nor the quick imposition of the quarantine.Their diplomats across the world were displaying all the symptoms of improvisation, as if they had been told nothing of the placement of the missiles and had received no instructions what to say about them.

—— From: Arthur M. Schlesinger, Jr. *A Thousand Days*. New York: Houghton, 1965. 820.

俄罗斯人显然没有预料到基地被快速发现并被包围。他们在世界各地的外交官都开始即兴创作起来，好像他们并不知晓导弹安置的情况，也并未获得应该如何做出回应的指示。

根据MLA格式，采用以下三种方法之一对针对该文献的引用添加标点：

"The Russians," writes Schlesinger, "had obviously anticipated neither the quick discovery of the [missile] bases nor the quick imposition of the quarantine" (820).

"俄罗斯，"施莱辛格认为，"显然没有预料到 [导弹] 基地的快速发现与包围的迅速施行。"

Schlesinger notes, "Their diplomats across the world were displaying all the symptoms of improvisation . . ." (820).

施莱辛格认为，"他们世界各地的外交官都显示出即兴创作的症候……"。

Schlesinger observes that the Russian failure to anticipate an American discovery of Cuban missiles caused "their diplomats across the world "to improvise answers "as if they had been told nothing of the placement of the missiles . . ." (820).

施莱辛格观察到俄罗斯未能预料到美国对古巴导弹的发现，这导致了"他们世界各地的外交官"都在即兴编造解释，"好像他们并不知晓导弹安置的情况……"。

注意，最后一个例子正确地将"Their"中的大写"T"改变为小写形式，以匹配经过重组的句子的语法，并且在"as"之前没有使用省略号，因为这句话可以非常自然地衔接进文本中。

分号和冒号

分号和冒号都应该在引号之外，如以下三个例子所示：

Zigler admits that "the extended family is now rare in contemporary Society"; however, he stresses the greatest loss as the "wisdom and daily support of older, more experienced family members" (42).

齐格勒承认"扩展式家庭在当今社会已经很少见了"；然而，他强调最大的损失就是"年长的、更具经验的家庭成员的智慧支持与日常辅助"。

Zigler laments the demise of the "extended family": that is, the family suffers by loss of the "wisdom and daily support of older, more experienced family members" (42).

齐格勒悲叹"扩展式家庭"的消亡：家庭会因失去"年长的、更具经验的家庭成员的智慧支持与日常辅助"而遭受损失。

Brian Sutton-Smith says, "Adults don't worry whether their toys are educational" (64); nevertheless, parents want to keep their children in a learning mode.

布莱恩·萨顿·史密斯认为,"大人们并不担心他们的玩具是不是带有教育性";然而,家长们想要他们的孩子一直保持学习的状态。

上面的第三个例子,显示了如何将页码引用放在引号之后、分号之前。

使用分号分隔开一个括号引用中的两个或多个作品:

(Roman, *Dallas* 16; Manfred 345)

(Steinbeck, *Grapes* 24; Stuben xii)

问号和感叹号

当一个问号或者感叹号是引文的一部分时,请把它放在引号内。把引用页数信息直接放在文献的作者名字之后,以避免标点符号的冲突。

Thompson (16) passionately shouted to union members, "We can bring order into our lives even though we face hostility from every quarter!"

汤普森热情地向工会成员呼喊道:"即便我们在各处遭遇敌意,也要将秩序带入自己的生活!"

如果你把页码放在引用的最后,那么保留原本的感叹号和问号,之后放上页码引用信息,然后将句号放在引用结束的位置。

Thompson passionately shouted to union members, "We can bring order into our lives even though we face hostility from every quarter!".

当一句话是以引文开始时,保留问号和感叹号,不需要逗号。

"We face hostility from every quarter!" declared the union leader.

"我们在各处遭遇敌意!"工会领袖宣布说。

当问号是原引文的一部分时，将问号放在结束的引号里面。

The philosopher Brackenridge (16) asks, "How should we order our Lives?"

哲学家布雷肯里奇问道："我们该如何定义自己的人生？"

单引号

当一个引文出现在另一个引文当中时，在较短的引文外放上单引号。句号需要放在单引号和引号里面。

George Loffler (32) confirms that "the unconscious carries the best of human thought and gives man great dignity, but it also has the dark side so that we cry, in the words of Shakespeare's Macbeth,'Hence, horrible shadow! Unreal mockery, hence.'"

乔治·洛夫勒证实："无意识包含了人类思想的精华，并给予人类巨大的尊严，但它也有黑暗的一面，就像我们边哭泣边援引莎士比亚笔下麦克白的话：'因此，可怕的阴影！因此，虚幻的嘲弄。'"

记住，句号总是在引号里面，除非后面有页码引用，如下所示：

George Loffler confirms that "the unconscious carries the best of human thought and gives man great dignity, but it also has the dark side so that we cry, in the words of Shakespeare's Macbeth, 'Hence, horrible shadow! Unreal mockery, hence'" (32).

11.10 缩进长段引用

通过缩进 10 个空格的位置，把超过四行或者 40 个单词的长段引用单独分离出来，这通常可以通过双击跳格键（Tab）来实现。不要把缩进的句子放在引号当中。如果你引用的只是一段话或者是一段话的开头，则不要将第一行额外缩进 5 个空格。保持你的文本和所引用的材料之间有两倍行距的空间。在句子最后的标点后面加上括号内引用。在下面的例子中，这个括号内引用提供了网络文章的标题，而非页码。

> With the fast pace of the modern world, many young people fail to realize the simplicity of previous generations. Garrett Snow, director of Roots-Web Genealogy for the Upper Cumberland, commented on the need to understand and preserve family history, especially among those of the rising generations:
>
> > With the passing of time, it is easy to forget the many individuals who have left an indelible mark on our ever-changing society. With the passing of time, it is easy to forget that for every great figure in history, there were neighbors, friends, and parents who instilled the confidence in the individual so that they could make a useful and beneficial contribution to society. With the passing of time, it is easy to forget the contribution made by our grandparents, great-grandparents, and forebears. The roll call of ancestors may not include figures of outstanding importance in history, yet this legacy is a record of men and women who lived active, useful lives, and who gave to their nation and their communities the best that was in them. ("Heritage")

Whether young or old, each person must understand that heritage is not just a time designated and set aside for a day, week, or month; it is an ongoing celebration of the heirlooms, honesty, and history that has been handed down in the written, oral, and photographic traditions of our families.

随着现代世界的快速发展,许多年轻人都未能意识到前几代人们的朴素。《上坎伯兰公爵的家谱》的导演加勒特·斯诺对了解与保存家族史,特别是对于那些新生代来说,发表了自己的见解:

> 随着时间的推移,我们很容易忘掉那些在不断变化的社会里留下了不可磨灭印记的个体。随着时间的流逝,我们很容易忘记历史上的每一个伟大人物,我们的邻居、朋友和父母不断向个体灌输信心,进而使他们为社会做出贡献。随着时间的变迁,我们很容易忘记自己的祖父母、曾祖父母以及祖先做出的贡献。祖先的名单可能并不包含历史上的伟大人物,然而这一遗产是对那些曾过着积极、有益的生活,并对他们的国家与社区付出过的男人和女人的一份记录。

无论年轻还是年老,每个人都需要了解传承,它并非一个为某天、某周、某年预留或指定的时间,而是对以文字、口头以及图片的形式流传下来的家族的祖传遗物、忠诚以及历史的永恒庆祝。

如果你引用的不止一段,请将每段的第一句话再多缩进3个空格。如果引用的第一个句子在原始文献中并没有开始新的一段,则不要多缩进3个空格。

Zigler makes this observation:

> With many others, I am nevertheless optimistic that our nation will eventually display its inherent greatness and successfully correct the many ills that I have touched upon here.

Of course, much remains that could and should be done,including increased efforts in the area of family planning, the widespread implementation of Education for Parenthood programs, an increase in the availability of homemaker and child care services, and a reexamination of our commitment to doing what is in the best interest of every child in America. (42)

齐格勒进行了这样的观察：

像其他许多人一样，我仍旧对我们的国家保持乐观的态度，相信它终将显示其内在的伟大，并纠正我在这里提及的众多弊病。

当然，还有许多可以做且应该做的事，包括加大生育计划方面的力度、广泛施行"家长教育"计划、增加主妇的数量与增强儿童保育服务并重新审视我们的承诺，承诺所做的一切都是为了美国儿童的最佳利益。

11.11 引用诗歌

引用两行或以下的诗歌

将对诗歌的较短的引用（一或两行）纳入你的文本当中。

In stanza 1 of Lord Byron's *She Walks in Beauty* (1814), the poet extends his physical description to describe the inward, divine,praiseworthy aspects of the woman. Beginning with an image of a dark,clear sky to set her beauty against, he values "All that's best of dark and bright / Meet in her aspect and her eyes" (lines 3–4). Thus, the woman who Byron is praising holds a "tender light" (5) between her outward beauty and the calm, soft image of her soul.

在拜伦勋爵《她走在美的光彩中》（1814）的第一诗节中，诗人使用了外在的物理描述来描绘女人内心的、神圣的、值得称道的方面。由一个与她美丽对立的黑暗、清澈的天空开始，他称赞"明与暗最美妙的色泽 / 在她的仪容和秋波里呈现"。于是，拜伦赞美的女人，在她的外在的美丽与灵魂的宁静及柔和之间葆有"温柔的光芒"。

如上面的例子所示：

- 以引号开始对材料的引用。
- 用前后都有空格的短斜线（ / ）来标明需要断句的位置。
- 将行数引用信息放入括号，紧跟着放在引号的后面和句号的前面。不要用可能会与页码混淆的缩写形式，先将行数摆在前面从而表明这些数字表示的是诗歌的行数，并且在此之后只会使用数字（从而表明是第几行）。
- 遇到书、部分、卷、章节、行为、场景、戏剧台词、颂歌、阙（诗）以及诗句时全部使用阿拉伯数字来指代其位置。

摘引三行或以上的诗歌

如下所示，在对三行或者以上的诗句进行引用时，将诗句缩进 10 个空格，注意保持双倍行距。在诗歌的最后，紧接着使用括号引用标明参考信息。如果括号内引用无法放在诗歌的最后一行，那就放在下一行，并与诗歌文本的右边距保持平齐。

> The king cautions Prince Henry:
> 　　Thy place in council thou has rudely lost,
> 　　Which by thy younger brother is supplied,
> 　　And art almost an alien to the hearts
> 　　Of all the court and princes of my blood.
> 　　　　　　　　(3.2.32–35)

国王警告亨利王子：

> 你在议会中的位子已然失去，
>
> 年轻的弟弟已取代了你，
>
> 对我所有的子孙来说
>
> 艺术几乎就是路人。

只有当你明确了自己研究的中心课题是莎士比亚《亨利四世》(*Henry IV*) 的第一部时，才能参考里面的一幕、场景和台词，否则，就应该写成"1H4"这样的形式。如果你引用的剧本不止一部，一定要记得加上那部戏剧名称的缩写"1H4"。

对于诗中过长的句子在换行时进行缩进

当你引用超出右边距的一行诗句时，在换行以后还要再多缩进 3 个空格。

托马斯·特拉赫恩在他的诗《伊甸园》中用以下几行开篇：

> A learned and a happy ignorance
>
> Divided me
>
> From all the vanity,
>
> From all the sloth, care, pain, and sorrow
>
>   that advance
>
> The madness and the misery
>
> Of men. No error, no distraction I
>
> Saw soil the earth, or overcloud the sky. (lines 1–8)

> 博学与欢快的无知
>
> 分裂了我

从所有的虚荣

从所有的懒散、关怀、疼痛

    及前进的悲伤中

人们的疯狂和痛苦

没错，的确

我看见了大地上的泥土或乌云密布的天空。

大段引用时保留内部的引号

尽管在进行大段引用时你不应该在外面使用引号，但请记住一定保留内部的引号。

> 莎士比亚在他的十四行诗《春天》中幽默地描绘了布谷鸟的叫声：
>
> The cuckoo then, on every tree,
>
> Mocks married men; for thus sings he, "Cuckoo!
>
> Cuckoo, cuckoo!" O word of fear,
>
> Unpleasing to a married ear! (524)
>
> 树上布谷鸟，
>
> 嘲笑已婚汉，
>
> "布谷！布谷！布谷！"
>
> 噢，可怕的话语，
>
> 打扰了已婚汉的耳！

提供翻译

文内引用时，括号内的译文一定要使用双引号；但如果没有使用括号，请在翻译上打上单引号。

Chaucer's setting is Spring, when "zephyrs ("west winds") have breathed softly all about . . ." (line 5).

乔叟将背景设定在春天，当"zephyrs（"西风"）已经在四周轻轻地吹拂……"。

Chaucer's setting is Spring, when "zephyrs 'west winds' have breathed softly all about . . ." (line 5).

对于一段诗歌，不要在引文和翻译上添加引号。你需要将这个段落的翻译放在这段诗歌的下方。

拉蒙·马格拉斯用字面意义翻译了费雷德里科·加西亚的这首诗：

Alto pinar!

Cuatro palomas por el aire van.

Cuatro palomas

Vuelan y tornan

Llevan heridas

sus cuatro sombras

Bajo pinar!

Cuatro palomas en la tierra están.

Above the pine trees[1]

four pigeons fly through the air.

Four pigeons

fly and turn around

---

1 此句开始为译文。——编者注

> Wounded, they carry
>
> their four shadows.
>
> Below the pine trees
>
> four pigeons lie on the earth.

11.12 掌握对剧本内容的引用

在你的行文中要把两个或两个以上角色对话的引用与正文分隔开。首先要给出角色的名字，注意此时要缩进约 1.27 厘米（0.5 英寸）并且全部用大写字母表示。在名字之后加一个冒号，再开始引用角色对话的台词。

如果有角色的台词超过一行，那么在之后的几行中要注意额外缩进 3 个空格。

> At the end of Oedipus Rex, Kreon chastises Oedipus, reminding him that he no longer has control over his own life nor that of his children.
>
> > KREON.　Come now and leave your children.
> >
> > OEDIPUS. No! Do not take them from me!
> >
> > KREON. Think no longer that you are in command here, but rather think.
> >   How, when you were, you served your own destruction.（lines 1549-52）

在《俄狄浦斯·雷克斯》的结尾，克瑞翁惩罚了俄狄浦斯，提醒他对自己以及孩子的人生不再有控制权。

克瑞翁：来吧，离开你的孩子。

俄狄浦斯：不！不要把他们从我身边带走！

克瑞翁：别想再掌控一切了，去想想自己在什么时候是如何毁灭自己的吧。

11.13 在引用的材料中改写首字母的大小写格式

一般而言，你应该精确复制所援引的材料，但为了符合逻辑，有一种例外情况是允许的。在英文中，比如"that"和"because"这样的限制性连词，就能引出限制性从句，从而排除了对逗号使用的必要性。在没有逗号的时候，大写字母也就同样不必要了。下述的例子中，在原句中第一个词首字母应该大写，但为了要符合这个学生自己所写句子的语法表达，就被改成了小写。

> Another writer argues that " the single greatest impediment to our improving the lives of America's children is the myth that we are a child-oriented society" (Zigler 39).

> 另一位作家辩称，"改善美国儿童生活的最大障碍是，我们是一个以儿童为导向的社会这一神话"。

或者，可以写成：

> Another writer argues, "The single greatest . . ."

11.14 用省略号对引用材料进行省略

正如我们在下述例子中可以看到的，你可以用省略号省略掉引用材料的一部分。

语　境

在省略所引用的部分段落时，一定要忠于作者，不要改动原文所表达的意思或是脱离上下文。

正确性

要保持句子语法的正确性,也就是说,要避免碎片化的表述和错位的修饰语。你也不希望读者对原文行文结构产生错误的理解。不过,当你只引用了一个短语时,读者们会明白你已经省略掉了原句的其他大部分内容,这时候就不需要添加省略号了。

> Phil Withim recognizes the weakness in Captain Vere's "intelligence and insight" into the significance of his decisions regarding Billy Budd (118).
>
> 菲尔·威斯汀从凡尔船长针对比利·巴德做出的决定的重点当中发现了船长在"智慧与洞察"方面的弱点。

句中的省略

在英文中使用省略号时,要注意在每一个点的前面都保留一个空格的间距,同时也要在最后一个点之后留一个空格的间距。

> Phil Withim objects to the idea that "such episodes are intended to demonstrate that Vere . . . has the intelligence and insight to perceive the deeper issue" (118).
>
> 菲尔·威斯汀反对这样的观点,"这样的片段是用来显示凡尔船长……拥有感知这类深层问题的智慧和洞察力的"。

句尾的省略

在英文写作中,如果省略号出现在你的句尾,那就在句号之后紧跟三个省略点,也就是说,你一共会有四个句号,并且在第一个之前和最后一个之后都不留空格[1]。接着用一个后引号为标点收尾。

---

[1] 此问题在中文写作中不存在。——编者注

R. W. B. Lewis (62) declares that "if Hester has sinned, she has done so as an affirmation of life, and her sin is the source of life . . . ."

R. W. B. 刘易斯认为，"假如说赫斯特有什么罪过，她这样做是对生命的肯定，那她的罪过就是生活的源泉……"

然而，如果一个同省略部分相关联的页码引用也出现在了末尾，就要将真正的句号放在最后的小括号之后。这样一来，你就会有三个省略点，接着依次是后引号、带小括号的注释以及最终的句号。

R. W. B. Lewis declares that "if Hester has sinned, she has done so as an affirmation of life, and her sin is the source of life . . ." (62).

句首的省略

大多数的格式规范都不支持在所引用材料的一开头就用省略号，如下所示：

He states: " . . . the new parent has lost the wisdom and daily support of older, more experienced family members" (Zigler 34).

他说："……新手父母失去了年长、更具经验的家庭成员的智慧支持与日常辅助。"

如果没有省略号的话，读起来会更通顺：

He states that " the new parent has lost the wisdom and daily support of older, more experienced family members" (Zigler 34).

此外，还有一种由《芝加哥格式手册》（CMS）规定的方式：在英文写作中，如果原材料中句子的一部分在被引用时单独构成了一个完整的句子，那么如果合适的话，则句首的小写字母应被转换成大写。

He states: "[T]he new parent has lost the wisdom and daily support of older, more experienced family members" (Zigler 34).

对于整句和整段的省略

当在一大段引用中省略一个或多个句子时，要使用收尾的标点符号以及省略号。下面的例子就是在一个句子结束之后的省略。在其后有一个句子甚至更多的句子被省略掉了，接着是一个整句作为该段的结束。

Zigler reminds us that "child abuse is found more frequently in a single (female) parent home in which the mother is working.... The unavailability of quality day care can only make this situation more stressful" (42).

齐格勒提醒我们，"虐待儿童更常见于母亲仍需工作的单亲家庭……缺乏高品质的日托只能让这一情况变得更加严峻"。

如下是从一个句子中间到另一个句子中间的省略：

Zigler reminds us that "child abuse is found more frequently in a single (female) parent home in which the mother is working, ... so the unavailability of quality day care can only make this situation more stressful" (42).

诗歌中的省略

在引用诗歌时若是省略一个词或是一个短语，那就像你在散文段落中省略所做的那样，用省略号表示你进行的省略。然而，若你是要对诗歌中的一整句甚至更多的内容进行省略，那就得用和原句一样长的带空格的省略号来表示你的省略。注意括号内引用显示了这是两组诗句。

Elizabeth Barrett Browning asks:

Do ye hear the children weeping, O my brothers,

  Ere the sorrow comes with years?

They are leaning their young heads against their mothers,

  And *that* cannot stop their tears.

....

They are weeping in the playtime of the others,

In the country of the free. (1–4, 11–12)

伊丽莎白·芭蕾特·布朗宁问：

  你能听见孩子们的哭泣吗，哦，我的兄弟，

    悲伤随着岁月而来？

  他们稚嫩的脑袋依靠着母亲，

    也止不住泪水。

……

他们在他人玩乐时哭泣，

在那自由的国度。

避免过度使用省略号

  多数情况下，相比使用散落通篇的省略号对全文进行引用，更为行之有效的方式是只去引用一些重要的小短句。注意看下面的例子是如何在不使用任何省略号的情况下完成引用的：

  The long-distance marriage, according to William Nichols, "works best when there are no minor-aged children to be considered," the two people are "equipped by temperament and personality to spend a considerable amount of time alone," and both are able to "function in a mature, highly independent fashion" (54).

远距离婚姻，据威廉·尼科尔斯的观点，"在没有未成年子女的情况下效果最好"，两个人需要"拥有可以独处很长时间的气质与性格"，并且二人都可以"成熟地、高度独立地生活"。

原文中的省略号

如果原文中已经有作者使用的省略号，并且你也想要裁掉文章多余内容的话，那就在你的省略号上加上中括号，从而将它们与原文中作者使用的省略号区别开来。如果原文是如下一段话：

> Shakespeare's innovative techniques in working with revenge tragedy are important in *Hamlet* . . . while the use of a Senecan ghost is a convention of revenge tragedy, a ghost full of meaningful contradictions in calling for revenge is part of Shakespare's dramatic suspense.

> 莎士比亚写作复仇悲剧时使用的创新技巧在《哈姆雷特》中显得至关重要……尽管使用塞尼卡式的鬼魂是复仇悲剧的惯例，但塑造一个在要求复仇时极具深意的、矛盾的鬼魂则是莎士比亚设定的戏剧式悬念。

如果你要去掉中间的一个短语，就应该写成如下的形式：

> One writer says, "Shakespeare's innovative techniques in working with revenge tragedy are important in *Hamlet* . . . [. . .] a ghost full of meaningful contradictions in calling for revenge is part of Shakespare's dramatic suspense."

> 一位作者认为，"莎士比亚写作复仇悲剧时使用的创新技巧在《哈姆雷特》中显得至关重要……[……]但塑造一个在要求复仇时极具深意的、矛盾的鬼魂则是莎士比亚戏剧式悬念的一部分"。

11.15 用小括号和中括号修整引文

有时你需要对引用进行一些改动，来强调某些要点或是让一些东西表达得更清楚。你可能需要添加内容，将一些重要的词用斜体表示，或使用"sic"（拉丁语的"thus"或者"so"）来提醒读者，即便这可能让原文的逻辑或拼写看上去有问题。

请根据下面这些基本规则来使用小括号和中括号。

小括号

使用小括号在引用的材料之外附上你自己的评论和解释。如下所示：

> The problem with airbags is that children (even those in protective seats) can be killed by the force as the airbag explodes. Boughman (46) urges car makers to "direct the force of automotive airbags *upward* against the windshield" (emphasis added).

> 安全气囊的问题就在于儿童（即便是那些身处保护座椅中的）在气囊充气的过程中会被冲击力杀死。鲍曼（46）敦促汽车制造商"将汽车安全气囊的冲力向上引导至挡风玻璃的位置"（补充强调）。

> Roberts (22) comments that "politicians suffer a conflict with honoure" (sic).

> 罗伯特评论说："政治家们与荣誉有冲突。"（原文如此）

中括号

使用中括号来进行插入，这意味着在行文或是引用中插入你自己的注解。中括号的使用就标志了插入的开始。注意下面一些规则。

使用中括号进行解释澄清

This same critic indicates that "we must avoid the temptation to read it [*The Scarlet Letter*] heretically" (118).

同一位批评家指出,"我们需要避免带着邪恶的眼光阅读它(《斯佳丽的信》)[1]"。

使用中括号在经过删节的引用中建立正确的语法表达

"John F. Kennedy [was] an immortal figure of courage and dignity in the hearts of most Americans," notes one historian (Jones 82).

"在大多数美国人心目中,约翰·肯尼迪是一位代表着勇气与尊严的不朽人物。"一位历史学家指出。

He states: "[The] new parent has lost the wisdom and daily support of older, more experienced family members" (Zigler 34).

他说:"新手父母失去了年长的、更具经验的家庭成员的智慧支持与日常辅助。"

使用中括号来标明添加了斜体

He says, for instance, that the "extended family is now rare in contemporary society, and with its demise the new parent has *lost the wisdom* [my emphasis] and daily support of older, more experienced family members" (Zigler 42).

他说,例如,"扩展家庭在当今社会已经很少见了,随着其消亡,

---

[1] 在中文写作中,可以使用小括号。——编者注

新手父母失去了年长的、更具经验的家庭成员的智慧（我的强调）支持与日常辅助"。

使用中括号将代词标为实际的名字

"As we all know, he [Kennedy] implored us to serve the country, not take from it" (Jones 432).

"众所周知，他（肯尼迪）恳求我们为国家服务，而非从中攫取。"

使用中括号和"sic"标明原文中可能的错误

Lovell says, "John F. Kennedy, assassinated in November of 1964 [sic], became overnight an immortal figure of courage and dignity in the hearts of most Americans" (62).

洛弗尔认为，"约翰·肯尼迪于1964年11月遭到暗杀（原文如此），他在一夜间成了大部分美国人心目中代表勇气与尊严的不朽人物"。

> **提示：** 肯尼迪总统的遇刺案发生在1963年。然而，对于一些明显的已经过时的历史事件的拼写方式，就不要用太多的"原文如此"，这样会显得你的行文过于累赘。

你的研究项目

1. 考察一下自己对文献的处理和掌控。你是否清晰地引出了它们，从而让读者知道这些借用是从什么时候开始的？你是否恰当地使用了页码引用，并以此来结束你的借用？你是否在所借用的短语和句子的首尾加上了引用符号？

2. 如果你使用的是网络资源，再次检查一遍，看看网站上的段落有没有被编号。如果有的话，就在你的引用中使用这些段落编号；如果没有编号，不要使用任何数字。

3. 看一下你的文献资料，找一张必须插入自己论文中的表格、图形、图片或是照片作为额外的论据。请确保你对它进行了正确的标注和命名（详见本书 10.5 部分的例子）。

4. 详细认真地将你的正文从头到尾检查一遍，确认自己已经充分掌握所需要的文献引用格式。通常，你的导师会在这方面给你指导。

第 12 章

写作引言、主体以及结论部分

- 写作学术论文的引言部分
- 写作学术论文的主体部分
- 写作学术论文的结论部分

> **明确目标**
>
> 你的研究项目应该采取一种学术化的风格，将主题按照合理、平衡的方式予以呈现。这一章的内容可以帮助你在不断提出研究证据的过程中，为论文建立一种结构：
> - 通过清晰的引言提出你的研究课题。
> - 通过证据不断拓展论文主体。
> - 得出与你研究相关且超出你研究范围的结论。

在你写论文草稿时，观点与观点之间进行衔接的表达方式应该保持流畅且逻辑化。

12.1 写作学术论文的引言部分

使用论文开篇的几个段落来展示你研究的性质。简单来说，引言应该引入问题，主体部分应该陈列证据，而结论部分应该导向答案、判断、建议与完结。非常重要的一点是，要将你的引言与主体部分导向一个经过论证的结论。引言的长度应该足够涵盖本部分清单上提出的要素。

> **清单：写作引言**
>
> 主题——明确你具体的课题，下定义并将其缩小至某一个具体的问题。
>
> 背景——提供相关的历史文献。讨论几篇与你具体研究问题相关的核心文献。如果你的写作对象是一位名人，你需要提供相关的传记事实，但不要做百科全书式的调查。
>
> 问题——学术论文的目标是探索并解决某一问题，因此需要辨别并分析

你所发现问题的复杂性。本章展示的例子可以很好地体现该项技巧。

论点——在开头几段当中，使用主旨句来为研究指明方向，并引导你的读者得出研究的最终结论。

不过，如何将这些关键要素纳入文章开头的架构当中，则取决于你的写作风格。你无须谨遵清单上要素的排列顺序，也不应该将所有的要素都塞入开头的这个较短的段落当中。你可以在引言部分写作两到三个段落，必要时，长度可以跨入第二页。在构思你的引言时，可以参考下面的众多方法。

提出论点

一般来说，提纲挈领的论点应该在引言中早一些出现，这样可以为整个文章建立论述的规划；或者也可以在引言中晚一些出现，这样可以为文章主体部分的分析做好预备。下面的例子，在一开场就提出了论点：

论点——1933 年由国会创立并由富兰克林·D. 罗斯福总统签署的《田纳西河谷管理局法案》，为中南部地区的水道和居民的生活创造了稳定。随着大批水坝的建成，田纳西河谷管理局控制了将近 108,779 平方千米的河道排水系统。该管控利用了河流的能源来为该地居民发电。

提出省略式三段论

省略式三段论通过使用原因状语从句来提出观点（参见本书 2.6 部分），它决定了你的论文将采取的方向。可以看看下面这条省略式三段论是如何为开场的段落收尾的：

在这里，在一群受过良好教育的人组成的文明世界中，我们却经常互相争斗。这些争斗并非兄弟姐妹之间的争吵，许多人都因此可怕地死去。于是，我们不禁想问，是否曾经某时，男人和女人可以和睦地生活在一起，并且与自然、环境和谐共处。《圣经》中谈到了伊甸园，法国哲学家让·雅克·卢梭在1700年提出了"高贵的野蛮人"的观点，并认为没有比古代聚居的人们"更温和的族群"了（LaBlanc 15）。错了！<u>从来没有所谓的"高贵的野蛮人"，因为即便是史前人类也因各种原因而频繁地打仗。</u>

省略式三段论 ← 框出"从来没有所谓的"高贵的野蛮人"，因为即便是史前人类也因各种原因而频繁地打仗。"

提出假定

如本书 2.6 部分中分析的那样，假定是一种需要在实验室、文献或实地研究中通过检验来判定其有效性的理论。作者可以将其视作文章需要达成的目标，如下所示：

糖尿病是一种仅在美国就影响了将近 1,100 万人口的疾病。它所引起的并发症每年造成将近 350,000 人死亡，并且在医疗保障、并发症的直接花费以及由疾病引起的生产力丧失的间接花费上给国家带来了约 203.73 亿美元的损失（Guthrie and Guthrie 1）。这种情况会产生毁灭性的副作用和众多慢性健康问题。糖尿病目前还没有已知的治愈之法，但仍可以被控制。<u>本研究的目标就是考察，通过结合药物治疗、监测饮食以及运动的手段，糖尿病究竟可以得到多大程度的控制。</u>

假定 ← 框出"本研究的目标就是考察，通过结合药物治疗、监测饮食以及运动的手段，糖尿病究竟可以得到多大程度的控制。"

与广为人知的信息进行关联

下面的一段内容可能与读者的普遍兴趣与知识储备发生关联：

大众
兴趣点 ── 电视将图像闪现到我们的起居室,广播入侵了我们的汽车,地方报纸每天都向我们推送着头条新闻。然而过去10年里,有另一种媒体获得了极大的人气与影响力,那就是专业杂志。

提供背景知识

作者可以追溯某题目的历史属性、给出某人物的传记信息或提供一种地理描述。对某小说、长诗或其他作品的概述可以激活读者对情节、人物等细节元素的记忆。

背景 ── 首次出版于1915年,由埃德加·李·马斯特斯写作的《匙河集》让读者能够一瞥20世纪之初的一个小镇的生活。每首诗的叙述者,都在死后或描绘快乐、满意的人们,或勾勒出充满悲伤与忧郁的生活画面。

这段文字提供了**重要的**背景信息,而非仅仅是与论点相关的信息。下面的例子当中,如果增加尤多拉·韦尔蒂(Eudora Welty)1909年出生于密西西比州的杰克逊市这样的信息,就对开场的内容并无多大助益:

背景 ── 在1941年,尤多拉·韦尔蒂出版了她的第一本短篇故事集《绿帘》,此后,《宽阔之网》(1943)与《英尼斯福伦的新娘》(1955)也相继问世。每本选集都备受好评,这三本书奠定了她作为美国首屈一指的短篇小说作家之一的地位。

文献综述

引用一些与特定论题相关的书籍和文章,通过这样的方式为课题引入相关的文献。这一段落区分于引文的其他部分,因为它为课题奠定了坚实的知识基础。

通过分析之前的研究与你的研究之间的逻辑关联与差异，进而阐明你的立场：

> 在他的中篇小说《水手比利·巴德》中，赫尔曼·梅尔维尔有意使用圣经文献作为展现指导人们生活的众多不同道德原则的手段。

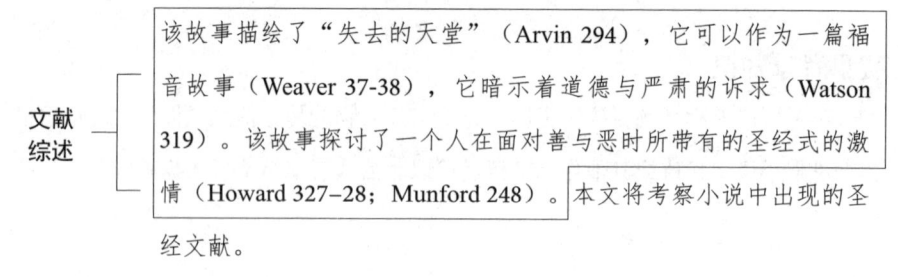

文献综述：该故事描绘了"失去的天堂"（Arvin 294），它可以作为一篇福音故事（Weaver 37-38），它暗示着道德与严肃的诉求（Watson 319）。该故事探讨了一个人在面对善与恶时所带有的圣经式的激情（Howard 327–28；Munford 248）。本文将考察小说中出现的圣经文献。

回顾与题目相关的历史与背景知识

开篇段落一般需要回顾一下与题目相关的历史，这一过程经常通过文献引用的方式实现，参考下面采用 APA 格式的段落：

> 孤独症这一出现于年龄不满 30 个月的儿童身上的大脑神经功能障碍疾病，被里奥·坎纳（Leo Kanner）所发现（Kanner, 1943）。

背景知识：坎纳研究了 11 个病例，它们全都显示出某种不同于其他儿童障碍的精神错乱的独特表现，尽管每个病例都与儿童精神分裂症相似。坎纳总结了婴儿综合征的特征：

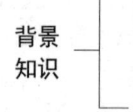

1. 极度自闭孤独。
2. 语言异常。
3. 对相同事物的强烈痴迷。
4. 良好的认知潜能。
5. 正常的身体发育。
6. 高智商、强迫症和冷漠的父母。

医学研究已经将这些症状缩减为四个标准：出生后 30 个月

内发病、社交能力差、语言能力发育晚、偏好有规律且有固定模式的活动（Rutter, 2016; Watson, 2015; Waller, Smith, & Lambert, 2016）。在美国，不到2500名儿童中就有一名受孤独症影响，通常直到儿童2至5岁时才会被确诊（Lambert & Smith, 2016）。

对他人的批评观点提出异议

开篇的部分确立了题目，并在既有文献的基础上建立了基本的观点，之后你可能需要将自己的观点与他人的观点进行区分或者提出异议，如下面的例子所示：

洛兰·汉斯伯里广受欢迎的作品《阳光下的葡萄干》于1959年首次出现在百老汇，讲述了一个黑人家庭决定逃离芝加哥贫民区，并寻求在郊区过上更好生活的故事。人们普遍认同这一逃离主题解释了戏剧的冲突，以及它在黑人运动中所起的作用。例如，奥利弗、阿彻，特别是奈特，将扬格描述为"一个已经觉醒的家族，并且决心在一个本应民主的土地上对抗种族歧视"（34）。然而另一个问题存在于这部剧的核心。汉斯伯里发展了黑人母权制的现代观点，以考察它对扬格家族个体成员所产生的凝聚力与冲突效应。

（对流行观点表示异议）

挑战某些预设

这种类型的引言通常会先提出一个广为人知的观点或一般性的理论，目的是质疑它、分析它、挑战它、反驳它。

基督教在大多数美国人的宗教生活中占主导地位，以至于许多人认为它在世界人口中也是如此。然而，尽管宗教传教士已经到达了世界的每个角落，但世界上仅有四分之一的人口是基督徒。

（挑战某些预设）

> 事实上，基督教并不能支配世界的宗教信仰。

提供简短的概述

如果某一题目涉及具体的文学作品、历史事件、教育理论或类似的内容，提供一个简短的概述可以激活读者的记忆。

概述 ⟮ 两个布什政府的主要遗产之一可能是发动战争。乔治·布什在 1991 年的伊拉克战争中解放了科威特，但他在完成任务之后就命令撤退，而非继续推翻萨达姆·侯赛因及其在巴格达的政府。后来，乔治·W. 布什在"9·11"悲剧发生后的 2001 年年末对阿富汗的恐怖组织进行报复。2003 年，乔治·W. 布什再次袭击了伊拉克以将萨达姆·侯赛因赶下台。本研究会研究相关文献，以证实两个布什将以战争总统的身份被铭记的假定。

概述 ⟮ 爱丽丝·沃克的《紫色》叙述了一个在 20 世纪早期生活在格鲁吉亚的年轻黑人女孩的艰难一生。西莉给上帝写信，因为没有其他人可以帮助她。这些信件的情感异常强烈，展示了西莉在她生活的诸多恐怖中痛苦而艰难维生的证据。

界定关键术语

有些时候，开篇部分应该对一些复杂的术语进行解释，如下所示：

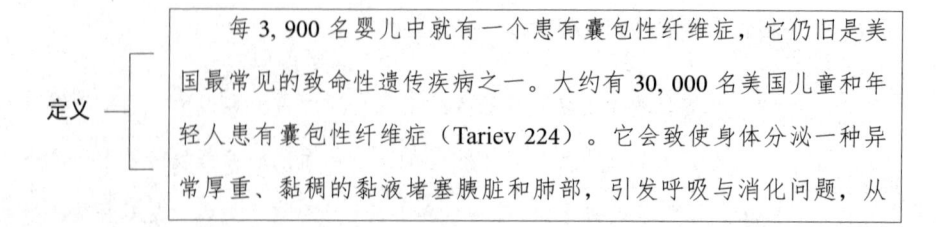

定义 ⟮ 每 3,900 名婴儿中就有一个患有囊包性纤维症，它仍旧是美国最常见的致命性遗传疾病之一。大约有 30,000 名美国儿童和年轻人患有囊包性纤维症（Tariev 224）。它会致使身体分泌一种异常厚重、黏稠的黏液堵塞胰脏和肺部，引发呼吸与消化问题，从

|而使人感染并最终死亡。|30 年前，大多数患有该病的婴儿在幼儿期就死亡了，今天超过 60% 的患病婴儿都活到了成年，这部分要归功于基因治疗。随着疾病诊断与治疗的不断进步，后代的情况会得到显著的改善。

提供数据、统计资料以及特殊证据

确凿的证据可以吸引读者，并能支撑主题。例如，某学生使用人口学资料将世界上某些地方的出生率与死亡率进行了比较。在欧洲，这两个比率基本持平，而在非洲国家，出生率则高于死亡率 30%。像这样的统计学证据在许多论文当中都是有利的工具。不过也要记住，在数据之外也要提供清晰成文的讨论结果作为支撑。

清单：在引言部分需要避免的一些错误

避免目标陈述，例如使用"这项研究的目的是……"这样的句子，除非你正在写作的是实证研究报告，在这时你才应当解释研究的目的。

避免标题复述，因为标题已经在文本的第一页出现过了。

避免使用复杂的语言或提出困难的问题，这样会让读者充满困惑。不过，一般的修辞性疑问句是可以接受的。

避免使用简单的词典式定义，例如："韦氏词典将一夫一妻制定义为一次只能与一人结婚。"

避免展示幽默，除非话题本身处理的就是幽默或讽刺的内容。

避免使用手绘作品、剪贴画以及过于可爱的字体，除非论文的题目本身有此需要。如果与题目相关，可以使用计算机图表、插图以及其他视觉资源。

12.2 写作学术论文的主体部分

当你在写作论文的主体部分时，应该对问题进行分类、比较以及分析。你需要熟悉本部分清单上列举的关键要素。

每个段落应该保持在 4 到 12 甚至 15 个句子的长度。为了完成这一目标，你需要写好主旨句，并对其进行全面分析拓展。下面的这些技巧，可以帮助你在论文中写出扎实的段落。

> **清单：写作论文主体部分**
>
> **分析**——将研究的主要议题分类，并对每一个议题提供细致的分析，以此来支撑你的论点。
>
> **展示**——在段落开始提出理由充分的观点，通过恰当地引用提供证据支持。
>
> **段落**——提供多样的文章论述，如进行比较、展现过程、叙述主题的历史、展示原因等等。

按照年代进行组织

利用**年表**以及**情节概述**的方式对历史事件进行追溯，也可以对故事与小说进行纵览。通常情况下，你应该讨论事件的意义。下面的例子就追溯了一些历史事件：

建立了时间序列——1945 年 4 月罗斯福总统去世后，哈里·杜鲁门继任总统。尽管他是一位经验丰富的政治家，杜鲁门却"未做好准备"来指导外交政策，特别是那个"呼吁使用原子弹来结束第二次世界大战"的提议（Jeffers 56）。必须考虑到当时的时代背景，这导致杜鲁门做出了夺取超过 10 万人生命并摧毁广岛市 10 平方千米土地的决定。必须考虑这一决定对战争、对日本以及世界其他地区所造成的影响。必须考虑这位将 20 世纪带入原子时代的男人。

接下来的段落则使用了情节概述的方式：

简短的情节概述 — 约翰·厄普代克的《A&P》是一篇短篇小说，讲述了一名叫萨米的年轻杂货店职员因为感觉到被他所身处小镇的人为价值观所困，在一个情绪化的时刻，他辞掉了自己的工作。商店经理伦格尔是社区中保守价值观的代言人，对他来说，穿着泳衣的女孩会给他的商店带来困扰，所以他通过提醒女孩 A&P 不是海滩来表达他的不满（1088）。萨米，一个自由派，相信女孩们如果在 A&P 中感到不适，仅仅是因为它的"荧光灯""叠层包装""棋盘奶油绿色的橡胶砖地板"这些人造的东西（1086）。

> 提示：像上面段落中的第一句那样，尽量保持情节概述的短小精悍，并将其与你的论点关联起来。不要让情节概述超过一个段落的长度，否则就像是重新讲述一遍整个故事了。

对议题、批评观点以及文学人物进行比较

使用**比较**来展现某一题目的两面：比较两个人物、比较过去与现在，或者比较积极与消极的问题。下面的一个段落比较了森林保护的不同方法。

比较 — 当"控制式燃烧"失控并燃烧整个城镇时，控制燃烧的捍卫者就面临着严峻的公共关系问题。因此，烧还是不烧国家公园中的天然森林是一个问题。患有恐火症的公众表达了他们的抗议，而环保主义者则称赞有利的森林大火可以更新森林系统。很难使人们相信，并非所有的火都是坏的。公众保有对"烟熊"运动的

印象，脑海中存有斑比与桑普在烈焰中逃亡的图景。或许公众应该学着在新鲜的绿芽中看到美，就像斑比与法林回归并抚养他们的后代时那样。克里斯·博尔吉亚诺解释说，联邦政策正在缓慢地"从立即摆脱所有火焰的基本冲动转变为根据特定土地的功能展开更加深思熟虑的决策矩阵"（22）。博尔吉亚诺宣称，"木材生产、放牧、娱乐以及荒野保护分别需要不同的火灾管理方案"（23）。

分析原因和结果

写作**因果**段落来分析造成某种情况的原因或者检验其结果。下面的例子不仅解释了原因和结果，也使用了**类比**或者说隐喻式比较的方法，将面包团与宇宙的均匀膨胀进行了比较。

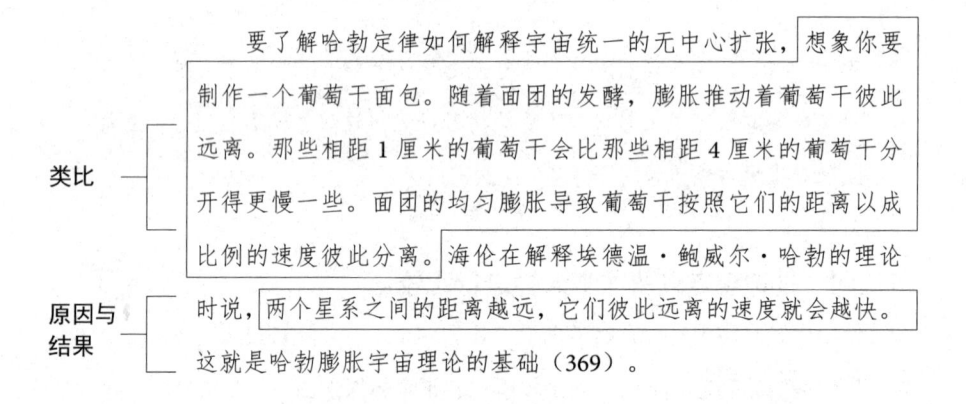

类比——要了解哈勃定律如何解释宇宙统一的无中心扩张，想象你要制作一个葡萄干面包。随着面团的发酵，膨胀推动着葡萄干彼此远离。那些相距1厘米的葡萄干会比那些相距4厘米的葡萄干分开得更慢一些。面团的均匀膨胀导致葡萄干按照它们的距离以成比例的速度彼此分离。海伦在解释埃德温·鲍威尔·哈勃的理论时说，

原因与结果——两个星系之间的距离越远，它们彼此远离的速度就会越快。这就是哈勃膨胀宇宙理论的基础（369）。

界定关键术语

使用**定义**来解释与详细阐释某个复杂的课题。在下面的一个例子中，作者定义了功能性食品：

功能性食品，澳大利亚国家食品管理局的定义为：

定义 ── 一类在基本营养之外对健康具有潜在积极影响的食物。因为它们含有可帮助降低胆固醇水平的可溶性纤维，功能性食品可促进最佳健康并有助于降低疾病风险。橙汁就是一个例子，因为它富含钙，有助于骨骼健康。

解释过程

撰写**过程**段落，在段落中写明为了达到预期的目的具体需要哪些步骤：

过程 ── 使用血液兴奋剂是为了提高运动员在比赛当天的表现而采取的一种手段。为了执行此操作程序，技术人员需要在比赛开始的大概十个月之前抽取运动员的一升血液。这个时间段足以让"血红蛋白水平恢复正常"（Ray 79）。在运动赛事即将开始之前，血液被重新注射回去，并快速进入运动员的身体系统中。雷伊报告说该技术使得"人们在跑步机上奔跑8千米所需的平均时间减少了45秒"（80）。

提出问题并给出答案

在主题句中提出一个问题，之后就可以通过提供具体的细节证据来得出一个全面的答案。看看在下面的例子当中作者是如何使用这一方式的：

问题 ── 美国拥有足够的公园土地吗？如今被标记为国家和州立公园、森林、荒地的土地总计超过了3300万英亩[1]。然而环保人士仍在呼吁增加受保护土地的范围。他们警告说环境仍旧不平衡。迪恩·弗雷泽在他的著作《人民问题》中提到了我们是否拥有足够的公园用

---

1 英亩≈0.004平方千米

地的问题：夏日的优胜美地与圣诞节前的梅西百货没什么不同。在 1965 年，它拥有超过 1,600 万的游客，黄石拥有超过 200 万的游客。联邦和国有公园的总面积大概是 3300 万英亩，听起来很客观，但如果我们将其除以每年超过 4 亿的访客数……

答案 ——> 我们的绿色空间越来越小，逐渐被高速公路、住房项目以及工业发展所吞噬。

从文献资料中引用证据

采用直接引用、改述与概述的方式从权威文献当中引用证据是构建段落的另一种极佳方式。下文将批评家与诗人的评论结合在一起，探讨了托马斯·哈代在小说与诗歌中透露出的悲观情绪。

从文献中找到的证据 ——> 一些批评家拒绝将托马斯·哈代视作一个悲观主义者。相反，他是一个倾向于乐观主义的现实主义者。托马斯·帕罗特与威拉德·索普在《转型之诗》中对哈代做了如下评论：

在对哈代作品的批评中有一种倾向，即将其视作一个哲学家而非诗人，并污蔑他是一名阴郁的悲观主义者，这是非常错误的。（Parrott, Thorp 413）

作家本人也感觉到被贴上了错误的标签，就像他在自述中所写的那样：

至于悲观主义。我的座右铭是，首先要正确地判断疾病——在这里是人类疾病——并确定原因；之后再去寻找假若存在的补救。乐观主义者的座右铭是：用盲目的眼睛面对真正的疾病，并使用经验的万能药来抑制症状。（*Life* 383）

哈代惊愕于这些"乐观主义者"，所以他不想被这种狭隘的观点所束缚。

使用其他多样的方法

建构段落还可以采用许多其他的方法,比如**描述**小说中的某个场景、支撑某论点的**统计数据**、支撑某假定的**历史证据**、**心理学理论**等等。你应该基于题目与笔记内容,来决定选择哪一种方法。如果适用于你的课题,可以采用下面的方法。

• 使用**分类**来识别与主题相关的若干关键议题,并且使用分析来对每一个议题进行细致的探讨。例如,你可以将真菌感染划分为几个不同的类别,例如足癣、皮肤癣菌病、癣,并一一进行分析。

• 使用具体的**判断标准**来检验艺术表现与艺术作品。例如,分析乔治·卢卡斯(George Lucas)的电影,可以从故事、主题、剪辑、摄影、配乐、特效等方面进行批评性回应。

• 使用**结构**来对建筑、诗歌、小说、生物形式的论文进行安排。例如,一篇短篇小说可能会包含六个不同的部分,你需要按顺序对其进行分析。

• 利用**地点**与**场景**来安排论文,如果在这些论文中,地理与场所是关键组成部分的话。例如,考察威廉·福克纳诸多小说中的场景,或者围绕着某些地形特征(如湖泊、喷泉、排水口)进行的环境研究。

• 利用对**议题**的批评性回应来评价某些行动。例如,如果你想考察杜鲁门总统在第二次世界大战中使用原子弹的决策,那么就需要考虑到一系列微小的原因,之后再研究促使杜鲁门做出决定的最重要的一些原因。

• 将文章主体部分按照重要**议题**进行划分,这在许多学术论文当中都是惯例。

12.3 写作学术论文的结论部分

学术论文的结论部分不能仅仅给读者提供一个文章概览,你可以使用下面的清单来检查一下自己的结论。

如何将这些要素运用到结论当中取决于你的写作风格。不必依照列表的顺序,也不应该将所有的内容都塞进一个段落当中。结论部分通常包含几个段落，并且内容多于一页。在撰写结论部分时，可以考虑使用下面的一些方法。

> **清单：撰写结论部分**
>
> 论点——重申你的论点。
>
> 判断——对某课题、艺术作品、作家的写作、历史时刻以及社会地位的价值进行判定与评价。
>
> 讨论——讨论你研究发现的意义与影响。
>
> 指导——提供一个行动计划或者建议，可以将你的观念付诸实践（并非适用于所有论文）。
>
> 结尾——用最后一个段落，特别是最后一句话，为论文收尾。

重申论点，并对其进行延伸

按照惯例，你需要重申论点，不要假定读者自己会产生对问题的最终结论。相反，你需要论述研究的主要任务。在下面的例子中，这名学生以重申论点的方式为结论部分开篇，紧接着很快得出了具有说服力的最终判断。

在结论中重申论点 ——| 功能性食品似乎对影响美国大部分人生命的两类疾病——冠心病与癌症发挥了强大的预防作用。高胆固醇水平会引起冠心病，该因素造成了美国 24% 的死亡病例（Blumberg 3）。富含抗氧化剂（即维生素 C、维生素 E 以及 β- 胡萝卜素）、ω-3 脂肪酸、可溶性纤维的食物，与绿茶、红茶一起被证实为针对患冠心病风险人群的一种有效的预防药物。仅次于冠心病，"癌症是 22% 美国人的死因"（4）。功能性食品在癌症预防方面发挥了同样的作用。通过在膳食中摄取功能性食物，可以降低个人被确诊为癌症的风

险。尽管这一发现并不意味着你可以取消所有未来的医生预约，但它已经证实了，那些食用功能性食品的人们在预防疾病的斗争中已经领先一步了。

使用有效的引文进行收尾

有时候，一份文献可能会提出惊人的评论，可以将其放在文章特定的位置，如下面的例子所示：

W. C. 菲尔德斯拥有一个成功的职业生涯，从歌舞杂耍到音乐喜剧，最终到电影。私下里，他厌恶儿童和动物，并且与银行家、女房东以及警察斗争。在屏幕之外，直到他 1946 年离世时，他的私人形象一直是一名粗俗、酗酒的愤世嫉俗者。在屏幕上，他赢得了两代粉丝的心。他被观众所喜爱，主要是因为他把观众对权威的蔑视表演了出来。**电影延长了他的人气，"作为一名灵巧的喜剧演员，拥有熟练的时间感与嗜酒流氓的外形"，但菲尔德斯有两重人格，"一个惹人喜爱，一个则像恶魔"**（Kennedy）。

有效的引文 ⟵

将文学研究的重心重新放到作者身上

如果文学论文的文章主体部分分析了角色、形象以及情节，那么在结论部分可以提及作家的一些成就。下面的结论段落展示了作者是如何聚焦到作家的：

至于乡村与城市的对立以及市场经济的影响问题，**乔纳森·斯威夫特提出了 18 世纪初的保守立场**，该立场悲叹农村和农业社会的消逝，因为它坚持传统与稳定的社会等级。他的立场专注于社会结果：失业、流离失所以及众多平民被剥夺社会选举权。与他同时代的伦敦人不同，斯威夫特居住在爱尔兰的经济腹地，所以

聚焦到作家 ⟵

对从农村到城市的毁灭性的人口迁移有更直接的观感。

聚焦到作家
> 最终，斯威夫特在《谦逊提案》中的评论是非常重要的，因为他记录下了面对一个持续性问题的看法，这一问题随着城市而非农村的成长更加恶化。这一问题持续侵扰着21世纪的世界，无论是从美国到非洲，还是从俄罗斯到拉丁美洲。

将过去与现在进行比较

你可以在结论部分而非开篇部分来将过去的研究与现在的研究做比较，或者将历史性的过去与当下的场景做比较。例如，在分析完两个学派治疗孤独症所采用的不同方法之后，作者将目光导向了现在，如下面的摘录所示：

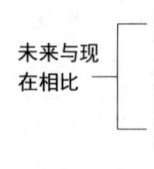

未来与现在相比
> 未来仍旧是有希望找到孤独症的起因与治愈之法的。目前，新药疗法与行为矫正为孤独症患者的异常自伤（SIB）行为提供了一线希望。由于孤独症有时表现得还不成熟，童年治疗为那些必须在陌生环境中生存的患者提供了希望。

提供一种指导或解决方案

在对某问题进行分析、对某议题进行整合之后，提出你的理论或解决方案。前一个例子当中，作者提出的建议是"童年治疗为那些必须在陌生环境中生存的患者提供了希望"。同样要注意下面的收尾：

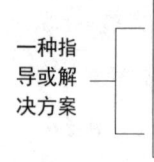

一种指导或解决方案
> 糖尿病管理的所有方面都可以用一个词来概括：平衡。糖尿病本身就源于体内胰岛素与葡萄糖缺乏平衡。为了恢复这种平衡，糖尿病患者必须兼顾药物、监测、饮食与锻炼。管理糖尿病并非易事，但微妙的平衡若能得到精心的维护，长久而健康的生命也是大有可能获得的。

清单：避免在结论部分出现一些错误

- 避免事后产生的想法以及附加的观点。这里是需要结束论文的时候了，不要再提出新的想法。如果在你写作结论部分的时候有一些新的想法，也不要忽略它们。在你论点的论证中对其进行分析，并考虑将其增添到文章的主体部分，或者调整你的论点。科学研究经常会探讨那些可能会影响到实验结果的问题（参见下文"讨论实验结果"）。
- 避免在最后一段的开头使用"因此""总之"以及"最后"这样的字眼，因为读者可以清楚地看到这已经到文章的末尾了。
- 避免在没有完结感的情况下对文章进行收尾。
- 避免提出会引出新议题的问题。不过，可以使用修辞性疑问句重申论题。
- 避免过于花哨的表述。

讨论实验结果

在科学论文写作当中（参见本书第 15、17 章），结论部分应该标记为"讨论（discussion）"。在这部分中，你应该讨论研究发现的影响，并且分析该科学研究存在的局限性，如下所示：

实验结果——这一实验的结果与预期类似，$\boxed{\text{由于受试者规模较小，因此统计的显著性偏向于曲线的延迟条件。}}$ 由于测试者提前参与了测试程序，也许他们不能代表总人口。$\boxed{\text{数据的呈现方式则是另一个可能影响曲线的因素。}}$ 屏幕上的图像会出现 5 秒钟的时间，这段时间可能足以使受试者有效地存储每张图像。如果每张图像出现的时间被缩短至 1 到 2 秒，可能会带来更低的回忆分数，从而缩小对照组与实验组之间的差异。

你的研究项目

  1. 检查你论文的开始部分，看看是否提出了观点，并且是否为文章主体部分的分析做好了准备。关联广为人知的观点、提供背景知识、回顾文献、回顾主题的历史、反驳流行的观点、挑战假设、提供对议题的概述、定义关键术语并提供统计证据。

  2. 在写完第一稿之后检查论文的主体部分。看一看你的分析是否触及了所有议题，你是否提供了扎实的段落内容。

  3. 根据 12.3 中的清单评价你的结论部分，如果有必要的话，按照下列技巧撰写结论：重申论点、使用有效的引用、聚焦到关键人物、比较过去与现在、提供指导或解决方案、讨论实验结果。

第 13 章

修订、校对以及按照格式编辑草稿

- 进行全面修订
- 按照 MLA 格式编辑论文
- 在键入或打印最终文稿之前进行编辑
- 在电脑上和打印好的文稿上校对
- MLA 格式的示范文章

> **明确目标**
>
> 　　在你写完论文草稿之后，接下来就需要做一些非常重要的编辑工作。这一章会介绍一系列步骤，帮助你完善并格式化草稿，最终完成学术论文。
> - 修订你论文的引言、主体及结论，并将重点放在主题的完整性、连贯性、相关性及所用的材料上。
> - 根据 MLA 格式来安排你的论文。
> - 将论文中的材料移至更合适的位置以增强连贯性与有效性。
> - 校对最终的文稿，确保文本在语法上是合理的。

　　想要拥有一篇经过润色的、完整的学术论文，关键就需要进行充满逻辑性与清晰度的修订。

13.1 进行全面修订

　　修订可以将一篇尚可的论文变得优秀，可以将优秀的论文变得光彩夺目。首先，你需要完成本节清单上列举的任务，对整篇文稿进行修订。

修订引言部分

　　检查你论文的开篇，看看是否包含下列几个内容：
- 论点。
- 明确的方向或是行文计划。
- 一种参与感，邀请读者与你一起探索某一问题。

修订文章主体部分

参照下列标准，修订论文主体部分的每一个段落。

- 删掉冗长的用词与不切题的表达，也要删掉那些无助于推动论文进展的句子。
- 将较短的段落与其他段落合并，形成一个更有内容含量的段落。
- 修改那些较长且复杂的段落，将它们分成更小的段落，或者有效使用过渡。
- 对那些看起来简短、浅薄或无力的段落，可以增添更多的评述说明或者证据，特别是来自一手文献的引证，或者是对二手文献的批判性引用。
- 对那些看起来太过依赖文献引用的段落，增添一些你自己的观点。
- 检查每个段落的过渡效果，看是否能有效地将读者从一个段落引入下一个段落。

修订结论部分

检查文章的结论部分，看它是否符合下列标准：

- 结论是从证据当中引出的。
- 结论可以由文章的引言与主体部分有逻辑地推导出来。
- 结论表达了你在某些问题上的立场。

清单：全面修订

1. 浏览整篇文章，核实其是否连贯统一。论文的每个段落是否都聚焦于中心主题？
2. 对于那些移植的段落，将它们移动到更相关、更有效的位置。
3. 删掉那些不能推进你论证的句子。
4. 当你剪切、复制与粘贴一些内容时，记得将它们改写并融入你的文章当中。

> 5. 如果在提交文章草稿的同时也需要提交论文大纲，你同样要依据这些全面修订的建议来对其进行修改。

> **清单：同行评议**
>
> 1. 主题与相关的议题是否在较早的时候就被提出？
> 2. 作者对问题的批判方法是否在论文陈述中清晰地呈现出来？它是否被有效地放置在引言中？
> 3. 文章主体部分的每个段落是否都拥有独立的统一性？也就是说，是否每个段落都表达了某个重要的观点，并且是唯一的观点？每个段落是否都与论点相关？
> 4. 对于引用的文献，是否在括号内标明了专家的名字与引用的页码？特别要注意网络文献，在许多情况下都是没有页码的。
> 5. 段落开始与结束的地方是否明确？
> 6. 所有引用的文献是否都与论证相关？
> 7. 作者是否有效地将引文编入文本当中，并避免使用过长的引语，以免看起来像填充物而非实质内容？
> 8. 结论是否涉及对中心议题的解决？
> 9. 标题是否清晰展示了你在论文的主体部分所发现的问题？

参与同行评议

无论对学生还是学者来说，同行评议都是修订文章的一个重要环节。同行评议包含两个意思。一个意味着将你的论文交予朋友或者同学，向他们征求意见与建议。另一个意味着你去评议同学的论文。你不仅能在写作中受益，在评议中也能学到很多。

这样一个工作需要你做判断，这也就意味着要有一系列的评价标准。你的导师可能会提供一个同行评议表，或者你也可以使用本节提供的同行评议清单。要有建设性地针对每一个要点对论文进行评判。如果你对每一个问题的回答都是"是"，那就代表对方表现得不错。对于那些你回答"不是"的问题，就需要向对方解释是哪里出了问题，进而提供建议与意见。试着去帮助他们吧！

13.2 按照MLA格式编辑论文

学术论文包含下列组成部分：

1. 标题页。

2. 大纲。

3. 摘要。

4. 论文正文。

5. 内容注释。

6. 附录。

7. 参考文献。

按照MLA格式写作的论文需要包含第4项和第7项，你也可以根据研究的需要使用其他项目。按照APA格式写作的论文（参见本书第15章）需要包含第1、3、4、7项，并且第5至7项的顺序不同。

标题页或扉页

按照MLA格式写作的研究论文不需要一个单独的标题页，除非你需要提供大纲、摘要或者其他序文性的内容。你需要将标识信息放在首页的左上角，如下所示：

与页面上方保持约2.5厘米的距离

在标题约1.27厘米的位置　　Howell 1

> Pamela Howell
> Professor Magrans
> English 102c
> 17 November 2016

标识信息

Creative Marriages

　　Judging by recent divorce rates, it would seem that the traditional marriage fails to meet the needs . . .

如果你需要提供序文性内容，比如说大纲，那你就需要在标题页中间分别标出标题、作者以及课程信息。

An Interpretation of Melville's
Use of Biblical Characters
in Billy Budd
by
Melinda Singleton
English 3560
Dr. Crampton
April 23, 2014

梅尔维尔《水手比利·巴德》中对
圣经人物的应用的解读

梅林达·辛格尔顿
英语 3560
克兰普顿博士
2014年4月23日

写作 MLA 格式的标题页，可以参照下面的指导内容：

- 使用倒金字塔结构来平衡两行及两行以上的内容。
- 使用不含下划线与引号的大小写字母。如果标题当中包含已经发表的作品，需要使用斜体（书籍）或者引号（短篇故事）。不要在居中的标题后面使用句号。
- 将你的全名放在标题下方，经常是在页面的中间。

- 另起一行，在中间写下课程信息、机构名称、指导老师、日期以及项目名称。

- 标题页页边距都需要保持平衡。

大　纲

只有当论文导师有特别要求的时候，你才需要将大纲与完成的文稿一起打印出来。将大纲放在标题页后面的一页，并且用小写的罗马数字标明页码，从 ii 开始标（比如说 ii、iii、iv、v），将其放在页面的右上角、你的姓后面（比如，Spence iii）。

摘　要

如果你的导师有特别要求，就需要将论文的摘要按照 MLA 格式编辑好放在文章当中。摘要是一百字左右的简短文摘，概述论文的核心观点。为了该目的，摘要需要借用你引言的部分内容，使用正文段落中的一些关键句子，也要从你的结论当中抽出一两句话使用。

在 MLA 格式当中，你需要将摘要放在文本的第一页，位于标题的下面，一个双倍行距的距离，同时也是在正文的第一行之前。将摘要整体作为一个文本块进行约 1.27 厘米的缩进，同时第一行再缩进同样的距离。在摘要的末尾使用四倍间距，使其区分于之后的正文。你同样也可以将摘要放在标题页与正文页之间一个单独的页面上。

需要记住的是，因为摘要通常是首先被阅读的部分，或是唯一被阅读的部分，因此，尽量保证其准确、详细、客观以及有独立性（即便不参考正文，摘要本身也应是讲得通的）。看下面的例子：

虐待儿童：受害者的观点
摘要

　　这项研究探讨了虐待儿童的问题，特别是家庭在虐待发生后而不是发生前受到关注的事实。随着虐待统计数字的上升，致力于预防而不是应对的努力应该集中在父母身上，以便发现那些由于遗传、他们自己的童年、经济和其他原因而患上抑郁症并最有可能实施虐待的成年人。将父母视为受害者，而不仅是罪犯，这将使社会机构能够制订预防方案，从而防止虐待行为的出现并将家庭单位凝聚在一起。

正文 ── 家庭问题最有可能影响我们社会的脆弱成员——儿童。对因果关系的认识……

论文正文

　　除了标题页以及摘要与正文第一行之间的分隔，整个论文都应该保持双倍行距。一般来说，论文当中不应使用副标题或者数字分节，即使文章有 20 页那么长。相反，应该使用不含分节与小标题的连续段落。尽管如此，仍有一些科学与商业报告需要小标题（参见本书第 15、17 章）。

　　如果你正文最后一页的内容非常短，将余下的页面保持空白就好。不需要写"结束"或者用一些表示完结的插图。不要在正文的最后一页上放注释或者参考文献。

内容尾注页

　　在这一页最上面一行的正中写上"注释"（Notes）这个词，与右上角的页面编号序列至少保持双倍行距，并且与第一条注释之间保持双倍行距。将注释按照顺序编号，与论文内的上标数字一一对应。所有条目之间保持双倍行距。

附　录

如果需要的话，在参考文献页之前的附录部分放上补充材料。这里可以放入的是数据表、插图、计算机数据、问卷调查结果、复杂的统计资料、数学证明以及对特殊设备的细致描述。保持双倍行距，并且让每一个附录都另起一页。在页面的右上角需要继续标注页码。在页面的正中位置写上"附录"（Appendix）这个词。如果你有不止一个附录，写上"附录 A""附录 B"等等。

参考文献

将标题"参考文献"（Work Cited）放在距离页面顶端约 2.54 厘米的位置，在页面的右上角继续为页码序列编号。自始至终保持双倍行距，保持每一个条目的第一行靠左对齐，并且对后面的几行进行 5 个空格的缩进。如果你的软件允许的话，可以使用悬挂式缩进。

13.3　在键入或打印最终文稿之前进行编辑

剪切—粘贴式的修改阶段需要仔细编辑段落、句子以及每个单独的词语。浏览整篇论文来细察你对句子、词语所做的选择，使它们进一步浓缩与凝练。可以使用本节提供的清单来指导你的编辑过程。

看一下图 13.1 当中的文稿作者是如何进行编辑工作的。该作者非常谨慎地删除了非必要的材料，增添了支撑型陈述，将事实进行关联，重新安排了数据位置，增添了新的观点，改写得更为清晰。

```
                In some cases              is           see
              One critic calls television "junk food" (Fransecky

    717), and  I think excessive viewing does distracts
                      (see esp. Paul Witty as qtd. in Postman 41)
    from other activities, yet television can and does
                          and shows    of our best
    bring cultural programs, some good novels. It does,
    according to the evidence,
    improve children's vocabularies, encourages their
                                              and school
    reading  and inspires their writing  Television should
                   s the traditional classroom curriculum
    not be an antagonist; it should complement school
    should seek and find harmony with the preschool television
    work.
    curriculum.
```

图13.1　文稿编辑示例

使用电脑来编辑你的文本

记得用鼠标点击工具栏，使用拼写与语法检查功能来发现拼写错误，也可以用电脑发现语法和结构上的一些问题，比如说，让电脑帮你查找那些没有闭合的括号、不成对的引号、被动语态的动词形式等。特别注意警告标志。

拼写检查不能发现"its"与"it's"的用法是否准确。所以在电脑分析的基础上，你仍需要按照自己的标准来编辑与调整论文。记住，这是你的论文，不是电脑的论文。在一些情况下，你确实需要使用一些较长的词语或写作一些长句子，或者你更愿意通过被动式来强调行动的接受者而非实施者。

清单：编辑文稿

1. 删除那些不能支撑你主要观点的短语和句子，或者那些仅仅重复你的引用资料已经陈述过的内容。

2. 保证那些协调、平衡的观点得到了恰当表达，次要的观点也恰当地处于从属位置。

3. 将大部分 be 动词（is、are、was）替换为色彩更强的主动动词。

4. 保持大部分动词的现在时时态。

5. 如果需要的话将被动结构调整为主动。

6. 确保你进行了一定程度的改述与引用，并让它们流畅地融入文本当中。使用更为多样的表示指令的动词（例如，争论、提醒、提议）。

7. 使用正式的、学术的风格，在你题目的语境中检查措辞的有效性。

13.4 在电脑上和打印好的文稿上校对

首先，如前所述，使用一个可以帮助你检查拼写、语法、格式的程序，在屏幕上对论文进行校对。检查相关格式问题，比如说双倍行距、页边空白、页头标题、页码等等。

清单：对最终稿进行校对

1. 检查句子结构、拼写以及标点的错误。

2. 检查连字符以及断字方式。记住，任何单词都不应该在行尾使用连字符。如果你使用的是电脑，记得关掉自动使用连字符的功能。

3. 阅读每一条引用语，检查你的措辞是否准确表述了被引用文献的意思。同样记住，要检查是否正确使用了引号。

4. 确保你进行了正确的文内引用，并且每一个对应的文献都被记录在参考文献页中。

5. 复核格式，包括标题页、边缘空白、间隔、内容注释等。

对引用部分的条目进行核对，确保引用的准确性与完整性。同样地，确保每一个条目都使用了悬挂式缩进。

在屏幕上编辑你的文本直至满意之后，需要将文稿打印出来。之后，对稿件再进行细致校对，因为软件不可能发现所有的问题。确保你进行了正确的文内引用，并且为每一个使用过的资料都建立了相应的参考文献条目。

你的研究项目

1. 再次检查你第一稿当中的知识论点，它是否在一开始就明确地被提出，之后在结束时又被重申？

2. 文章的主体部分是否系统地使用了相关证据，从而论证了你的声明或论点？检查每一个段落的相关性。

3. 再次检查你的标题。

4. 如果你参与了同行评议，记得要仔细考虑你的评议人给出的建议与判断。人常常会忽略别人批评的话，但需要知道的是，在你学院与专业生涯的各个阶段都会遇到建设性的批评。

5. 将你论文的一部分大声地对自己读出来，听一听这些内容是否具有学术化的风格。

6. 通读本章接下来提供的两篇论文，感受一下什么才是学术风格的写作。试着模仿这种风格。

13.5 MLA 格式的示范文章

简短的文学论文

阿什莉·欧文接受了挑战,去写一篇关于西尔维娅·普拉斯(Sylvia Plath)的诗歌《爸爸》与《拉撒路夫人》的文学分析。在描写了普拉斯生平相关的背景信息之后,她开始将自己的分析聚焦于每一篇诗歌中呈现的主题。最终,她将自己的研究设定在"视觉表象"以及作家对其父亲的态度与情感上。她的文学论文严格参照了 MLA 格式标准。

欧文 1

阿什莉·欧文

英语 3440

帕施博士

2016 年 11 月 13 日

西尔维娅·普拉斯和她的《爸爸》

照片中,西尔维娅·普拉斯正在甜蜜地微笑,乍看起来,她似乎是一个非常幸福的女儿、妻子以及母亲。然而她的写作却展现了因早年丧父而经历的悲惨生活,帮助她传达情感的诗歌,同样让她以视觉形象的方式与父亲重新联系。她相信,如果她能够在写作中找到自己父亲的精神,就能摆脱掉他,并摆脱掉自父亲去世之后就一直施加于自己的忧愁和重负。她后来的两首诗,《爸爸》与《拉撒路夫人》都展现了她作为一名成年人试图驱逐这种挣扎的阴暗面。尽管普拉斯看起来是幸福的,但这种幸福是一种表象。只有在她的诗歌中,她对生活、对父亲的真实看法以及她的绝望才透露出来。

她八岁时父亲去世,之后,普拉斯的大部分生活都被忧愁所萦绕

> 欧文说明了她将探讨的问题。

欧文 2

（Beckmann）。由于假想他的疲倦与病痛来源于癌症，她的父亲拒绝为自己实际所患的糖尿病寻求治疗。在发现他患病的真正原因后不久，他被收入院医治，并于几日后去世（Reuben）。她的母亲认为孩子们不应该目睹这种惨剧的发生，于是禁止他们参加葬礼（Alexander 32）。由于葬礼上的缺席，普拉斯无法正确疏导自己的悲伤，在之后的生命中，她一直与父亲的缺席所留下的空虚作斗争。

> 欧文引用了研究普拉斯相关权威的话，简短而有力。

由于无法对父亲的死表达自己的情感和感受，普拉斯认为，他的死亡就是对她的弃绝。一位评论家是这样说的，"普拉斯将艺术视作对丧失的补偿""她需要同时对父亲展现不忠与忠诚"（Axelrod 25）。普拉斯相信她可以通过自己的写作来重建自身，这便意味着她需要消除对父亲的记忆以及与父亲重新联结的渴望。对普拉斯来说，"死亡被赋予了残酷的肉体吸引力，精神的痛苦几乎可以触摸"（Gilson）。

克里斯蒂娜·布里佐拉基斯认为，普拉斯经常在诗歌中提到父亲的权力是为了给自己的挣扎正名。随着年龄的增长，她使用这些指称词作为一种讽刺，以摧毁父亲的权威并建立自己的权威。布里佐拉基斯说："奥托·普拉斯被与神谕和档案中的人物关联在一起：这是文学与灵魂记忆的神秘知识库，在那里，女儿为她自己的话语寻求认可。"（62）。她不断地寻求控制父亲、他的死亡以及她关于该死亡的想法与感受的能力。在诗歌《爸爸》与《拉撒路夫人》中，普拉斯终于成功地克服了父亲的影响，捕捉到了她自己的潜能。

比《爸爸》中的对抗性略逊一筹，《拉撒路夫人》表达了普拉斯蔑视并克服社会关于死亡的观点和限制。尽管布里佐拉基斯将该诗歌描绘

第 13 章　修订、校对以及按照格式编辑草稿　303

欧文 3

为"操控性的、煽情的或不负责任的",对于普拉斯而言,这首诗更像一部过渡性的作品,面对父亲至高的权威,她也在成为一个更坚强的女性(152)。普拉斯使用诗歌中的语言来震撼读者,"使用断言与公然地宣称"(Britzolakis 152)。这首诗歌是她口头发出的蔑视,表达她并不愿意成为他人心目中的样子。

《拉撒路夫人》可以有多重解读,不过这首诗经常被视作重生的象征。普拉斯在自杀的思想中不断斗争,以求与她的父亲建立联系。在这首诗中也是如此,普拉斯很有可能将自杀视为一种重生的方式。在诗歌的前三行中,她写道:"我又尝试了一次。/每十年一次/我应付了它。"这里的"它"指的是自杀,以及她处理生命中自杀想法出现时的能力。一位批评家发现,"文本指出了一个事实,这些伤疤可能从未痊愈过"(Connell)。她并没有说自己被死亡所击倒,相反,她说自己"应付"了它。"应付"的一个定义就是"通过引导或说服来控制"(Morehead 440)。因此,普拉斯控制住了她生命中死亡的方向。死亡并非一种控制她的东西,而是一种在其发生时,可以让她利用的一种生命中的存在。

对普拉斯来说,自杀是一种重生。在《拉撒路夫人》中,她写道,"我只有三十岁。/像猫一样有九条性命"(第 20 至 21 行)。普拉斯对自己的年龄和逃避实际死亡的能力感到高兴。她相信自己在尝试自杀的过程中经历的死亡是一种重生,因为她的生命从未真正中止过。与其被父亲的记忆与被抛弃的恐惧所控制,普拉斯宣称她比这些记忆与恐惧更加强大,如果她想自杀的话,她会去做的。

在《拉撒路夫人》的后半部分,普拉斯用文学的方式表达了她对社

> 欧文准确地引用了相关诗句。

欧文 4

会以及与男性关系的蔑视。她在第 57 至 64 行中强调了自己的蔑视之情，宣称"这里有一个指控"是针对她脸上的伤疤、她的心跳、对她说话、抚摸她、伤害她或她的头发的。这一"指控"违背了社会对女人安静服从的预期，因为她站起来捍卫了自己。普拉斯厌倦了周围人对她的关心，因为她能够照顾自己。之后，她将文字的焦点从社会转向男性，写道：

> 上帝先生，撒旦先生
> 当心
> 当心。
>
> 我披着一头红发
> 从灰烬中升起
> 像呼吸空气一样吃掉男人。（第 79 至 84 行）

当普拉斯将自己的父亲与上帝联系起来时，她也将他和"撒旦"关联在了一起。阿克塞尔罗指出，普拉斯以某种方式将上帝和撒旦等同了起来（41）。这与她关于父亲的矛盾观点不无关系，她的父亲既是一个好人同时也是一个邪恶的人。因此，她提醒父亲，在她死去之后，她会再次重生，并将男人视若草芥。这些感情最终影响到了她与男人的所有关系。在《拉撒路夫人》中，普拉斯宣称即便经历了摆脱父亲的重生，她也不会被战胜。

普拉斯也在与她的父亲和父亲扮演的角色进行对抗。在诗歌《爸爸》中，普拉斯很少关注社会，而更多地展现她与父亲之间的关系以及他在她的情感、工作与生活中所扮演的角色。在写作这首诗的那天，她与自

为四行及四行以上的诗句使用独立的诗歌引语段。

己的丈夫泰德·休斯离了婚，在他为了另外一个女人离开她后（Axelrod 52）。这首愤怒的诗歌攻击了她的父亲，她"肢解"了父亲的身体，最终再以物品的形式使其复活（Britzolakis 189）。他被诅咒为一只鞋、一辆坦克、一个魔鬼（第2、45、54行）。尽管他已经死去，她让他获得了"重生"，但他并没有获得她为自己重生所期许的那种命运。他必须遭受她所遭受的，她在著名诗歌《爸爸》中为他设下了诅咒。

在《爸爸》中，普拉斯最终控制了关于父亲的关系，诅咒他变成一个物品或她所不爱的人。她开篇就称他为一双"黑色的鞋"，她在那里"像一只脚一样／生活了三十年……几乎不敢呼吸或打喷嚏"（第2至5行）。这一节指的是由于父亲长期生病，她不得不与他分开。在她还是孩子时，普拉斯很少看到父亲，除了睡前向他背诵诗歌的时候。背诵过后通常会得到一个拥抱，这也是奥托唯一触碰女儿的时刻，因为他怕她会感染或患病（Alexander 28）。尽管这可能出于父爱，普拉斯却并不确定父亲的爱，因此她对于自己对父亲的爱也保持警惕。

她自己从未理解对父亲的爱，毕竟他因死亡抛弃了她。她在关于父亲的回忆中，一直在爱恨之间挣扎，并将这种挣扎写入了《爸爸》。就像《拉撒路夫人》中提到的那样，她想要杀死他。她在诗歌中创造了一种"隐喻性的谋杀"（Phillips），她写道，"爸爸，我不得不杀死你。／你在我拥有时间之前就死去了"（第6至7行）。通过使用现在完成时态，她说他已经死了，然而她仍在试图消灭关于他的记忆。

《爸爸》这首诗歌在很多地方都展现了普拉斯的孤立感。她说她从不了解父亲，也未能真正与之交谈，因为她的"舌头卡住了"，她"什么都说不出"（第25，28行）。这就代表她无法了解自己的父亲。诗中继续写道，"我以为每个德国人都是你"（第29行）。使用"以为"这个词，她表达了自己曾经以为他是"每个德国人"，但现在，作为一个更聪明的成年人，她知道他并不是。然而这一点并不能改变她根据他的所为从而建立的看待自己的方式。她说她开始觉得自己像一个犹太人"燃烧着……在达豪、奥斯威辛、贝尔森"（第32至33行）。普拉斯将自己的父亲视作纳粹，而她自己是无法控制自己生命的犹太受害者（Britzolakis 188）。如果她曾试图告诉父亲自己的生活，那也并不会有什么改观。尽管普拉斯的父亲在她的生命中并不在场，但他仍旧控制着她身上发生的一切——即便在他死后以及在她成人时。

除了孤立感，普拉斯还说，"我总是很畏惧你"（第41行）。她过去很害怕父亲，这种恐惧从未消逝。之后她继续描绘他的形象，并将其视作坦克：

> 你的空军头衔，你的傻模样。
> 还有你整洁的小胡子
> 以及你的雅利安眼睛，那明亮的蓝色。
> 装甲男人，装甲男人，噢你。（第42至45行）

诗句被缩进，换行符得到了保留，并提供了诗句的行编号。

在表达了自己的脆弱后，普拉斯再次攻击了他，将胡子和眼睛从他的身体中分割出去，并将他象征化为一辆装甲车或者纳粹坦克（Plath, "Daddy" 1206）。坦克会破坏风景与景色，因此他再次成了她无法爱戴的对象。这象征着他摧毁她的方式，因此她不能爱那个伤害了自己心灵和生活的父亲。她之后又表示了自己无法爱他，他是一个在

欧文 7

她眼中完全不值得爱的男人。

　　《爸爸》的最后几行与《拉撒路夫人》最终的主题相似。普拉斯写道，她的父亲"不亚于一个魔鬼"（第 54 行）。她再次赋予了他上帝一般的权力，就像在《拉撒路夫人》中那样，她用权威般的声音来摧毁他的可信度。她这样写道，"他们埋葬你的时候我才十岁 / 当我二十岁时，我尝试去死 / 然后回到、回到、回到你的身边"（第 57 至 59 行）。普拉斯将父亲作为替罪羊，让他为她的自杀负责（Britzolakis 189）。她说她想要"回到"他的身边，想要和他在一起，不过她紧接着说，"如果我杀了一个人，就等于杀了两个 / 那个说他就是你的吸血鬼 / 一整年都在啜饮我的血"（第 71 至 73 行）。她告诉他，她已经消除了关于他的记忆，他不再存在于她的生命中了。她告诉他，"爸爸，你现在可以安息了……爸爸，你这个混蛋，我已经受够了"（第 75、80 行）。在这两行中，她不仅将父亲从自己的记忆中释放，也在告知他，他已经从她那里获得了自由。根据伊莱恩·康奈尔的说法，《爸爸》"是一篇美丽的独立宣言——一种最终无法支撑她的情感"。在诗的结尾，当她告诉他自己已经"受够了"，普拉斯也终于给予了自己自由。在整篇诗歌中，她都在表达"爱只通过暴力与残忍表达"的观点（Hall 102）。到了这里，她已是如此爱他，但他并没有回到她的身边。因此，她已经圆满了。她结束了。她挺过去了，她最终从自杀与父亲的死亡中走了出来。

　　尽管普拉斯在《爸爸》中声称她已经和父亲结束了，但她与父亲之间的纠葛并不像计划中那样结束。数年后，普拉斯的第二次自杀成功了。她作为一位一生都在与魔鬼和父亲的记忆作斗争的年轻、离异母亲离开

欧文总结了她的观点，并且在诗歌主题当中发现了暗含的意义。

> 欧文 7
>
> 了人世。《拉撒路夫人》与《爸爸》展现了父亲的生与死对她的生命带来的影响。当普拉斯在《爸爸》与《拉撒路夫人》中唤起了完整的形象，她不可避免地"削弱它们，并强调因素的系统化组成以及意义的构造性"（Narbeshuber）。由于无法释放或抑制她内心的恶魔，她使用了神的象征来描述父亲的力量，她也提到了他的离世促使她寻找自己的力量。普拉斯受到父亲之死的影响是如此巨大，即便文字的天赋与力量最终都未能拯救她。

> 欧文 8
>
> 引用文献
>
> Alexander, Paul. *Rough Magic: A Biography of Sylvia Plath*. De Capo, 2003.
>
> Axelrod, Steven Gould. *Sylvia Plath: The Wound and the Cure of Words*. Johns Hopkins UP, 1992.
>
> Beckmann, Anja. "Sylvia Plath (1932–1963): Short Biography." *Sylvia Plath Homepage,* 5 July 2005, www.sylviaplath.de/.
>
> Britzolakis, Christina. *Sylvia Plath and the Theatre of Mourning*. Oxford UP, 1999.
>
> Connell, Elaine, ed. "Daddy." *Sylvia Plath Forum.*1 Jan. 2008, sylviaplathforum.com/daddy.html.
>
> ---. "Lady Lazarus." *Sylvia Plath Forum*. 1 Jan. 2008,sylviaplathforum.com/ll.html.
>
> Gilson, Bill. "Sylvia Plath." *Ibiblio*, 2017, www.ibiblio.org/cheryb /women/Sylvia-Plath--bio.

对网页的引用。

引用属于同一个作者的两个网页。

欧文 9

Hall, Caroline King Barnard. *Sylvia Plath*. Twayne, 1978.   对书的引用。

Morehead, Philip D. "Manage." *The New American Webster Handy College Dictionary*. New American Library, 2016，P. 240.

Narbeshuber, Lisa. "The Poetics of Torture: The Spectacle of Sylvia Plath's Poetry." *Canadian Review of American Studies*, vol. 34, no. 2, 2004, pp. 185–203. *Project Muse*, doi: 10.1353/crv.2004.0012.   学术期刊中的文章。

Phillips, Robert. "On 'Daddy.'" From "The Dark Tunnel: A Reading of Sylvia Plath."*Modern Poetry Studies*, vol. 3, no. 2, 1972.*Modern Poetry Studies*, www.english.illinois.edu/maps /poets/m_r/plath/daddy.htm.

Plath, Sylvia. "Daddy." *Literature: An Introduction to Fiction, Poetry, Drama, and Writing*, edited by X. J. Kennedy and Dana Gioia, 13th ed., Pearson, 2015, pp. 1074–1076.

Plath, Sylvia. "Lady Lazarus." *Literature: An Introduction to Fiction, Poetry, Drama, and Writing*, edited by X. J. Kennedy and Dana Gioia, 13th ed., Pearson, 2015, pp. 883–885.

Reuben, Paul P. "Chapter 10: Sylvia Plath." *PAL: Perspectives in American Literature*: *A Research and Reference Guide*, 7 May 2009, www.csustan.edu/english/reuben/pal/chap10/plath.html.

学术论文示范

凯茜·霍尔兹的论文以及参考文献格式使用了 MLA 格式，对一个交流问题进行了全面分析：男人与女人与交流方式。她发现了几个关键问题，在这个过程中，她对该主题的研究文献进行了回顾与总结，并且与读者分享。

310　如何写好学术论文

霍尔兹 1

凯茜·霍尔兹

贝库斯博士

英语 2230

2013 年 4 月 29 日

性别沟通

　　男人和女人是不同的。很明显，对吗？但并不那么明显的是，男人和女人拥有不同的沟通方式。在生命诞生最初的四周里，人类胚胎既非男亦非女（Starr, Evers, Starr, and Taggart 190）。在此期间，如果胚胎会说话，那么性别沟通就不是一个问题。不过，在四周之后，人类胚胎开始生长出男性或女性的生殖器官（Starr, Evers, Starr, and Taggart 190）。随着性别差异的出现，其他差异开始产生。男性和女性由于生理和环境的不同开始发展出不同的沟通方式。

　　关于男女沟通方式的不同存在着众多理论。在《你误会了我》（*You just Don't Understand*）一书中，德博拉·坦嫩（Deborah Tannen）围绕男女交谈风格和模式讨论了一系列问题。她强调说，尽管并非所有女人和所有男人都用一种同样的方式交流，但我们仍能找到某种基本的性别模式或模型。在她参与的乔治城大学社会语言学的研究里，坦嫩提到，男人参与对话以建立"等级社会的秩序"（*Don't Understand* 24），而女人通常参与对话来建立"关系的网络"（25）。她对此做了如下区分：女性通常进行"交往式谈话"，而男性经常进行"报告式谈话"（74）。

　　坦嫩继续根据二者交流目的的不同来区分男女的沟通方式。她解释道，女性通常为了获得对某一特定问题的同情或理解而进行交流，而男

旁注：
- 并不需要提供一个标题页，在这里要有你的名字、导师名字、日期以及课程信息。
- 开场提出了自己的观点，紧接着提供了一个引用来支撑论题。
- 霍尔兹树立了论文的论点，并由此过渡到了相关的支撑证据。
- 作者在接下来的三个段落当中对与这一主题相关的文献进行了简短的综述。

霍尔兹 2

素描、照片、地图或者图表都应该被标注为图片（**Figure**），经常以缩写的形式出现，之后带着一个数字，紧跟着还应该有该图片的说明或者标题。

图1　男女之间的交际失败通常是男女之间沟通目的的不同导致的

性对这一类沟通的回应却常常采用"报告式谈话"的方式，试图为女性的问题提供解决方案。这一对立的沟通方式通常发生冲突并产生问题。交际失败通常是由不同的沟通目的造成的。女人想获得同情，而男人却认为她希望他来帮忙解决问题（Tannen, *Don't Understand* 49—53）。

有一些理论家认同坦嫩的观点。苏珊·巴索（Susan Basow）以及金伯利·鲁本菲尔德（Kimberly Rubenfeld）发现，"女性可能会通过'说出烦恼'来增进沟通，而男人可能会避免这类谈话的出现，从而增强自主性与支配感"（186）。另外，菲利普·扬西（Phillip Yancey）在《婚姻合伙人》（*Marriage Partnership*）上的文章同样宣称男女"为了不同的目的进行沟通"（71）。他说，女性通过交谈来发展并保持关系，而

霍尔兹 3

男性交谈是为了在周围的等级关系中捍卫自己的位置。扬西认为女性并不像男人那样喜欢公开发言，因为女性通常将这种发言视作对自己的展示。而男人却很愿意公开发言，因为这是他在大众中树立自己地位的方式（Yancey 71）。同样地，男性化的人"不像双性化的人那样愿意对他人的建议表达感激"（Basow and Rubenfeld 186）。

　　当夫妻专注于诸如值得信赖、简洁、果断等互动类型时，可以加强性别交流。表1展示了用以增强性别交流的重要因素。正如卡尔·布雷琴（Carl Brecheen）与保罗·福克纳（Paul Faulkner）的《每个家庭所需要》（*What Every Family Needs*）这本书中的图表所显示的，每对夫妇都需保持积极的态度，通过交往式谈话来滋养与加强二人的关系。这本书同样认为，粗暴的命令或指示对通过机智和敏感建立起的真正沟通有阻碍作用。

表1 出色沟通的法则

善于学习	真正认识某人是需要花时间的，不存在什么捷径。通常我们会发现，夫妇双方拒绝花时间来了解彼此的需求、想法或愿望
保持爱意	当配偶做的事情都是正确的时候，任何人都能拥有一段美妙的关系。对错误的宽恕能建立起爱意
保持坦诚	正如窗户让阳光透过，我们也需要展示自己内在的想法以及隐藏的情感来促进真实交流
保持信任	信任会滋养信心、信念和希望。与此同时，信任可以消除交流中的怀疑与疑惑

对于表格来说，键入其信息，并将表格的标题放在上方，另起一行靠左对齐，使用大写字母标注每一个关键词。

霍尔兹 4

保持积极	有效的交流可以强化积极的影响，减少消极的一面。夫妇应清楚哪些是最重要的东西
保持敏感	一段关系中有效的交流会在观点、判断、事实与快乐、恐惧、期待的情感之间保持平衡
做一位沟通者	一些简单的提示通常足以让你停下来确认听众是否真正理解了你所传达的信息
做一位聆听者	我们的文化是建立在讲话而非沟通之上的。一名好的倾听者应去了解那些没有说出的话以及言外之意
保持简洁	我们必须在做出回应之前再三斟酌。言语飞逝，如果未经慎重考虑，我们的话很可能会伤到别人
保持坚定	夫妇间很难"找"时间去沟通，相反，他们必须"创造"时间去沟通。有效沟通需要通过保持坚定的承诺来建立

来源：Brecheen, Carl, and Paul Faulkner. *What Every Family Needs*. Nashville: Gospel Advocate, 1994. 88–98. Print.

将表格的文献出处标注在表格下方。

男性与女性之间交流模式的不同还有很多。理查德·L. 韦弗（Richard L. Weaver）提到了另一个作者，该作者也发现了男人女人之间的不同交流风格。在《未来的领导力：一套新的优先事项》一文中，韦弗提到了茱莉亚·T. 伍德（Julia T.Wood）博士的一本书——《性别化生活》（*Gendered Lives*）。根据韦弗的说法，伍德博士认为"男性沟通是以断言、独立、竞争以及自信为标志的，而女性沟通是以防御、包容、协同、合作为特征的"（qtd. in Weaver 440）。这一区别解释了为什么男人和女人拥有相对立的沟通方式。

霍尔兹 5

  在另一本书中，坦嫩也讨论了男女在沟通交流中的对立。在《争论文化》（*The Argument Culture*）的第六章"男孩将是男孩：性别与对立"中，坦嫩认为男孩或男人"更易于对他人或世界采取对立的立场"，以及"更能从对立中获得快乐——喜欢观看或参与一场战斗"（*Argument* 166）。坦嫩举出生活以及研究中关于男孩和女孩不同的玩耍与争斗方式的例子来进一步说明这种情况。她认为男孩更倾向于引发争斗，而女孩更习惯避免争斗。女孩通常试图说服对手，她的观点会使对方受益。而男孩却通常支持那些对他最有利的东西（*Argument* 170—74）。坦嫩也提到了性别对立的其他因素，例如，男人和女人辱骂方式的不同、男性的谈判地位与女性建立纽带的能力、男女斗争的悖论、工作冲突、为了娱乐而观看战斗以及在公开场合说话的矛盾（*Argument* 184—205）。

  男女之间的沟通方式有数不清的不同之处，而且这些不同之处都有明显的原因。两种不同的理论分别涉及生物因素和环境因素。另一位语言学研究者利丽安·格莱斯（Lillian Glass）考察了"沟通中性别差异的演变"（61），在《他说，她说：跨越性别沟通界限》（*He says, She says*：*Closing the Communication Gap between the Sexes*）中，她认为男人和女人身体中荷尔蒙的不同造成了他们行为与交流方式的差异。她同样探讨了大脑发展与性别差异的关联性。格莱斯广泛探讨了环境因素，特别是我们对待男女婴儿的方式是如何直接影响我们学习沟通的方式的（64—73）。除了该项研究，还有另一篇文献宣称，"男女被抚育方式的不同导致了他们在交流与沟通上的差异"（James and Cinelli 41）。

由同一个作者写作的两个作品，需要将简化的书名标注在括号当中的引用信息里。

霍尔兹重申了她的论点，把读者的注意力聚焦在论题上。

霍尔兹 6

　　在《父母对儿童性别角色社会化的影响》一文中，苏珊·威特（Susan Witt）探讨了一系列研究成果，这些成果都支持"父母在孩子自我意识发展期起到了重要的影响"这一观点。她认为，"在很小的时候，孩子们就开始学习在社会中成为一个男孩和女孩究竟意味着什么了"（253）。能够影响儿童自我意识的是那些他们终生都会遭遇到的事物，例如"亲子互动、角色塑造、对积极行为的强化、父母的赞同与否定、朋友、学校、周围的事物、媒体、电视"（Witt 253）。威特是这样总结她的理论的，"通过所有这些社会化中介，儿童学到了性别固化的行为。随着儿童的发展，这些固化的模型会成为根深蒂固的信念，并因此成为儿童自我意识的一部分"（253）。

　　为了进一步证实环境对后天习得的性别特征的影响，威特讨论了父母在儿童期对待儿子与女儿的不同方式。她说父母会"用代表特定性别的颜色装扮婴儿，给他们性别差异化的玩具，并期望男孩和女孩会有不同的行为举止"（Witt 254）。在玩耍与做家务时，父母倾向于"鼓励他们的儿子或女儿参与特定性别的活动"（Witt 254）。威特认为，女性甚至更倾向于拥有一个男孩而非女孩以"取悦丈夫、继承家族姓氏并成为丈夫的陪伴"（254）。相反，威特发现女性希望女儿"有自己的陪伴，并找到打扮的乐趣"（254）。这些选择会影响儿童学习交流的模式。儿童成长的环境因素决定了他们的行为方式，以及他们会如何与他人进行沟通。

　　在探讨环境因素的过程中，扬西发现了存在于性别之间的交流差异仅仅是由于他们的背景不同（69）。来自两个不同家庭的人往往会对男

作者阐明了环境对性别特征的影响。

霍尔兹 7

女该如何进行沟通持有不同的观念。不同的家庭拥有不同的谈话风格、争斗风格以及总体的交流风格。扬西将性别之间的交流问题视作文化差异，他将文化定义为"共同意义"（68）。"有些问题之所以出现，是因为伴侣中的一人在进入婚姻时持有与另一人不同的一组'共同意义'"（69）。

扬西进而详细阐发了"男孩和女孩在长大的过程中学到的不同沟通方式"这一问题（70）。因此，不仅家庭之间的文化差异有时会造成影响，男孩和女孩在成长过程中的性别差异有时也会对交流造成一定的阻碍。扬西指出：

> 男孩通常会在等级层次分明的大型团体中扮演一定的角色，那里会有领导告诉其他人应该做什么以及该怎么做。男孩通过传达与执行命令来巩固他们的地位，他们的比赛有赢家与输家，并且受详细规则的制约。相反，女孩们通常在小团体或与"最好朋友"的成对关系中玩耍。她们寻求亲密感，而非地位。这些性别模式将一直持续到成年时期。（70）

（*在缩进引用段的句号之后标注所引用文章的页码。*）

男孩和女孩不同的玩耍方式有助于解释男孩与女孩、男人与女人之间不同的沟通方式。

我们大多数人都听说过"性别之战"，它描述了男女之间的冲突。扬西回到他的"童年性别模式"理论，认为"成长在等级环境中的男人，会认为冲突是习以为常的。女人则更多关心关系和联系，更倾向于选择和平缔造者的角色"（71）。男人经常利用并重视批评，但女人会因害怕冒犯而厌恶且避免过于直接的批评（Yancey 71—72）。

霍尔兹 8

  像扬西一样，坦嫩同样探讨了男人与女人来自不同的世界或受到不同影响的事实。男人被教导要充满男子气概，女性则被教导要有女人味。她认为，"即使他们在同一社区、同一街区、同一所房子中长大，女孩和男孩仍旧在不同的词语世界中"（*Don't Understand* 43）。坦嫩区分了人们对男孩与女孩不同的交谈方式，也探讨了男孩与女孩不同的游戏方式（*Don't Understand* 43—47）。

  尽管坦嫩在她的研究中大量探讨了后天或环境的问题，她同样也在《争论文化》一书中提及了自然或生物学的问题。坦嫩认为，"当然，生物学因素在男人之间的对抗中扮演了非常重要的角色，但文化影响可以超越生物遗传的力量"（205）。她在总结先天与后天的议题时表示，"男女风格对立与冲突典型化的模式是生物和文化共同作用的结果"（207）。

  许多权威人士认为不同的性别沟通风格是生物学因素造就的，而其他人则将其归因为环境因素。还有人认为，男女之所以会有不同的沟通方式，其实是受生物与环境因素的共同影响。考虑到性别沟通的不同模式以及可能的原因，人们还需要思考可能的后果。

  让我们简要地看看某个展示了不同性别交流风格的假设情境。这一情境下的结果可以帮助我们更好地理解真实生活中的可能后果。请考虑以下情形：一对夫妇在经过了一整天的工作后回到家中。妻子问丈夫："你今天过得怎么样？"丈夫回答说："好。"妻子对如此简略的回复感到不愉快，并表达了她受到的伤害："就这样吗？'好'？为什么你从不跟我好好说话？"面对这样不知从何而起的质问，丈夫感到疑惑，并为自己辩护说："你在说什么呢？我当然在跟你说话。我现在不是正

> 霍尔兹用一个场景来说明她研究的有效性。

霍尔兹 9

跟你说着话吗？"他们置对方于不顾，并整晚都拒绝跟对方交谈。这段对话究竟哪里出了问题呢？沟通失败的结果来源于男女拥有不同的交流方式，这一方式会直接影响他们彼此意图的传达与感知。也许，想要解释上述失败的沟通，我们需要理解男女在交流时的目的与方式之间的不同。让我们就这个例子，在性别沟通的理论中考察其后果。

在这一情景中，丈夫和妻子各自展现了与性别直接相关的沟通风格。经过一系列的研究，坦嫩总结出男女在参与交流时持有不同的目的。在《你误会了我》中，坦嫩说道，"对女孩来说，谈话是将关系维系在一起的黏合剂"（85）。而男孩则不然，他们使用语言是在当"他们认为自己需要给别人留下印象"，或当他们"身处某情境，而在该情境下他们的地位受到质疑"时（85）。坦嫩继续解释男女进行日常交流的不同方式。她解释说，男人在工作中通常会一直说话，为的是给周围的人留下印象，并确立他在办公室中的地位。当一个男人回到家中时，他就倦于说话了。他希望可以在家中保持沉默，家是一个让他不用再去取悦任何人或建立地位的地方（86）。

此外，女性会对她工作中所说的话保持谨慎与警觉的状态。女人们努力地避免对抗，避免她们的语言冒犯任何人。因此，当女人回到家中时，她希望自己能畅所欲言，不必担心自己说话的后果。我们能看到男人对沉默的期望与女人对倾诉的期望之间的矛盾所带来的后果吗？

通过坦嫩的解释，我们应该能看到妻子与丈夫之间的沟通风格差异。当妻子问"你今天过得怎么样？"时，她预期得到非常详尽的回答，因

霍尔兹 10

  为她交流的目的是促进与丈夫之间的关系。她真诚地想要了解丈夫工作期间具体发生的事情，从而可以与之共情并与他的关系更加接近。她想要畅所欲言，因为她已经一整天都在顾忌着该怎么说话了。

  丈夫用"好"来回应恰好说明他觉得没有进一步沟通的需要。在家中与妻子在一起，他无须再取悦任何人或建立地位。他简短地回答了妻子的提问，并不打算再说话。他想要沉默，因为他已经一整天都在努力沟通了。

  尽管丈夫与妻子的意图似乎都无恶意，但当我们考虑不同的交流风格时再来反观他们，显然丈夫与妻子都不认为对方的回复并无恶意。坦嫩说道，"当一个女人期待她的伴侣跟她交谈时，如果对方拒绝，她会感到很失望，她会将他的行为视作亲密关系的失败：他瞒着她，他对她失去了兴趣，他与她渐行渐远了"（*Don't Understand* 83）。现在我们可以想象妻子的痛苦了吗？

  丈夫并没有感知到妻子的痛苦。妻子回复说，"就这样吗？'好'？为什么你从不跟我好好说话？"只会触发丈夫的愤怒与防御。由于妻子与丈夫拥有不同的交流目的与交流方法，他们误解了对方。误解导致了愤怒，愤怒引发了沮丧，甚至使他们放弃沟通。

  性别沟通的后果似乎看起来很凄凉。面对这一显而易见的性别沟通障碍，我们又能做些什么呢？许多研究者都提出了解决方案。在杰弗里·阿瑟（Jeffrey Arthurs）发表于《领袖》（*Leadership*）的文章中，他建议女性尝试去了解男性的沟通模式，而男性也要去试着了解女性的沟通模式（49）。有能更好了解女性的男人与能更好了解男性的女人不

该场景被仔细分析，并将结论呈现给读者。

霍尔兹 11

会是件坏事。甚至关于不同沟通风格的一般研究都可以使男女受益，帮助他们在完全放弃跨性别沟通之前了解到可能的误解。

在文章《跨越性别鸿沟的说话》中，大卫·科恩（David Cohen）提到，专家认为教会男人用女人的方式沟通，或教会女人用男人的方式沟通并不会起到什么作用。这一尝试是徒劳的，因为它与男女出生以来已经习得的东西背道而驰。与其让两性变得更像彼此，我们不如试着更好地理解对方。就性别沟通风格的不同进行小小的研究或细微的思考，就足以帮助男性与女性实现更加成功的交流。

韦弗观察到，"认为女性应该将她们的经历转译为男性的代码从而有效地表达自身，已经被看作一个过时的、不连贯的且带有屈从性的观点，这一观点在现代社会中已经不再具有可信性"（439）。他提出了我们可以改变的三件事：改变成功领导力的判断标准，重新定义我们所谓的权力，对不公正与不平等发生的地点与时刻更加敏感（Weaver 439）。扬西同样对抗击"跨文化"斗争提出了自己的建议：发现你的战斗风格，就参与的规则达成一致，确定冲突背后的真正问题（71）。事实上，男人和女人需要互相理解，诚实并充满尊重地进行沟通，以及控制冲突，为维持关系服务。此外，我们需要承认存在的差异，理解它们是如何出现的，并且摒弃关于什么才是男人与女人的"正确"角色的教条观。

> 霍尔兹在文章最后一段当中重申了她的论点。

承认无论是由生物因素还是环境因素导致的男女交流方式差异的存在，我们就能防止那些可能会导致交际失误的情形出现，同样也会考虑前文提及的可能的原因、后果以及解决办法。利用这些知识，我们可以

霍尔兹 12

更加准确地解释性别之间的沟通问题。面对下一次跨性别误解时，我们应该在事情变得更糟或者彻底放弃沟通之前，停下来考虑一下性别之间的差异。

霍尔兹 13

引用文献

Arthurs, Jeffrey. "He Said, She Heard: Any Time You Speak to Both Men and Women, You're Facing Cross-Cultural Communication." *Leadership* 23.1 (Winter 2002): 49. Print.

Basow, Susan A., and Kimberly Rubenfeld. "'Troubles Talk': Effects of Gender and Gender Typing." *Sex Roles: A Journal of Research* 48 (2003): 183–87. *EBSCOhost*. Web. 24 Apr. 2013.

Brecheen, Carl, and Paul Faulkner. *What Every Family Needs*. Nashville: Gospel Advocate, 1994. 88–98. Print.

Cohen, David. "Speaking across the Gender Gap." *New Scientist* 131 (1991): 36. *InfoTrac*. Web. 23 Apr. 2013.

Glass, Lillian. *He Says, She Says: Closing the Communication Gap between the Sexes*. New York: Penguin, 1993. Print.

James, Tammy, and Bethann Cinelli. "Exploring Gender-Based Communication Styles." *Journal of School Health* 73 (2003): 41–42. Abstract. Web. 25 Apr. 2013.

将参考文献页放在一个新的页面。

一条从电子数据库引用的文献。

一篇从网上找到的学术期刊文章。

Starr, Cecie, Christine Evers, Lisa Starr, and Ralph Taggart. *Biology: The Unity and Diversity of Life*. 13th ed. Florence: Cengage, 2012. Print.

Tannen, Deborah. *The Argument Culture: Moving from Debate to Dialogue*. New York: Random House, 1998. Print.

---. *You Just Don't Understand: Women and Men in Conversation*. New York: HarperCollins. 2007. Print.

Weaver, Richard L. "Leadership for the Future: A New Set of Priorities." *Vital Speeches of the Day* 61 (1995): 438–41. *Access My Library*. Web. 22 Apr. 2013.

Witt, Susan D. "Parental Influence on Children's Socialization to Gender Roles." *Adolescence* 32 (1997): 253–59. *Questia*. Web. 22 Apr. 2013.

Yancey, Phillip. "Do Men and Women Speak the Same Language?" *Marriage Partnership* 10 (1993): 68–73. *EBSCOhost*. Web. 24 Apr. 2013.

网络资源的引用条目，需要在访问日期之前添上 **Web**。

第 14 章

参考文献：MLA 格式

- 格式化参考文献页面
- 参考文献清单的关键要素

> **明确目标**
>
> 　　完成你研究计划的最后一个步骤，就是写好参考文献页。如果你非常细致地为参考书目建立了电子文档，并在其中注明了论文中引用的每一条文献具体的出版信息，那么，准备参考文献列表将是一件相对简单的事情。本章讨论的以下内容将有助于记录你的参考文献：
> - 以 MLA 格式创建和编排参考文献条目。
> - 以 MLA 格式创建不同来源作品的参考文献条目。

　　MLA 文献引用格式为专业领域的所有学者提供了一致的方法，帮助他们去查阅论文中所引用的资源。需要记住的是，在某些情况下，一些人可能会使用你的参考文献列表来开展他自己的研究。错误的记录可能会有碍于他人对你的研究步骤进行追溯。你仅仅需要将那些在文稿当中真正使用过的资料列于参考文献当中，既包括那些在内容尾注当中提到的文献，也包括在表格、插图的说明文字里提到的著作。

　　在下列标题当中选择一个，以此标明你列表的属性。

　　参考文献（Works Cited）：一个涵盖了你在研究论文当中直接引用或者改述过的所有著作的列表，这些著作包括图书、文章、电影、录音、网络资源等等。

　　参阅文献（Works Consulted）：你的清单中包含了的但在论文当中没有引用的著作。

　　带注释的参考书目（Annotated Bibliography）：列表中的每一条引用文献后面都会有一个对文献内容的描述。

　　举要目录（Selected Bibliography）：它会提供一个与某课题相关的阅读材料列表。

在通常情况下，**参考文献**是合适的标题，因为它囊括了各个种类的学术著作，包括书籍、文章、网络文献以及非印刷材料。

对于那些与论文相关但没有被直接引用或者经过改述的文献，比如说与问题相关的某篇文章，你可以在内容尾注当中提及，之后再添加进参考文献列表当中。

14.1 格式化参考文献页面

引用资料来源的传统惯例基于资料来源的出版格式，如期刊、书籍或在线出版物上的文章。然而，记录研究的新趋势是关注来源的共同特征——作者、标题、来源、出版日期。通过关注大多数来源中一致出现的一般特征，作者可以记录各种不同的引文记录。

为了建立学术论文的参考文献清单，你的工作书目条目应包含以下基本信息，当然，根据资料来源的类型——书籍、期刊和在线媒体——的不同而有所不同。

- 作者的名字/编辑的名字。
- 文章或资料的标题。
- 载体的标题。
- 其他贡献者。
- 卷数或版本。
- 编号或版次。
- 出版商。
- 出版日期。
- 网页地址（URL）或位置。

无论你查阅的是书的标题页、期刊的出版信息，还是网上资料的URL和来源信息，每一个关键要素都需要在你的参考文献页上适当组织。参考文献页上详细的来源信息将使你在论文正文中的引用具有可信度。

使用字母排列系统，按作者姓氏的字母顺序排列项目。忽略作者姓氏中的空格。只有在两个或多个相同姓氏的情况下才考虑名字。如果没有列出作者，则按书名的第一个重要词来排列字母。想象一下特殊项目的字母拼写，例如，"#5 采矿隧道爆炸"（#5 Mining Tunnel Explosion）应按字母顺序排列，如同"第5号采矿隧道爆炸"（Number 5 Mining Tunnel Explosion）一样。请注意下面的例子是如何按字母顺序排列的。

Cartwright, Melissa

"Facing Our Fears"

Jacobs, Preston

Jacobs, Stuart

"Miracles and Tragedies in West Virginia Coal Mines"

Nicholson, Myron

"Number 5 Mining Tunnel Explosion"

St. Amant, Raleigh

如果有两条或者两条以上的参考文献引用了以相同名字开头的合著者，将第二作者的姓氏按照字母顺序排序：

Huggins, Marjorie, and Devin Blythe

Huggins, Marjorie, and Stephen Fisher

保持每一个文献条目的第一行靠左边缘对齐，并将之后的每行开头缩进约1.27厘米，通常是五个字符的长度。每个文献条目以及所有条目之间保持两倍行距，在句号以及其他标点符号之后使用一个空格符。

提示：MLA格式在标示图书或期刊名时，使用的是斜体，而非下划线。

将"参考文献"放在距离页面顶端约 2.54 厘米以下的位置，并保持其与第一个条目之间双倍行距。下面，我们可以看到一个参考文献页的示例。

Carrington 1

Works Cited

Binder, John. "Healing Family Wounds." *RootsWeb-Kansas*, 13 Mar. 2017, www.roots-web/Kansas/Healing-Family-Wounds/13317.

Gunderson, Michelle. *For Better or Worse: Tracing Your Family History Through Marriage Records*. Astra Books, 2016.

Hodgson, Christopher B., and R. Wyatt Smith. "Of Black Sheep and Family Commemorations." *Social and Behavioral Issues Journal*, vol. 23, no. 1, Mar. 2014, pp. 16–21. *EBSCOHost*, connection.ebscohost.com/c/articles/5513984/black-sheep-family-commemorations.

Lobel, Annette. "Even the Darkest Secrets Reveal Exciting Revelations." *DailyWorldNet*, 8 Mar. 2016, www.dwn.com/dwn=Even+Darkest+Secrets+Reveal.html.

---. "Ties That Bind: A Look inside the Family Bible." *DailyWorldNet*, 17 Jan. 2017, www.dwn.com/dwn=Ties+Bind+Look+Family+Bible.html.

Mitteau, Felicia. "Filling Family History Gaps with Census Records." *Web Links for Genealogists*, Winter 2016, www.genealogistsweb.org/763291/FillingFamilyGaps.htm.

Toliver, Andrew D. "Overcoming Lost Links and Lost Records." *Keepsakes-Genealogical Studies Monthly*, June 2015, pp. 30–37.

Wickham, Arnetta, and James Wickham. "Sensitive Issues in Family

> Carrington2
>
> History — Handling Scandal, Suicide, and Sin in Family Genealogy." *Family History Posts Online*, 13 Jan. 2017, www.fhponline.org /article/ sensitiveissues/130117.html.
>
> Williams, Daniel, et al. "Songs of Sons and Daughters: Legacies and War Stories of Years Past." *Lineage and Archival Studies*, vol. 54, no. 2, Mar. 2016, pp. 32–36.

现代技术提供了大量的信息，这些信息既包括标准来源，如书籍和期刊，也包括来自教育机构或博客和轻博客网站的在线数据库和网络文章。研究的作用是为论文写作过程中使用的参考材料提供一个快速而清晰的参考。以论文中的引文为导向，参考文献页必须强化你论点的有效性。为此，以下几页提供了更新和分类的条目，以便你为可能遇到的任何来源载体创建文档。

14.2 参考文献清单的关键要素

摘　要

如果你引用的是期刊或在线资源中的摘要，一定要标明你只引用了摘要中的概述信息。

> Kilcullen, Deana, et al. "A Volatile Pair: Bipolar and Social Anxiety Disorder." Abstract. *Journal of Psychological Disorders*, vol. 92, no. 4, Apr. 2017, pp.19–27.
>
> Kirrander, Adam, et al. "Ultrafast X-ray Scattering from Molecules." Abstract. *Journal of Chemistry Theory and Computation*, vol. 12, no. 3, Mar. 2016, 957–67. ACS Publications, DOI:10.1021/acs. jctc.5b01042.

广 告

在引号内提供广告的标题，或产品/公司的名称，标签广告和出版信息则不加引号。

"Barnstorming and Flying Circuses." Western Plains Science Center, 2017, www.wpsc.com/barnstorming+flying+circuses.htm.

"The Great Courses: Fundamentals of Photography." *National Parks*, Summer 2016, p. 19.

OnStar. Cable News Network, 14 Jan. 2017.

匿名文章——未列出作者

从标题开始书写，不要使用"anonymous"或"anon"。按标题的字母顺序排列，忽略首字"A""An"或"The"。

"The Beaches on Elba Island." *Elba Online*, 2017, www.elba.org/en/isola-d-elba/spiagge-isola-d-elba.php.

"Protecting Wetlands from Invasive Species." *Arkansas Conservationist*, Apr. 2016, pp. 25–26.

The Song of Roland. Translated by Arthur S. Way. Cambridge UP, 2013.

"The Top 5 Things You Should Know About Buckling Up." Parents Central, 2017. *Safecar.gov*, www.safercar.gov/parents/SeatBelts/Top5-Buckle-Up.htm.

合集或汇编

通常来讲，选集中的作品以前已经出版过，并由编辑收集，提供作者以及编辑的姓名。很多时候，特定作品的先前出版数据可能不容易获得。因此，请使用以下形式：

Wolfe, Thomas. "The Far and the Near." *The Scope of Fiction*. Edited by Cleanth Brooks and Robert Penn Warren. Appleton-Century–Crofts, 1960, pp. 292–95.

提供该作品的全部页码，而不仅仅是你在文中引用的那几页。

档案或学术项目

Victorian Women Writers Project. Indiana U Digital Library Program, 2017, webapp1.dlib.indiana.edu/vwwp/welcome.do.

绘画、雕塑、照片和其他艺术品

虽然你的文章已经确定了作品的性质，但你可能觉得有必要进行澄清，比如《被祝福的少女》，它既是一幅画又是一首诗。因此，你可能希望指定具体的媒体形式。

Bauer, Jerry. "Robert Penn Warren." Photograph. 1978, www.robertpennwarren.com/firstpage.htm.

"Boy and Bear." Bronze sculpture. Marshall M. Fredericks Sculpture Museum, Saginaw, MI, 2017, marshallfredericks.org/archives/1211.

Jannetta, Diana, and Peter Jannetta. "All About Color and Geometry: Selections from the Diana and Peter Jannetta Gift of Art." Art exhibition. Westmoreland Museum of American Art, Greensburg, PA, Apr. 2016.

Rossetti, Dante. "The Blessed Damozel." 1875–78. Painting. Fogg Museum of Art, Harvard U, 2016, www.rossettiarchive.org/docs/s244.rap.html.

按姓氏缩写列出的作者，要提供全称

Rowling, J[oanne] K[athleen]. *The Casual Vacancy*. Little, Brown, 2013.

作者的名字

列出作者的姓名，先是姓，然后是名字或缩写，以句号收尾。

Follett, Ken. *Edge of Eternity: Century Trilogy #3*. Penguin, 2014.

始终以尽可能完整的形式给出作者的名字，如果你使用缩写的名字，请在添加的材料周围加上方括号。

Tolkien, J[ohn] R[onald] R[euel].

对于化名，你可以添加真实姓名，并将添加的内容放在方括号内。

Carroll, Lewis [Charles Lutwidge Dodgson].

省略标题页上与作者姓名一起出现的标题、从属关系或学位。

如果标题页是：

Sister Margaret Grayson

Barton O'Connor, Ph.D.

参考文献页中用：

Grayson, Margaret

O'Connor, Barton

但是，一定要提供一个必不可少的后缀作为人名的一部分：

Justin, Walter, Jr.

Peterson, Robert J,. III

两位作者

Brooks, Cleanth, and Robert Penn Warren. *The Scope of Fiction*. Prentice Hall, 1960.

两位以上的作者

使用"et al.",意思是"和其他人"。见下面的例子：

Andrews, Ronald B., et al. Portraits of Harmony: *Forging Family Relationships That Work*, 7th ed., New Crest, 2016.

写作两本及以上书籍的同一位作者

当某位作者写了两本或两本以上的作品时，不需要在每一个条目上重复他的名字。可以从页面最左边开始键入三个连字符，之后再添上一个句号。同样地，将这些作品按照标题的字母顺序进行排列（忽略"A""An"以及"The"）。

Axelrod, Rise B., and Charles R. Cooper. *St. Martin's Guide to Writing*, 11th ed., Bedford/St. Martin's, 2016.

---. *Sticks and Stones: And Other Student Essays*, 9th ed., St. Martin's, 2015.

三个连字符代表着与上一个条目拥有相同的作者名字。但是，假如该作者拥有的两部及以上的作品中，有一部是其与他人合著的，不要用三个连字符替代作者。

Gaiman, Neil. *Fortunately, the Milk*. HarperCollins, 2013.

---. *Trigger Warning: Short Fiction and Disturbances*. William Morrow, 2015.

Gaiman, Neil, and Michael Reaves. *InterWorld*. Harper, 2013.

圣 经

不需要给"圣经"（Bible）这个词或《圣经》这本书加下划线或使用斜体的形式。普通的版本不需要提供出版信息，但要将《圣经》的特别版本加下划线或使用斜体。

第 14 章 参考文献：MLA 格式　333

The Bible. [Denotes King James version]

The Geneva Bible. 1560. Facsimile. Reprinted by U of Wisconsin P, 1961.

NASB [New American Standard Bible] The MacArthur Study Bible. Thomas Nelson, 2013.

"Philemon." *King James Bible Online*, 2017, www.kingjamesbibleonline .org/ Philemon-Chapter-1/.

博客和聊天室

Bursack, Carol Bradley, narrator. "Going Public with an Alzheimer's Diagnosis." *Minding Our Elders: Caregiver Support Services*, 30 Mar. 2016, www. mindingoureldersblogs.com/dementia/.

出版于1900年以前的书籍

对于那些现已绝版的老书，你可以省略出版商的名称，并使用逗号将出版商与出版年分隔开来。如果没有找到出版的日期，可以使用"n.d."的字样。如果没有找到出版商或者出版的地点，可以使用"n.p."。

Dewey, John. *The School and Society: Being Three Lectures*. U Chicago P, 1899.

书　名

确定作者后，书名用斜体字，包括所有副标题，后跟句号。

Salazar, Paola. *Never Escape My Heart*. Diggs-Royal, 2016.

如果一本书的斜体书名中包含了另一个通常用斜体写的书名，不要在较短的那个书名下加下划线或使用斜体。

Schilling, Bernard N. *Dryden and the Conservative Myth: A Reading of* Absalom and Acidophil. Yale UP, 1961.

公告或小册子

"Making Molasses in the Mountains." *The Market Bulletin*, West Virginia Department of Agriculture, vol. 99, no. 11, Nov. 2015.

Maryland State Bar Association's Public Awareness Committee. *Appointing a Guardian.* Maryland State Bar Association,1998,www.msba.org/publications/brochures/guardian.aspx.

卡 通

从漫画家的名字开始。如果你无法辨认漫画家的名字，请从漫画的标题开始。

Coverly, Dave. "The Telltale Tail." *Speed Bump*, 26 Mar. 2016, www .speed-bump.com/cg_speedbump.php.

"Everyday Hospice." *New Yorker*, 19 Oct. 2015, p. 74.

Myers, Harland. "Don't Eat the Yellow Snow!" *Calabash and Cabbage*, Feb. 2017, p. 19.

光盘资源和录音

Springer, Alice G., and Daniel Paolicchi. *Barron's AP Spanish*, 8th ed., CD-ROM, Disc 3, Barron's, 2014.

"U.S. Population by Age: Urban and Urbanized Areas." *2014 U.S. Census Bureau.*, CD-ROM, US Bureau of the Census, 2015.

如果你没有引用光盘，请注明介质（例如录音带或 LP）。

"Chaucer: The Nun's Priest's Tale." *Canterbury Tales*, Narrative in Middle English by Alex Edmonds, Audiocassette. London, 2005.

Drake, Marc. *Early Settlers of the Smokey Mountains*. Recorded Feb. 2015, Audiotape. U Tennessee Knoxville, UTF.34.82.

引用歌词、封套内容简介或伴随录音的小册子作为印刷资料：

Armstrong, Louis. *Curtain Calls of Yesteryear*. Liner Notes. Audio Fidelity, 1973.

图书的章节或部分

只有在单独编辑、翻译或撰写，或在需要特别注意的情况下，才将书中的章节或部分列入参考文献页。

Dewey, John. "Waste in Education." *School and Society*, U of Chicago P, 1907, pp. 77–110. *Mead Project*, www.brocku.ca/MeadProject/Dewey/Dewey_1907/Dewey_1907c.html.

Schwehm, Stefon. "Chapter 4: Overcoming Challenges in the Workplace." *Leaping Walls: A Christian's Chapbook to Righteous Living*, High Crest, 2016.

古典作品

Homer. *The Odyssey*. Translated by Stephen Mitchell. Atria, 2013.

你更有可能在文集中找到一部经典作品，这就需要这种引用：

Sophocles. *Oedipus the King. Literature: An Introduction to Fiction, Poetry, Drama, and Writing*, edited by X. J. Kennedy and Dana Gioia, 13th ed.

Longman, 2015, pp. 1207–44.

作品集的组成部分

Mueller, Lisel. "Not Only the Eskimos." *Good Poems*, edited by Dani Shapiro, Viking, 2002, pp. 316–18.

会议记录

Grillo, Elizabeth, et al. BUCLD-39: *Proceedings of the Thirty-sixth Boston University Conference on Language Development*. June 2015, Cascadilla, 2015.

公司或组织

当标题页未标明成员姓名时，公司作者可以是协会、委员会或任何团体与机构。

American Medical Association. *Health Care Career Directory 2016– 2017*. 44th ed., Random, 2016.

列出一个委员会或理事会作为作者，即使该组织也是出版商。

Consumer Reports. *Consumer Reports Buying Guide 2017*. Consumer Reports, 2017.

交叉引用作品集中的作品

如果对某选集或者汇编当中的多部作品都进行了引用，你就需要对参考的选集进行全面信息标注。此外，你也需要对单独引用的篇目进行注释，需要提供作者以及作品名称、选集编辑者的姓氏以及该篇章所在选集的页码范围。

Dartt, Victoria. "The Bee Keeper's Love Song." Sutton, pp. 131–38.

Furman, Sarah J. "Of Polecats and Egg Salad." Sutton, pp. 18–27.

Sutton, Martin B., ed. *Readings from the Front Porch*. Warioto, 2017.

Wilmer, Donald. "MeMaw's Ironing Board." Sutton, pp. 112–16.

数据库

许多图书馆都将它们的电脑检索与在线数据库联系在一起，比如说 ProQuest Direct、EBSCOhost、Electric Library、Gale Databases、InfoTrac 等等。省略掉数据库的识别号码或者在搜索中使用的关键术语。下面是一些例子：

"A Chance to Build a Better Airport." *Ground Support Worldwide*, Mar. 2016. *General OneFile*, go.galegroup.com/ps/i.do?id=GALE%7CA444047752&v=2.1&u=tel_k_clarkhigh&it=r&p=GPS&sw=w&asid=ae d0c3ef94d78ed2954ea106d7abf39e.

"America's Children: Key National Indicators of Well-Being, 2015." Federal Interagency Forum on Child and Family Statistics, June 2015. *ERIC*, eric.ed.gov/?q=America%E2%80%99s+Children%3a+Key+National+Indicators+of+Well-Being&id=ED564158.

Fuller-Tyszkiewicz, Matthew, et al. "Does Body Satisfaction Influence Self esteem in Adolescents' Daily Lives? An Experience Sampling Study." *Journal of Youth and Adolescence*, vol. 45, Dec. 2015, pp. 11–19. Elsevier, www.sciencedirect.com/science/article/pii/S0140197115002006.

"Transforming the US Transportation System by 2050 to Address Climate Challenges." *Energy Weekly News*, 1 Apr. 2016, p. 663. *Infotrac Newsstand*, go.galegroup.com/ps/i.do?id=GALE%7CA44 7537054&v=2.1&u=tel_k_clarkhigh&it=r&p=STND&sw=w&asid=de4 9838504a927ade0a6f9ed58d0e9c8.

> **提示**：完整的信息可能不容易得到，例如原始出版数据可能丢失。在这种情况下，请提供所有可用的信息。

论　文

Patel-McCune, Santha. *An Analysis of Homophone Errors in the Writing of 7th Grade Language Arts Students: Implications for Middle School Teachers.* Dissertation, Southern Tech. U, 2017.

图纸、影印件和幻灯片

Michener, James A. "Structure of Earth at Centennial, Colorado." Line drawing in *Centennial*. By Michener. Random, 1974, p. 26.

Sharp, La Vaughn, and William E. Loeche. *The Patient and Circulatory Disorders: A Guide for Instructors.* 54 transparencies, 99 overlays, Lorrenzo, 2011.

版　本

如果不是第一版，就需要标注所引用的版次，可以用阿拉伯数字标明（3rd ed.），或者使用姓名来区分（Rev. ed.、Abr. ed.），又或者使用年份信息（2016 ed.），之后不用再加标点。

Prader, Flora, et al. *Case Studies in Social Ethics.* 4th ed., Century-Minot, 2017.

如果你想要写明出版的最初日期，可以在标题后面直接添上年份，再加上句号。注意，在系列丛书当中的版次标题需要大写。

Hardy, Thomas. *Far from the Madding Crowd.* 1874. Edited by Miller Anderson, Phipps, 2016.

编辑、译者或插画家

如果你引用的是原作，只需在作品标题后提及编辑、翻译或汇编者，并在作品标题后注明"Edited by"或 "Translated by"。

Sophocles. *Oedipus at Colonus.* Edited by Mark Griffith, et al. 3rd ed., U Chicago P, 2013.

如果你在文内引用中提到了某个编辑、插画家或者译者的作品，可以将原作者的名字放在作品的后面，用"By"这个词引导。

Doré, Gustave, illustrator. *Don Quixote.* By Miguel Cervantes, Catawba, 2015.

Raffel, Burton, translator. *Beowulf.* St. Sebastian, 2016.

如果编辑或编纂者的名字出现在文集或汇编的标题页上，请将其放在前面。

Pollack, Harriet, ed. *Eudora Welty, Whiteness, and Race.* U Georgia P, 2013.

社论、笔记、信件和评论

Dalton, Christopher. "Replanting and Replenishing — The Last Step in the Logging Process." Editorial. *Long Rapids Outpost*, 14 Mar. 2016, www.lroutpost.org/Replanting_Replenishing/031416.htm.

Johnson, Martha Miller. "Lending a Helping Hand." Editor's note. *Diabetic Living*, Fall 2015, p. 4.

电子邮件

Wright, Ellen. "Re: Online Composition Courses." Received by Jonathon J. Winters, 24 Feb. 2017.

电子邮件讨论组

如果知道的话，请将讨论组的版主和网址列上，如果没有这一信息，可以附上版主的邮件地址。

Worthen, Rena. "Floyd County Cemeteries." *VaGenWeb*, 23 May 2014, VAFLOYD@rootsweb.com.

百科全书、词典或参考书

像对待选集或汇编作品一样对作品按字母排序。如果列出了作者，就以作者的名字开始，否则就以文章的标题开始。如果文章的署名是姓名首字母，就在作品的其他地方寻找作者的全名。对于知名作品，只需要列出版本和出版年份。

"Abolitionist Movement." *Compton's Interactive Encyclopedia*, The Learning Company, 2016.

"Clindamycin HCI." *WebMD*, 2017, www.webmd.com/drugs/2/drug -12235/clindamycin-hcl-oral/details.

"Tumult." *The American Heritage College Dictionary*, 5th ed., 2011.

Ward, Norman. "Saskatchewan." *Encyclopedia Americana*, 2016 ed.

网上和大众市场的作品需要有完整的引文。

"Probiotics." *Dictionary of Medical Terms*, edited by Rebecca E. Sell, 6th ed. et al. Barron's, 2013.

论文（未出版）

Schuler, Wren. "Prufrock and His Cat." College of Southern Idaho, 3 Feb. 2017.

电影、视频或DVD

引用电影需标明名称、导演、发行人以及年份。如果与你的研究相关，也可以在导演的后面添上表演者、编剧或者制片人的名字。

Falkner, Sean. *Paul's Admonition to the Church at Philippi*. Myerson, 2016.

Mann, Michael, director. *The Last of the Mohicans.* Performance by Daniel Day-Lewis, Twentieth Century Fox, 1992.

"Mark Twain's Daughters." Narrated by Tracy Brindle, Mark Twain House and Museum, 6 Nov. 2015. *C-SPAN*, www.c-span.org /video/?329955-1/mark-twains-daughters.

Welles, Orson, director. *Citizen Kane.* 1941. Warner Bros., 2010.

外文标题和参考文献

Allende, Isabel. El cuaderno de Maya. Knopf Doubleday, 2012.

"Pour resoudre les problemes d'alimentation." *Eurotec*, Jan. 2013, p. 21.

Rosas, Blanca González. "La intolerancia artística del Papa Francisco." *Proceso*? 17 Mar. 2013, p. 68.

政府文件

由于公共文件种类繁多，你应该提供足够的信息，以便读者能轻松地找到参考资料。通常，参考文献列表中的信息应以政府作为作者开始，后跟逗号，然后是团体或机构的名称，包括从最大实体到最小实体的任何组织单位。

Minnesota, Department of Fish and Wildlife.

United States, Congress, House.

当你引用由同一个政府部门颁布的两份或两份以上的文件时，可以用三个连字符代表被重复的政府部门或团体。

United States, Congress, House.

---, ---, Senate, Department of Justice.

引用可以包括国会的编号和会议、议院（参议院或众议院），以及出版物的类型和编号。

United States, Congress, House. *Fairness for High-Skilled Immigrants Act of 2015*. Government Printing Office, 2015. 114th Congress, 1st session, House Resolution 213.

---, ---, ---. *Continuing Appropriations Act, 2016*. Government Printing Office, 2015. 114th Congress, 1st session, House Resolution 719.

如果你引用了《国会记录》（*Congressional Record*），则应将其包括在内，并提供日期和页码。

Congressional Record. "Prioritizing Online Threat Enforcement Act of 2015." 2 June 2015, House Resolution 2602, www.congress.gov/bill/114th-congress/house-bill/2602/text.

使用政府行政部门的文件时，你还必须提供清晰、详细的出版物信息。

United States, Department of State. *Foreign Relations of the United States: Diplomatic Papers, 1943*. 5 vols., Government Printing Office, 1943–44.

---. President. *2016 Economic Report of the President*. Government Printing Office, 2016.

州级论文的出版信息会相差很大，因此请提供足够的数据供你的读者查找该文档。

2015–2016 Statistical Report. Tennessee Board of Regents, 2016, TBR A-001-03.

New Jersey. Department of Environmental Protection — Compliance and Enforcement. *Noise Control Act.* N.J.S.A. 13:1 G-1 et seq., 1971, www.nj.gov/dep/enforcement/noise-control.html.

以下是其他示例，可作为研究文献引用的参考。

Illinois. *Illinois Recycled Newsprint Use Act.* 415 *ILCS* 110, 2016.

People v. McIntosh. California 321 P.3d 876, 2001–2006, 1970.

United States, Executive Branch. *U.S. Constitution.* Article 2, section 1.

学术网站首页

Peterson, Carson. Great Plains Writers Initiative Home Page. Dept. of Languages and Literature, Nebraska Tech U, 2017, www.ntu.edu /petersonc/ntu_lang_lit.html.

"Robert Lowell: 1917–1977." *Poetry Foundation*, Harriet Monroe Poetry Institute, 2016, www.poetryfoundation.org/bio/robert-lowell.

"Science and Society." College of Liberal Arts & Sciences, Arizona State U, 2017, clas.asu.edu/resources/science-society.

采 访

Anders, Angelina. Interview by Peter Leonard. *Peter on Pace Show,* 19 June 2016, www.peterpaceshow.com/061916/Angelina_Anders .htm.

Blitzer, Wolf. "Full Interview with House Oversight Chairman." Interview. Cable News Network, 30 Sept. 2015.

Richardson, Sarah. Interview with Daryl Black. "Step Inside a Gettysburg Relic." *Civil War Times,* vol. 54, no. 6, Dec. 2015, pp. 22–23.

引言、序言、前言或后记

如果你引用的是给别人的作品撰写的序言，以撰写序言、引言或者前言的人的名字开头，给出被引用部分的名称，既不加下划线也不加引号。将作者的名字按正常顺序放在标题之后，前面加"by"；之后是出版信息，最后是包含的页码范围。

Hyman, Mark, Foreword. *The Immune System Recovering Plan*. By Susan Blum, Scribner, 2013, ix–xii.

Payne, James. Introduction. *The Best Kind of Different*. By Steven Artstein, Fetcavitch, 2016, pp. 1–4.

期刊文章

在格式化期刊的参考文献条目时，无论是印刷版还是在线版，都要确保卷号"vol."以及刊号"no."紧跟在期刊的标题之后。在年份中添加月份或季度也会对研究者有所帮助。如果可能的话，提供数字对象标识符（DOI）而不是URL。

Gladstone, Gabrielle L., et al. "Childhood Predictors and the Early Treatment of Alcohol Use Disorders in Adolescents and Emerging Adults." *Journal of Drug and Alcohol Case Studies,* vol. 53, no. 2, Feb. 2016, pp. 183–204. www.jdacs.com/53.2/02-16 /childhoodpredictors.html.

Hsu, Eric L. "The Slow Movement and Time Shortage: Beyond the Dichotomy of

Fast or Slow." *Journal of Sociology*, vol. 51, no. 3, Sept. 2015, pp. 628–42. *Sage Publications*, jos.sagepub.com /content/51/3/628.full.pdf+html.

Lloyd, Rachel Malchow, and Scott Wertsch. "'Why Doesn't Anyone Know This Story?': Integrating Critical Literacy and Informational Reading." *English Journal*, vol. 105, no. 4, Mar. 2016, pp. 24–30.

Seegert, Liz. "White House Conference on Aging: Aging in Place, Falls, and Elder Abuse." *American Journal of Nursing*, vol. 115, no. 10, Oct. 2015, p. 13, doi:10.1097/01.NAJ.0000471922.64720.fd.

Tucker, Ferda S. "Reason to Weep: Isaiah 52 and the Subtext of Luke's Triumphal Entry." *Journal of Theological Studies*, vol. 66, no. 1, Apr. 2015, pp. 28–60.

另外，如果某期刊只使用期号，则将其视为卷号。

期刊，一年中所有期次的合订本

Erickson, Jennifer L. "Saint or Sinner? Human Rights and U.S. Support for the Arms Trade Treaty." *Political Science Quarterly*, vol. 130, no. 3, Fall 2015, pp. 449–74.

讲座、演讲或公开讲话

标明演讲的性质，如讲座、朗读或演讲，以及演讲的地点（通常是演讲厅和城市）和日期。

Adler-Kassner, Linda. "Writing Strategies for Action." Conf. on Coll. Composition and Communication Convention. George R. Brown Convention Center, Houston, 6 Apr. 2016.

Crimmins, Morton. "Robert Lowell — American Poet." Western State U Minnesota,

22 Oct. 2016, www.wsum.edu/crimmins/10-22-2016 /RobertLowell.htm.

已出版的信件

Nighthorse, Edwina. "Letter to Tribal Elders." 20 April 1968. *Memoirs of a Kiowa Granddaughter*, by Patricia Nighthorse. Crossed Arrows, 2017, p. 49.

杂志中的文章

对于杂志来说，提供卷数信息对于找到具体的文章并无助益。例如，《时代周刊》的某卷就包含了52期杂志，因而第16页就会重复52次。因此，你需要为那些周刊、半月刊的出版物标明具体的日期，不要只列出卷数与期数。

Neusse, Carter. "Away from the Spring Breakers — Exploring the Gulf's Most Private Beaches." *Gulf Coast Living*. Mar./Apr. 2017.

Schulz, Kathryn. "Pond Scum: Henry David Thoreau's Moral Myopia." *New Yorker*, 19 Oct. 2015, pp. 40–45.

手稿或打印稿

Montague, Mary Katherine. "Of Old Barns and Bridges." Southern Tech. U, 2016, Manuscript, www.stechu.edu/montaguemaryk/old _barns_bridges.html.

Nichols, Michael. "The Death March of Wilfred Owen." 1959. Typescript.

Tabares, Miguel. "Voices from the Ruins of Ancient Greece." Unpublished essay, 2017, Manuscript.

地图或图表

因为它是一个独特的来源,所以要添加一个描述性的标签,除非标题描述了媒介的性质,否则应加上描述性标签。

County Boundaries and Names. United States Base Map GE-50, No. 86, U.S. Government Printing Office 2016.

"Virginia — 1735." Map. *History of County Formations in Virginia 1617–1995. RootsWeb*, 2017, http://homepages.rootsweb.ancestry .com/~george/countyformations/virginiaformationmaps.html.

音乐作品

如果想要引用音乐作品,先放上作曲者的姓名,之后加上句号。将歌剧、芭蕾或音乐作品的名称写为斜体的形式,但不要将音乐形式、乐谱编号以及调号等与器乐作曲相关的信息变为斜体或者放入双引号内。

Mozart, Wolfgang A. *Symphony* No. 41 in C major, K. 551, 1788, imslp.org/wiki/Symphony_No.41_in_C_major,_K.551_%28Mozart,_Wolfgang _Amadeus%29.

对那些已经出版的音乐作品,像引用书籍一样进行引用。

Legrenzi, Giovanni. *La Buscha*. Sonata for Instruments. *Historical Anthology of Music*, edited by Archibald T. Davison and Willi Apel, Harvard UP, 1950, pp. 70–76.

新闻通讯

"Perspectives and Trends in Composting." *MidWest BioPost,* Fall 2016, www.midwestbiopost.org/compost_perspectives_trends/2016fall .html.

报纸文章

如果出版所在城市的信息并没有在地方报纸的名称当中出现，那么你需要将城市放在名称后面的方括号中，不用变为斜体，例如"*Times-Picayune* [New Orleans]"。按照这样的方式写作页码信息（例如，21, B–7, 13C, D4）。省略卷数和期数信息。

> Centonze, Tony. "1,200 Runners Go Commando." *Leaf Chronicle* [Clarksville, TN], 18 Oct. 2015, pp. 1A+.
>
> Williams, Juliet, and Justin Pritchard. "Private Firms Question High-Speed Rail Funding." *San Diego Union-Tribune*, 17 Oct. 2015, p. A8.

小　说

> Conrad, Joseph. "Chapter 1." *Heart of Darkness*. 1902. *The Literature Network*, 2015, www.online-literature.com/conrad /heart_of_darkness/.
>
> Simonson, Helen. *The Summer Before the War*. Random House, 2016.

页　码

引用页码以帮助读者找到书中的某一章节。页码包括"p."或"pp."在内的数字。对于较长的数字，可以只给出第二个数字的最后两位。

> Armour, Richard. "Eugene O'Neill." *American Lit Relit*, McGraw-Hill, 1964, pp. 144–48.

在文章中不连续的页码

提供完整的页码（ pp. 202–09, pp. 85–115, 或 pp. 1112–24），但如果一篇文章在整期中被分页放置（如 pp. 74, 78, 和 81–88），只写第一个页码和一个加号，

第 14 章　参考文献：MLA 格式　　349

没有中间的空格。

  Holliman, James. "Just Give Us a 'Fracking' Clue." *Southern Plains Monthly,* Mar. 2017, pp. 34+.

小册子、节目单和海报

标明具体的资料来源。

  "Earth Day." Poster. Louisville. 22 Apr. 2016.

  Federal Reserve Board. *Consumer Handbook to Credit Protection Laws.* Government Printing Office, 2016.

  "Parent's Association–Family Weekend." Program. U of Tennessee, Knoxville, 19 Sept. 2016.

  Westinghouse Advanced Power Systems. *Nuclear Waste Management: A Manageable Task.* Westinghouse, 2016.

表　演

对于演出，如戏剧、歌剧、芭蕾舞或音乐会等，引用应标注地点——通常是剧院和城市——以及演出的日期。

  1700's Cherokee Clothing. Cherokee Heritage Center, Tahlequah, OK, 13 Aug. 2015.

  A Midsummer Night's Dream. By William Shakespeare. Folger Theatre, Washington, 5 Mar. 2016.

如果你的文章需要强调该表演是某人的作品，那就以名字开头。

  Frisell, Bill. "When You Wish Upon a Star." Barns at Wolf Trap, Vienna, VA, 13 Feb. 2016.

戏　剧

Rostand, Edmond. *The Romancers: A Comedy in Three Acts*. 1894. Translated by Barrett H. Clark, 1915, www.gutenberg.org/cache /epub/17581/pg17581.html.

Shakespeare, William. *Macbeth*. Edited by Jesse M. Lander, Rpt. of the 1623 ed. *Shakespeare's Great Tragedies,* Barnes and Noble, 2012.

古典戏剧经常会出现在选集当中，因此可能会需要这种形式：

Shakespeare, William. *Othello. Literature: An Introduction to Fiction, Poetry, Drama, and Writing,* edited by X. J. Kennedy and Dana Gioia, 13th ed., Longman, 2016, pp. 1250–1348.

现代戏剧单独出版的，或者是作为选集的一部分出版的，也可参考如下形式：

Shepard, Sam. *Ages of the Moon*. Dramatist's Play Service, 2015.

诗　歌

Hardy, Thomas. "Her Death and After." *Wessex Poems and Other Verses*. 1898. *Bartleby*, 2016, www.bartleby.com/121/26.html.

Yeats, W[illiam] B[utler]. "Sailing to Byzantium." *The Collected Poems of W. B. Yeats*, Macmillan, 1956, pp. 191–92.

古典诗歌通常是经过翻译的，因此你需要列出翻译者、编辑的名字。如果作品是诗集的一部分，请说明你使用的是哪本诗集，并标出其中的页码。

Dante. *Inferno. The Divine Comedy*. Translated by John Ciardi. *The Norton Anthology of World Masterpieces,* edited by Sarah Lawall et al., Norton, 1999, pp. 1303–1429.

如果你从一位作者的诗集中引用了几首不同的诗，就没有必要在参考文献中列出具体的诗歌和页码，但你的文内引用应该标出具体的诗歌和页码。

Eliot, T. S. *The Complete Poems and Plays 1909–1950.* Harcourt, 1952.

出版者

由于现在大多数出版商都有多个办公地点用来开展编辑、排版和设计工作，所以没有必要在参考文献中标出出版的城市或州。在标注位置时，有出版社的名称就够了。

Salazar, Paola. *Never Escape My Heart.* Diggs-Royal Press, 2016.

如果未找到位置、出版者、出版日期或页码，请使用以下缩写之一：

n.p.　　No place of publication listed

n.p.　　No publisher listed

n.d.　　No date of publication listed

n. pag.　　No pagination listed

Lewes, George Henry. *The Life and Works of Goethe.* 1855. 2 vols. Reprinted as vols. 13 and 14 of *The Works of J. W. von Goethe*, edited by Nathan Haskell Dole, London, Nicolls, n.d., 14 vols.

报　告

未装订的报告放在引号内，装订的报告作为书籍处理。

Oktem, Cigdem. "Risk Management and Oversight." Tapestry Networks, 2016, www.tapestrynetworks.com/issues/corporate-governance /risk-management-and-oversight.cfm.

"Recovering from Identity Theft." Federal Trade Commission, 2016, www.consumer.ftc.gov/features/feature-0014-identity-theft.

United Nations Office on Drugs and Crime. *World Drug Report: 2015*. Vienna, Austria, UNODC, May 2015.

再版作品

如果你能找到最初的出版信息，可使用下面的格式：

Allenda, Isabel. "Enamored with Shakespeare." *Folger Magazine*, Spring 2013, n. pag. Reprinted in *Living with Shakespeare*, edited by Susannah Carson, Vintage, 2013, pp. 489–92.

再版书籍

如果你引用的是重新出版的书籍，那么你需要在书名后面加上最初的出版日期，之后再提供你所引用版本的具体出版信息。

Stevenson, Robert Louis. *Treasure Island*. 1883. Cambridge U P, 2015.

评 论

给评论者和评论的标题命名，然后写上"Review of"，以及被评论作品的名称，之后加上逗号和来源名称。

Hoagland, Tony. "The Art of Slowness — *Sun Bear* by Matthew Zapruder." Review of *Sun Bear*, *American Poetry Review*, Sept./ Oct. 2015, pp. 9–10.

剧　本

Boal, Mark. *Zero Dark Thirty: The Shooting Script*. Newmarket Press, 2013.

Pearce, Donn, and Frank Pierson. *Cool Hand Luke*. 1967, www.aellea.com/script/cool_hand_luke.html.

系列文章或讲座

Denny, Josh. "A Journey to Precision Medicine." The Discovery Lecture Series. Vanderbilt U Medical Center, 2 Feb. 2016, mediasite.vanderbilt.edu/Mediasite/Play/f1760af14c9d4b9fb45467721597c25b1d

歌　曲

Dylan, Bob. "Tangled Up in Blue." *Blood on the Tracks,* 1975, bobdylan.com/songs/tangled-blue/.

资料手册或案例汇编

如果你能找到最初出版的信息，将它们写进参考文献条目中。

Ellmann, Richard. "Reality." *Yeats: The Man and the Masks,* Macmillan, 1948. Rpt. in *Yeats: A Collection of Critical Essays,* edited by John Unterecker, Prentice, 1963, pp. 163–74.

特　刊

如果你从期刊的特刊中引用了一篇文章，一定要注明页码。

Redonet, Fernando Lillo. "Antony and Cleopatra." *History.* Spec. Issue of *National*

Geographic, Oct./Nov. 2015, pp. 18–27.

表格、插图、图形或图表

作品中发布的任何形式的表格或插图都需要详细的标签，例如图表、表格、图形、照片等。

"Global Warming Potentials." Table. *Greenhouse Gas Protocol*, 2007, www.ghgprotocol.org/files/ghgp/tools/Global-Warming-Potential -Values.pdf.

Valino, Alvaro. "A World of Fast Food." Graph. *National Geographic*, vol. 228, no. 2, Aug. 2015, pp. 8–9.

电视或广播节目

如果可能且相关的话，按照下面的顺序排列信息：剧集（加引号）、节目名称（下划线或斜体）、系列的名称（不加下划线也不加引号）、网络的名称、当地电台的代号字母和播出时间。你也可以在节目后面添加其他信息（比如说解说员）来标明叙述者、导演者、表演者。如果相关的话，将剧集的总数放在剧集名称的前面。

Langfitt, Frank. "China's White Elephants: Ghost Cities, Lonely Airports, Desolate Factories." *Morning Edition*. National Public Radio, 12 Oct. 2015, www.npr.org/sections/parallels/2015/10/15/446297838/chinas-white-elephants-ghost-cities-lonely-airports-desolate-factories.

"The Pilgrims." 1 episode. *American Experience*, directed by Ric Burns. Nashville Public Television, 24 Nov. 2015.

文章标题

在引号内显示文章标题，在后引号前加上一个句号。

Elkins, Ansel. "Last Panther of the Ozarks." *Oxford American*, Fall 2015, pp. 118–25.

标题中的标题

如果参考文献中包括某本书的名字，请引用整篇文章并使用斜体表示书名。

Wicker, Alan. "From Humble Roots to *Divine Identities*: A Review Essay." *Prairie Poets Quarterly*, vol. 28, no. 3, Fall 2016, pp. 93–94.

如果一本书的标题包含了另一个标题，请不要在较短的标题上加下划线或用斜体。

Schilling, Bernard N. *Dryden and the Conservative Myth: A Reading of Absalom and Acidophil.* Yale UP, 1961.

译 者

只有在引用译者的序言、前言、后记或注释时，才把译者的名字列在前面。

Neruda, Pablo. *Sublime Blue: Selected Early Odes by Pablo Neruda.* Translated by William Pitt Root, Wings Press, 2013.

校园帖子或网络文章

Goodman, Herb. "Weaving That Originated at Family Nature Day Now Graces Maywoods." Eastern Kentucky U, 1 Mar. 2013, www.eku.edu /news/weaving-originated-family-nature-day-now-graces-maywoods.

卷　数

如果你只引用多卷作品中的一卷，只需在参考文献条目中提供该卷的编号以及该卷的其他信息。在你的正文中，则只需要标出页码，例如"（Borgese 45–51）"。

Chircop, Aldo, et al., eds. *Ocean Yearbook.* Vol. 30, Brill, 2016.

如果你引用的是多卷本中某一卷的某一章材料，必须包括卷号。你还必须提供包含的页码，总卷数也可以列出，但不是必需的。

Lauter, Paul, ed. "New Generations: Postmodernity and Difference." *The Heath Anthology of American Literature,* 7th ed., vol. E., Houghton Mifflin, 2013, pp. 2345–54, 5 vols.

如果引用的是多卷当中的两卷或两卷以上，你的文内引用就需要标明所在卷数以及页码信息，如"（2：120）"。更多例子见本书 13.5 部分中的论文范文。

如果你引用的卷本已经出版了很长时间，就需要在引用的最后提供出版的时间范围。如果该卷本还在出版当中，你需要在卷数后面写上"to date"的字样，并在初始日期之后的连字符后面留一个空格。

Cassidy, Frederic, ed. *Dictionary of American Regional English.* 3 vols. to date, Belknap-Harvard UP, 1985–present.

Walsch, Neale Donald. *Conversations with God: An Uncommon Dialogue.* 3 vols., Penguin, 2007–2008.

为了澄清以及出于对读者的礼貌，你可以将整个版本的相关信息添加到文献条目中。

Crane, Stephen. *Wounds in the Rain. Stephen Crane: Tales of War*. UP of Virginia, 1970. Vol. 6 of *The University of Virginia Edition of the Works of Stephen Crane,* edited by Fredson Bowers, pp. 95–284. 1969–1976. 10 vols.

期刊的卷数、期数和页码

在编辑期刊的参考文献条目时，不管是印刷版本还是在线版本，要确保在期刊名称后加上卷号"vol."和期数"no."。在年份中加上月份或季度也可以为研究人员提供帮助。

Curtis, Arthur B. "Variables and Problems in Adolescent Diagnosis of Bipolar Disorder." Studies in *Psychotherapy Quarterly,* vol. 42, no. 3, Fall 2016, pp. 33–41.

第 15 章

按 APA 格式写作

- 写作理论性文章、实证研究报告或评论文章
- 在 APA 论文中使用恰当的时态
- 使用 APA 格式的文内引用
- 准备参考文献列表
- 为 APA 论文调整格式
- 撰写摘要
- APA 格式的论文示例

> **明确目标**
>
> 《美国心理协会出版手册》第六版规定的 APA 格式，在社会学领域获得了认可，与之类似的版本也已经应用在生物科学、商学以及地球科学当中了。本章讨论的问题可以协助你在学术论文中进行准确的文献引用：
> - 理解 APA 格式在理论性文章、实证研究报告及评论写作当中的应用。
> - 在 APA 研究论文中使用恰当的时态。
> - 使用 APA 格式的文内引用。
> - 使用 APA 格式写作参考文献列表。
> - 调整 APA 论文的格式。
> - 为你的论文写一个简短但全面的摘要。

研究在社会科学领域当中是非常重要的，你需要非常精准地开展自己的研究项目。

15.1 写作理论性文章、实证研究报告或评论文章

在科学领域，你可能会从以下三类文章当中做选择，有时候你的论文导师也会为你指定其中一类：
- 理论性文章。
- 实证研究报告。
- 评论文章。

理论性文章

理论性文章是依据现有的研究材料对某一课题进行考察的一类研究性文章。当你处于学业的第一、第二年时，很有可能需要写这类论文。你需要追踪理论的

发展轨迹，或者通过参阅相关文献对理论进行比较，进而熟知当下关于一些课题的思考现状，比如说对孤独症、犯罪行为、不健全家庭以及学习障碍等问题的研究现状。理论性文章通常是为了实现四个目标：

- 发现或者提出在科学界当中有一定历史意义的假设。
- 追踪某一理论演进的历史与发展轨迹。
- 对涉足过该问题的诸多文章进行系统分析。
- 对盛行的理论做出评判或者探讨。

实证研究报告

当实施实地研究或者进行实验室测验的时候，你需要对研究过程的诸多细节进行报告。实证研究报告一般有这四种目的：

- 介绍所调查的问题或假设，阐明该项工作的目的。
- 描述实施研究时采用的方法。
- 报告结果以及基本的发现。
- 对研究发现的意义进行讨论、阐释以及探索。

你需要紧随研究导师的指示，一步一步完成上面每个阶段的工作。

评论文章

你可能需要对已出版的文章、书籍或者有共同问题域的一系列文章做出批判性评价。该类文章的目的是考察现有研究的大致状况，在某些情况下，也需要判断现有的研究是否还需要其他角度的补充。评论文章一般需要完成以下目标：

- 为讨论的课题找到一个具体议题。
- 概述并审视文章或者书籍。
- 分析文献，发现该文献的优点、缺点或者在研究中前后矛盾的地方。

- 通过对现有文献的综述，合理地推出下一步还需要的补充研究。

15.2 在 APA 论文中使用恰当的时态

动词的时态是将人文学科论文与自然学科论文、社会学科论文区分开来的一个指标。前面的章节中提到，MLA 格式通常会要求你在引用他人文献时使用现在时，如 "Jeffries stipulates" 或者 "the work of Mills and Maguire shows"。相比之下，APA 格式则建议你使用过去时或者现在完成时，如 "Jeffries stipulated" 或者 "the work of Mills and Maguire has demonstrated"。在讨论结果的部分，APA 格式建议使用现在时，例如 "he results confirm" 或者 "the study indicates"。在提到既定的知识时，也使用现在时，例如 "the therapy offers some hope" 或 "salt contributes to hypertension"。下面的段落并排显示了 MLA 与 APA 格式在动词时态上的不同之处。

MLA 格式：	APA 格式：
The scholarly issue at work here is the construction of reality. Cohen, Adoni, and Bantz label the construction a social process "in which human beings act both as the creators and products of the social world" (34). These writers identify three categories (34–35).	The scholarly issue at work here is the construction of reality. Cohen, Adoni, and Bantz (2013) labeled the construction a social process "in which human beings act both as the creators and products of the social world" (p.34). These writers have identified three categories.

在右边显示的 APA 格式，要求在对既有知识进行概括和引用时使用现在时，而对文献进行引用时使用现在完成时或者过去时，例如 "the sources *have tested* a hypothesis"或"the sources *reported* the results of a test"。下面的这个句子就正确使用了 APA 格式的时态：

The danger of steroid use $\boxed{\text{exists}}$ for every age group, even youngsters. Lloyd and Mercer (2013) $\boxed{\text{reported}}$ on six incidents of liver damage to 14-year-old swimmers who used steroids.

每个年龄段都存在着类固醇使用风险，即便是青少年。劳埃德与美世报道了六起 14 岁游泳运动员因使用类固醇而造成的肝脏损伤事件。

正如这个例子当中显示的，为既定知识的使用现在时（exists），为引用内容的使用现在完成时（has reported）或者过去时（reported）。

15.3 使用 APA 格式的文内引用

APA 在文内引用格式上有下列规定：

- 仅仅引用作者的姓氏。
- 在括号内，作者的姓名之后加年份信息。即使参考文献中包含了月份信息，在文内引用中也只注明年份。
- 只需对直接引用进行页码标注，无须对改述内容标注页码信息。
- 在页码之前使用"p."或者"pp."。

引用姓氏与出版年

APA 格式的文内引用需要提供作者的姓氏以及出版的年份。

$\boxed{\text{Nguyen (2016)}}$ has advanced the idea of combining the social sciences and mathematics to chart human behavior.

阮晋勇提出了将社会科学和数学相结合来绘制人类行为图标的想法。

如果你在文章当中没有提到作者的名字，就将名字放在括号当中。

　　One study has advanced the idea of combining the social sciences and mathematics to chart human behavior (Nguyen, 2016).

一项研究提出了将社会科学和数学结合起来绘制人类行为的想法。

提供页码

如果你从某文献当中直接引用了一些词句，就需要在"p."以及"pp."符号后面提供页码信息。你可以将页码放在文中的两个位置：年份后边（2012, p. B4）或者引用的结尾。

　　Nguyen (2016) has advanced the idea of "soft mathematics," which is the practice of "applying mathematics to study people's behavior" (p. B4).

阮晋勇推动了"软数学"观点的发展，这是"应用数学来研究人类行为"的一种实践。

引用大段材料

将超过40字的引文放在一个单独的区块当中，从页面左边距缩进5个空格的距离（MLA格式要求使用10个空格）。该引文与正文分离，处于一个单独的区块当中，所以你无须为其加上双引号。不要将第一行内容另外增加5个空格的缩进，不过，要把那些在区块当中出现的附加段落的第一行增加5个空格的缩进，即缩进后保持与左边距10个空格的距离。在最后的句号后面加上括号引用信息。

　　Albert (2017) reported the following:

> Whenever these pathogenic organisms attack the human body and begin to multiply, the infection is set in motion. The host responds to this parasitic invasion with efforts to cleanse itself of the invading agents. When rejection efforts of the host become visible (fever, sneezing, congestion), the disease status exists. (pp. 314–315)

阿尔伯特在报告中说：

> 当病原体攻击人的身体并开始增殖时，感染就开始了。人体会通过清除入侵中介来回应这种入侵。当人体的排异反应变得可见时（发烧、喷嚏、鼻塞），生病状态也就出现了。

引用不止一位作者的作品

假如某作品拥有两名及以上的作者，你需要在文中使用"and"，在括号内引用中则使用"&"。

> Werner and Throckmorton (2016) offered statistics on the toxic levels of water samples from six rivers.

> 沃纳与思罗克莫顿提供了六条河流的水样中所含毒素水平的统计数据。

在括号内引用中则使用"&"符号。

> It has been reported (Werner & Throckmorton, 2016) that toxic levels exceeded the maximum allowed each year since 2009.

> 有报道称自2009年以来，毒素水平超出了每年允许的最大值。

如果有三到五位作者，在第一条引用当中将他们的名字全部标出，例如，"Torgerson, Andrews, Smith, Lawrence, & Dunlap, 2015"，之后再出现则使用"et al."，例如，"Torgerson et al., 2015"。如果有六位及以上的作者，不管是第一条引用还是之后的所有引用，都使用"et al."表示，例如，"Fredericks et al., 2016"。

引用同一作者的多部作品

使用小写字母（a、b、c）来区分同一作者发表于同一年的多部作品，比如，"Thompson, 2016a"以及"Thompson, 2016b"。在后面的参考文献当中，则分别使用"2016a"与"2016b"来区分。如果需要的话也可添加其他信息。

Horton (2016; cf. Thomas, 2015a, p. 89, and 2015b, p. 426) suggested an intercorrelation of these testing devices, but after multiple-group analysis, Welston (2016, esp. p. 211) reached an opposite conclusion.

霍顿认为这些测试工具之间存在着组间关联，而威尔斯顿则得出了相反的结论。

引用间接材料

如果你想引用某书籍或者文章当中引用过的内容，就需要进行双重引用，即在你的文章当中写上原作者的信息，然后在后面的括号引用当中添加上你所参考的文献信息。

In other research, Massie and Rosenthal (2016) studied home movies of children diagnosed with autism, but determining criteria was difficult due to the differences in quality and dating of the available videotapes (cited in Osterling & Dawson, 2014, p. 248).

在其他研究中，马西与罗森塔尔研究了被诊断为孤独症的儿童的家庭电影，但由于质量的差异以及现有录像带所属年代的不同，确定标准是困难的。

从课本或者选集当中引用

如果你引用了课本、专题汇编或者选集当中的文章或者章节，在文内引用时，只需标明所引用内容的作者信息：

> One writer stressed that two out of every three new jobs in this decade will go to women (Ogburn, 2015).
>
> 一位作者强调说，这十年中三分之二的新工作机会都属于女性。

引用古典文献

如果你找不到某古代作品的出版信息，那么就在括号内的作者名称后面加上"n.d."的字样。

> Seeing psychic emotions as . . . (Sophocles, n.d.).
>
> 将精神情感视作……

标明你所引用的任何译本的出版年份，在年份前加上"trans."的字样，此外，标明你所使用版本的出版年份，在年份后添上"version"。

> Plato (trans. 1963) offered a morality that . . .
>
> 柏拉图提出了一种道德观……
>
> Plato's *Phaedrus* (1982 version) explored . . .
>
> 柏拉图的《斐德罗篇》（1982 版）探讨了……

如果你知道作品最初的出版时间，可以将该时间放在翻译出版时间或者引用版本出版时间之前。

> In his "Poetics," Aristotle (350 B.C.E. 2014) viewed the structure of the plot as a requisite to a good poem.

在《诗学》中，亚里士多德将情节结构视作优秀诗作的前提。

在参考文献页面当中无须提供对重要古典作品以及《圣经》的引用条目。因此，你需要在文内注明所使用的版本、书名、章节、行数、篇数或篇目信息。

In Exodus 24:3–4 Moses erects an altar and "twelve pillars according to the twelve tribes of Israel" (King James version).

在《出埃及记》中，摩西建立了一座祭坛，并"根据以色列的十二个部落建立了十二根支柱"。

The *Epic of Gilgamesh* shows, in part, the search for everlasting life (Part 4).

《吉尔伽美什史诗》部分展示了对永生的追寻。

In the *Iliad*, Homer takes great efforts in describing the shield of Achilles (18:558–709).

在《伊利亚特》中，荷马用了很大的篇幅来描述阿喀琉斯的盾牌。

在文内缩写团体作者名称

某些团体的名称也可以作为作者出现，比如说社团、协会以及政府机构，它们的名称通常在每次出现时都要被书写出来。不过，有些团体作者的名称也可以在第一次出现时用全称，之后就使用缩写的形式：

One source questioned the results of the use of aspirin for arthritis treatment in children (American Medical Association [AMA], 2016).

有人质疑了在儿童关节炎治疗中使用阿司匹林的后果。

之后，可以通过首字母的方式指代团体作者：（AMA,2016）。你需要在文内引用中为读者提供足够的信息，这样他们才可以在参考文献列表当中轻松地定

引用没有作者的作品

当某个作品找不到作者时，你就需要将标题放在文内引用当中（或者也可以使用材料开头的几个词）。

The cost per individual student has continued to rise rapidly ("Tuition Crises," 2015, p. B–3).

每个学生的花费在持续快速上升。

引用私人交流信息

由于邮件、电话交流、备忘录以及私人谈话无法提供可复原的数据信息，因此 APA 格式并未允许将这些材料纳入参考文献当中。因此，你只能在文内引用这些私人交往信息。你可以这么做：标明文献作者的姓氏以及名字首字母，提供日期信息，并简短地描述该交流的类型。

M.Gaither (personal communication, January 11, 2017) described the symptoms of Wilson's disease.

M. 盖瑟（私人沟通，2017 年 1 月 11 日）描述了威尔逊氏病的症状。

在文内引用网络资源

一般来说，引用电子文献与引用印刷文献的方式并无太大不同，可参照下面这些情况：

省略页码以及段落数字。电子文献一个很了不起的优势就是它的可搜索性，因此读者可以通过搜索功能很快找到你的引文出处。假如你在文章中写了如下内容：

The Internet Report presented by the University of South Carolina (2016) advised policy makers with "a better understanding of the impact the Internet is having in our society."

南卡罗来纳大学提交的《互联网报告》建议政策制定者"更好地理解网络对我们社会的影响"。

如果有读者想了解更多信息，就可以去你的参考文献列表当中找到完整的引用文献，该条文献应该包括文章所在的网址或者数字对象标识符（DOI）。通过浏览器找到文章之后，将关键词键入其中，这时，软件会立即将光标移动到包含该文字的段落。相较于在若干个段落中一段一段地搜索，这是更为便捷的方式。

提供段落数字。一些学者在网络写作时会对段落添加数字标记。因此，如果你找到的在线文章标记了段落数字，那么请务必将该信息添加到引用当中。

The Insurance Institute for Highway Safety (2015) has emphasized restraint first, and said, "A federal rule requiring special attachments to anchor infant and child restraints in vehicles is making installation easier, but not all child restraints fit easily in all vehicles" (para. 1).

高速公路安全保险协会强调安全第一，并指出，"一项联邦法规要求在机动车内使用特殊附件固定婴儿与儿童座椅是为了让安装变得更简单，但并非所有儿童安全装置都能与任何机动车轻松匹配"。

Recommendations for treating non-insulin-dependent diabetes mellitus (NIDDM), the most common type of diabetes, include a diet that is rich in carbohydrates, "predominantly from whole grains, fruit, vegetables, and low-fat milk." (Yang, 2013, para. 3).

治疗非胰岛素依赖型糖尿病（NIDDM）（最常见的糖尿病类型）的建议，提倡采用富含碳水化合物的饮食，"主要来自全谷类、水果、蔬菜和低脂牛奶"。

提供页码。在某些情况下，你可能会在网络文章各个部分发现带括号的页码信息。这些信息指的是该文章印刷版本中的页码。因此，你就应该像引用印刷文献一样引用这些页码信息。下面的一个示例就是某个带有页码信息的网络文献，其中注明了第 17 页与第 18 页之间的中断：

> What is required is a careful reading of Chekhov's subtext,that elusive [pp 17–18] literature that lingers in psychological nuances of the words, not the exact words themselves. — Ward
>
> 我们需要对契诃夫的潜台词进行细读，那难以捉摸的作品徘徊于词语在心理上的细微差别中，而非词语本身。——沃德

在引用当中也可以将页码信息加上。

> One source argued the merits of Chekhov's subtext and its "psychological nuances of the words" (Ward, 2015, p. 18).
>
> 一篇文献讨论了契诃夫潜台词的优点，以及其"词语在心理上的细微差别"。

在线资源
网络文章

> Commenting on the distinction between a Congressional calendar day and a legislative day, Dove (2017) stated that "a legislative day is the period of time following an adjournment of the Senate until another adjournment."
>
> 在讨论国会日历日与立法日之间的区别时，达夫指出："立法日是参议院两次休会之间的一段时间。"

> "Reports of abuses in the interrogation of suspected terrorists raise the

question of how — or whether — we should limit the interrogation of a suspected terrorist when our national security may be at stake" (Parry & White, 2017, abstract).

"有关审讯时对可疑恐怖分子的虐待行为的报告提出了一个问题，即在国家安全可能受到威胁时，我们应如何（或是否）限制对可疑恐怖分子的审讯"。

在线报纸文章

Ochberg (2016) commented on the use of algae in paper that "initially has a green tint to it, but unlike bleached paper which turns yellow with age, this algae paper becomes whiter with age."

奥赫贝格探讨了藻类在纸张上的应用，认为"起初它有一种绿色的色调，但与漂白纸张随着时间变黄不同，这种藻类纸张会变得更白"。

在线杂志

BusinessWeek Online (2016) reported that the idea of peer-to-peer computing is a precursor to new Web applications.

《商业周刊在线》报道说，对等网络计算的构想是新网络应用程序的先声。

政府文件

The website Thomas (2013) has outlined the amendments to the American Geothermal Exploration and Technology Act of 2013, which promotes the mapping and development of United States geothermal resources to improve technology and demonstrate the use of geothermal energy in large-scale thermal applications, and for other purposes.

"托马斯"网站概述了 2013 年《美国地热勘探与技术法案》的修订内容，该法案支持美国地热资源的筹划与发展，从而改善技术并证明地热能源在大规模热能应用程序以及其他用途中所起到的作用。

其他电子资源

邮件。《美国心理协会出版手册》规定，私人交往信息因其无法复原的特性不能在参考文献当中出现，只能在文内进行引用。

One technical writing instructor (March 8, 2017) has bemoaned the inability of hardware developers to maintain pace with the ingenuity of software developers. In his e-mail message, he indicated that educational institutions cannot keep pace with the hardware developers. Thus, "students nationwide suffer with antiquated equipment, even though it's only a few years old" (dplattner@cscc.edu).

一位技术写作指导员（2017 年 3 月 8 日）为硬件开发人员无力追赶颇具独创性的软件开发人员的步伐而感到惋惜。在他的电子邮件中，他表示教育机构无法跟上硬件开发人员的步伐。因此，"全国的学生都面对着陈旧过时的设备，即便它们只使用了几年"。

电子邮件发布列表。尽管一些 LISTSERV 群组在近些年已经被合法化了，不过，只有当其内容具有学术价值，或者列表是由学术人士（比如说线上课程的导师）支撑的时候，你才可以引用其中的内容。在引用时，需要列出准确的日期以及邮箱地址。

R. D. Brackett (online discussion, May 7, 2016) has identified the book

Echoes of Glory for those interested in detailed battlefield maps of the American Civil War.

R. D. 布拉克特（线上讨论，2016 年 5 月 7 日）认为《荣耀的回声》可以帮助那些有兴趣了解美国内战详细作战地图的人。

A. G. Funder (January 5, 2017) argued against the "judgmental process."

A. G. 丰德（2017 年 1 月 5 日）反对"审判程序"。

光　盘

Grolier's Multimedia Encyclopedia (2015) explained that in recent decades huge swaths of the rain forest have been toppled; as the trees disappeared, so, too, did the flora and fauna that thrived under their canopy.

《格罗利尔多媒体百科全书》说，最近几十年来，大片的雨林被砍伐殆尽。随着树木的消失，在它庇护下繁衍生息的动植物也逐渐消失。

15.4 准备参考文献列表

在你的参考书目页中使用"参考文献"作为标题。像文章主体一样，参考文献列表也应自始至终保持双倍行距。将条目按照字母顺序进行排序。记住，"Adkins, Y. R." 应该排在 "Adkinson, A. G." 的前面，即使"o"应该排在第一个条目当中的"y"的前面。除了私人交往的信息以及有名的古典作品，所有在文章中使用过的文献都应该在论文结尾的、经过字母排序的参考文献列表当中出现。将每个条目的第一行靠页面左边缘对齐，接下来的每行都缩进五个空格的距离。将书籍、期刊以及卷数的名称变为斜体（编者注：中文作品不必）。

书　籍
普通书籍

Michaels, P. R. (2016). *Exposition and progress: Legacies of the world's fair.* New York: Falcon Guildcrest.

列出作者的名称（姓氏在前，之后是名字的首字母）、带括号的出版年份、书名斜体、只有首词首字母大写的标题以及副标题（但专有名词也需要大写）、出版地点以及出版社。在录入出版社的名称时省略掉"Publishing""Company"以及"Inc."的字样，应该给出全名，如 Florida State University Press、Pearson Longman、HarperCollins。

将同一作者写作的两部及以上的作品按照年份进行排序，不要按照字母顺序排序。例如，菲茨杰拉德（Fitzgerald）2015 年的出版物应该放在其 2016 年的出版物之前。

　　Fitzgerald, R. A. (2015). Crimson glow . . .

　　Fitzgerald, R. A. (2016). Walking . . .

由一位作者在同一年写作的不同作品应该按照字母的顺序进行排序，并通过在年份后面标注小写字母（a、b、c）进行区分：

　　Craighead, T. B. (2016a). Marketing trends . . .

　　Craighead, T. B. (2016b). Maximizing sales . . .

无论日期顺序是怎样的，以同样姓氏开头的两条文献，应该将单一作者条目放在多个作者条目之前：

　　Watson, S. M. (2016). Principles . . .

Watson, S. M., & Wheaton, A. F. (2014). Crimes . . .

拥有共同的第一作者，而第二、第三作者不同的文献应该按照第二作者的姓氏进行字母排序：

Bacon, D. E., & Smithson, C. A. (2015). Arctic explorers . . .

Bacon, D. E., & Williamson, T. (2016). Seasons in . . .

当且只有当文章作者被明确标为"佚名"（Anonymous）时，条目才能以"Anonymous"这个词开头，并且将这个词视作真名进行字母排序。如果没有找到作者，那么就由标题取代作者的位置，并对标题的第一个有效词语进行排序。

书籍的某个部分

列举作者、日期、章节或者章节的标题、编者（按照一般顺序排列姓名），前面加上"In"，后面加上"(Ed.)"或"(Eds.)"，然后列出书名（下划线或斜体）、被引用书籍部分的页码范围（放在括号内）、出版地点和出版社。

Tharpe, R. S. (2016). Testing, testing, and more testing: Are we educating the whole person or teaching to the test? In R. Burton (Ed.). *Failings and successes in modern education*. (pp. 133–138). Washington, MI: Green Myers.

如果没有找到作者，那么就以文章标题开头。

Mount of Olives. (2016). *Upchurch concise Bible handbook*. Nashville, TN:Randolph.

百科全书或词典

Rubin, H. W. (2013). *Dictionary of insurance terms* (6th ed.). New York, NY: Barrons.

Moran, J. M. (2015). Weather. *World Book encyclopedia* (2015 ed., Vol. 21, pp. 166-174). Chicago, World Book.

集体作者书籍

Mayo Clinic. (2016). *Mayo Clinic diabetes diet*. Intercourse, PA: Good.

定期刊物

期 刊

列举作者、年份、不带双引号的文章标题，对标题中的首词（以及专有名词）首字母进行大写，对期刊名称标注下划线或者使用斜体，重要单词大写，对卷数标注下划线或者使用斜体，所属页面范围前面无须使用"p."或者"pp."。

Martin, I. W. R., & Pindyck, R. S. (2015). Averting catastrophes: The strange economics of Scylla and Charybdis. *American Economic Review, 105*(10), 2947–2985.

数据库当中的文章

Roy, D. (2015). Masks and cultural contexts drama education and anthropology. *International Journal of Sociology and Anthropology 7*(10), 214–218. Retrieved from InfoTrac database.

杂　志

列举作者、出版日期——年份或非缩写形式的月份、周刊和双周刊的具体出版日期——文章标题不用加双引号，首词首字母大写，英文杂志的名称用斜体，重要单词首字母大写，如果有的话附上卷数，如果没有找到卷数则提供所在页码范围。如果某文章在杂志中跳页出现，那么就将所有页码标出来。

Bricklin, J. (2015, December). Master spy or scoundrel? *Civil War Times*, 40–45.

Vicars, A. (2015, Spring). The best possible light. *Torchbearer*, 20–21.

报　纸

列举作者、日期（年、月、日）、文章标题（仅第一个词和专有名词首字母大写）、报纸全名（大写并加下划线）、跳页出现部分的所在编码。与期刊不同的是，在APA 格式中，对报纸页码的引用，前面要放上"p."与"pp."。单页之前用"p."，多页之前用"pp."，如下所示：

Frazier, H. J. (2016, April 21). Left in a fog of uncertainty and doubt. *Monteagle Hilltopper*, pp. 1A, 4A.

摘　要
被引用文献的摘要

Pellegrino, A., Adragna, J. L., & Zenkov, K. (2015, Summer). Using the power of music to support students' understanding of fascism [Abstract]. *Social Studies Research and Practice, 10*(2), 67–72.

未发表作品的摘要

Darma, J. (2016). Political institutions under dictatorship [Abstract]. Knoxville, TN: University of Tennessee.

评　论

Hoagland, T. (2015, September). The art of slowness — *Sun Bear* by Matthew Zapruder. [rev. article]. *American Poetry Review*, 9–10.

报　告

Gorman, L. (2016). Reporting insurance fraud (No. 2016-2). Hartford, CT: Insurance Institute.

非印刷材料
计算机程序

Adobe Photoshop (CS6) [Computer software]. San Jose, CA: Adobe Systems.

DVD、电影

Edwards, B. (Director). (1961). *Breakfast at Tiffany's* [DVD]. Hollywood, CA: Paramount.

采访、信件以及备忘录

Kramer, S. R. (2017, April 7). "Palm reading as prediction" [Interview].

Chattanooga, TN.

未发表的研究中的原始数据、无标题作品

Barstow, I. (2016, May 22). [Homophone errors in essays of 100 9th grade writers]. Unpublished raw data.

在线访问资源

在 APA 参考文献格式中，引用电子资源需要包含以下信息：

• 作者 / 编者的姓氏，后面依次添加逗号、名字首字母以及句号。

• 出版年份，之后用逗号，紧跟着的是杂志以及报纸出版的月份以及日期，将所有这些信息放在括号内，用句号收尾。

• 文章的标题，无须添加引号以及使用斜体，将首词以及专有名词大写。在这里也可以添加方括号，在方括号内写上作品的性质，如 [Abstract] 或者 [Letter to the editor]。

• 如果能找到相关信息的话，将书籍、期刊以及全集的名称变为斜体。

• 如果能找到，将卷数变为斜体。

• 只有当在线材料是对某期刊印刷本的转载时，你才需要添加上页码信息。如果没能找到期刊的卷数信息，那么就在页码前添加"p."或"pp."的字样；如果找到了卷数信息，那么就省略这两个符号。

• 如果能找到的话，将数字对象标识符（DOI）写入条目当中。

• 如果没有找到 DOI，那么就使用"检索自（Retrieved from）"的字样，在后面添加文章的 URL 地址。URL 地址当中的换行符应该放在标点符号——比如说斜线——前面。如果有些资源内容会随时间发生改变（例如维基百科），那么也需要将访问的日期写入条目当中。

在线期刊文章

Porcher, J. E. (2014, November). A note on the dynamics of psychiatric classification. *Minerva: An Internet Journal of Philosophy*. Retrieved from http://www.minerva.mic.ul.ie/vol18/Psychiatry.pdf

拥有DOI标识的文章

Brandth, B., & Bjørkhaug, H. (2015, November). Gender quotas for agricultural boards: Changing constructions of gender? *Gender, Work and Organization, 22*(6), 614–628. DOI: 10.1111/gwao.12112

在线转载印刷版期刊中的文章

许多网络文章都是其印刷版的原文复制，因此如果你参考了某文章的电子版本，并确信该版本与印刷版内容一致，那么只需在题目后面的括号当中添加"electronic version"的字样。在这种情况下你无须添加 URL 地址信息。

Doven, P. K., Targen, F. U., & Gaither, V. M. (2016). Values and measures of conceptual spaces among elementary school learners. [Electronic version]. *Journal of Studies in Educational Psychology 42*(1), 131–155.

如果没有找到页码信息，那么你就需要像下面的例子那样添加 URL 地址信息：

Chasteen, B. (2015, October). The fight against white–nose syndrome. *Missouri Conservationist, 76*(10). Retrieved from http://mdc.mo.gov/conmag/2015/10/fight–against–white–nose–syndrome

在线时事通讯当中的文章

Kellerman, R. (2017, March 4). Art and oncology: Keeping the mind active. *Western Nevada University Medical Center Newsletter.* Retrieved from http://www.wnu.edu/wnumc/page-19870519221.html

大学课程或者科系中的文件

Henry, S. (2016). *Department of Language and Literature writing guidelines.* Retrieved from Clayton State University, Department of Arts & Sciences site: http://a-s.clayton.edu/langlit/guidelines/default.html

可在私人组织的网站上获得的大学报告

University of Illinois at Chicago, Institute for Health Research and Policy (2015, August 11). *Black and Hispanic youth disproportionately targeted with advertising for unhealthy food and beverages.* Retrieved from the Robert Wood Johnson Foundation website: http://www.rwjf.org/en/library/articles-and-news/2015/08/-black-and-hispanic-youth-disproportionately-targeted-with-adver.html

摘 要

Hallquist, M. N., Hipwell, A. E., & Stepp, S. D. (2015, August). Poor self-control and harsh punishment in childhood prospectively predict borderline personality symptoms in adolescent girls [Abstract]. *Journal of Abnormal Psychology, 124*(3). Retrieved from http://psycnet.apa.org/index.

cfm?fa=browsePA .volumes&jcode=abn

在线转载的印刷版杂志中的文章

Young, E. (2015, Fall). The problem with the immigration problem. *Utne*. Retrieved from http://www.utne.com/politics/problem-with-the-immigration-problem-zm0z15fzsau.aspx

未列出作者的在线杂志上的文章

Aging: When should I be concerned about a senior's forgetfulness? (2016). *APA Online*. Retrieved from http://www.apa.org /helpcenter/senior-forgetfulness.aspx

需要注意的是，无须为在线文章添加页码信息。

在线报纸当中的文章

Sly, L. (2015, October 31). After the Islamic state. *Washington Post*. Retrieved from http://www.newseum.org /todaysfrontpages/?tfp_page=3&tfp_id=DC_WP

博客（网络日志）

将信息或者视频的标题以及 URL 编入条目当中。你无须将网络社区（例如，博客、新闻讨论组、论坛）当中的内容标题变为斜体。如果未能找到作者的真实名称，那么就提供网名。将博客帖子与评论区分开来。

Kilpi, E. (2015, August 31). Work is solving problems and learning is answering questions. [Web log comment]. Retrieved from https://eskokilpi.wordpress.com/2015/08/31/work-is-solving-problems -and-learning-is-answering-questions/

公　告

Newman, A. (2015, April 20). Can your height actually increase your risk for heart disease? Doctors Health Press. Retrieved from http://www.doctorshealthpress.com/heart-health-articles/link-between-height-and-heart-disease

政府文件

U.S. Cong. House. (2015, October 22). National Defense Authorization Act for Fiscal Year 2016. H. Resolution 1735. Retrieved from https://www.congress.gov/bill/114th-congress /house-bill/1735

在线讨论组或论坛当中发布的信息

Mathers, M. (2017, Mar. 22). Of kites, kids, and clean air. Environmental Discussion Group. Retrieved from http://redleafreview.blogspot .com/2017/22mar/kites-kids.html

新闻讨论组中的信息

Gleason, W. T. (2016, November 5). Narrative bibliography [Msg. 17]. Message posted to jymacmillan@mail.csu.edu

在线论坛或讨论版中的发帖

将信息的标题以及新闻讨论组、讨论版的 URL 链接放在参考文献条目当中。你无须将网络社区（例如，博客、新闻讨论组、论坛）当中的内容标题变为斜体。如果未能找到作者的真实名称，那么就提供网名。如果可能，将发帖编号或者信息编号这类标识符放在括号当中。同样地，将你获得信息所在的 URL 地址标出来（例如，Message posted to... , archived at... ）。

> Kuhns, J. (2015, October 29). The wonders at your feet. No Excuses HR Forum. Message posted to http://www.noexcuseshr.com/?expref=next-blog

播 客

如果你要引用播客的内容，那么就提供尽量多的信息，比如说可以添加包括制片人、导演等等在内的信息。

> Deep dive into Enceladus' Plume. (2015, October 26). NASA — Jet Propulsion Laboratory Podcast. Podcast retrieved from http://www.jpl.nasa.gov/video/details.php?id=1404

专题讨论会或虚拟会议上的报告

> Johannes, C. (2016, March 18). *The future is now: New oncology therapeutics*. Paper presented at the SAVMA Symposium 2016, Ames, Iowa. Abstract retrieved from http://www.savmasymposium2016.com/wordpress/wp-content/uploads/2016/18/SAVMA2016-Lectures.pdf

网络百科

需要注意的是，网络百科（例如百度百科、维基百科）只是一项辅助工具，上面的条目并不一定具有可证实性以及专业性。

> House of Isenburg. (n.d.). Retrieved February 21, 2017, from the History Wiki: http://history.wikia.com/wiki/House_of_Isenburg

图书馆数据库当中的文章

大学图书馆和公共图书馆都拥有提供大型数据库文章的服务器，比如 InfoTrac、EBSCOhost、ERIC 等等。对于大部分常见数据库来说，APA 格式不再要求将数据库名称作为引文的一部分。

> America's children: Key national indicators of well-being. (2014). Federal Interagency Forum on Child and Family Statistics. Retrieved from ERIC database. (ED545356)

> Tyner, J., Kimsroy, S., & Sirik, S. (2015, October). Landscape photography, geographic education, and nation-building in democratic Kampuchea, 1975–1979. *Geographical Review, 105*(4), 566–580.

光　盘

从光盘中引用材料时所需的格式有些许不同。

百科全书文章

> African American history: Abolitionist movement [CD-ROM]. (2015). *Encyclopedia Britannica 2015 Deluxe. Chicago*, IL: Encyclopedia Britannica Educational.

文章全文

Marieb, E. N., & Smith, L. A. (2015). Thyroid gland [CD-ROM]. *Human anatomy and physiology.* (12th ed.). Boston: Pearson.

15.5 为 APA 论文调整格式

APA 格式适用于三种类型的论文：理论性文章、实证研究报告以及评论文章。每一种类型都需要你对文章的各个部分进行不同方式的调整。

理论性文章

理论性文章的格式与一般的学术论文并无太大不同，不过，需要添加侧边标题，并且通过将侧边标题变为斜体来区分不同的章节。

引言部分应该：

- 指出研究的问题。
- 讨论该问题在科学界中的价值。
- 写作文献综述（更多内容参见本书 8.7 部分）。
- 引用专家对此问题的评述。
- 在主旨句当中给出你对问题的初步看法。

主体部分应该：

- 探究不同的议题。
- 建立一种由过去至现在的视角。
- 比较并分析理论的不同方面。
- 广泛引用与主题相关的文献。

结论部分应该：

- 从文章主体给出的证据中为某理论辩护。

- 探讨该理论的意义价值。
- 为该领域未来的研究方向提供建议。

实证研究报告

对一项原创性实证研究报告的设计，应该按照下面的步骤进行。

引言部分应该：

- 指出研究的问题或主题。
- 提供相关的背景信息，包括该课题的文献综述。
- 提出研究的目的以及理由，包括作为实验动机的假定。

主体部分应该：

- 包括方法部分，用来阐明与实验对象、仪器、过程相关的问题。
- 包含结果部分，将研究的统计调查结果一一列举出来。

结论部分应该：

- 解释研究结果并讨论研究发现与假定的关系，以及与和该主题有关的其他研究的关系。

评论文章

评论文章通常篇幅不大，因为它考查的对象通常是一两部已出版的作品，并不需要评论作家做大量的研究工作。

引言部分应该：

- 确立研究的问题或者主题，阐明其意义。
- 对被评论的文章进行概述。

主体部分应该：

- 对文章、研究发现及结果的显著意义进行系统分析。

结论部分应该：

- 讨论结果潜在的意义，恰当地做出判断。

15.6 撰写摘要

在用 APA 格式写作的论文中都需要提供摘要这个部分。摘要，是对你的论文内容所进行的一种简洁并全面的概述。它是最先被读到的部分，甚至有时候是唯一被读到的部分，因此，摘要必须：

1. 准确，这样才能正确反映论文的目标以及内容。

2. 独立完整，因此它必须：（1）解释具体的问题并定义相关术语；（2）简洁描述所使用的方法和研究发现；（3）对你的结论进行概述——按照下面第 4 点的要求。

3. 简洁而具体，保持在 80 至 120 字。

4. 非评价性，只是提供相关信息，而非对作品的价值进行鉴定、评估。

5. 连贯一致并且具有可读性，使用积极有力的表达方法，用现在时描述研究结果（例如，the findings confirm），用过去时描述实验的过程（例如，I attempted to identify）。

对理论性文章来说，摘要应该：

- 尽量用一句话概括研究课题。
- 包含论文的研究目的、论点以及范围。
- 简略说明所使用的文献（例如，已发表的文章、已出版的书籍、已公开的个人观察）。
- 包含你所得到的结论以及研究的意义。

对实证研究报告来说，摘要除了应该包括上面列举的四项内容之外，还应该：

- 尽量用一句话概括研究问题与假定。
- 包括对实验对象的描述（例如，种类、数量、年龄、类型）。

- 有研究方法，包括研究过程以及所使用的工具。

15.7 APA 格式的论文示例

下面是按照 APA 格式与风格标准写作的一篇论文的范例。论文开始需要在标题页（running head）确定标题，之后是摘要，在文内引用时将每一个使用过的文献的作者名称以及发行年份标出来，最后放上参考文献列表。旁注还会指出一些具体的要求。

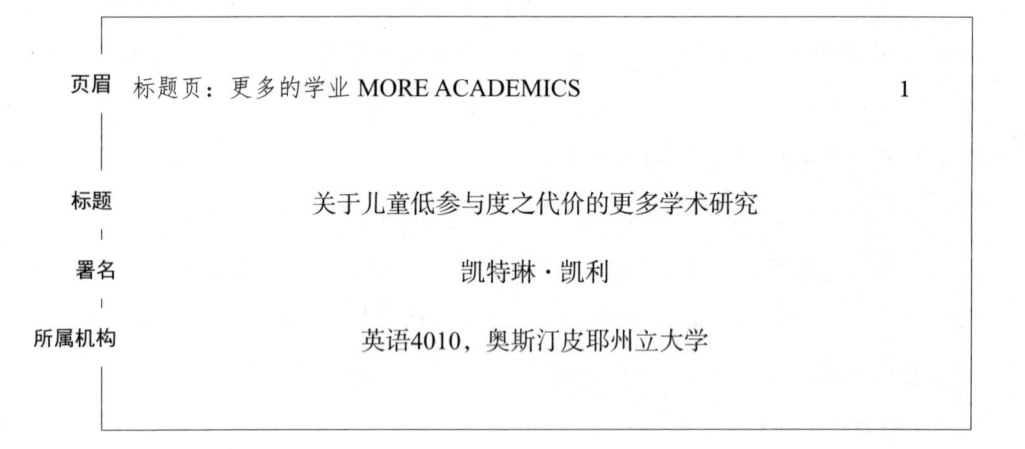

页眉　标题页：更多的学业 MORE ACADEMICS　　　　　　　　　　1

标题　　　　　关于儿童低参与度之代价的更多学术研究

署名　　　　　　　　凯特琳·凯利

所属机构　　　英语4010，奥斯汀皮耶州立大学

MORE ACADEMICS　　　　　　　　　　　　　　　　　　　　2

摘要

　　本文研究了小学课间休息的取消对学习者在心理与生理发育上的理论影响。本文的目标是确定占用课间休息时间以延长学习时间这一现代趋势的影响。社会与心理方面的影响取决于对文献的研究，包括对教育领导者评价的研究。结果是形形色色的，因为对标准化测试不断强调

摘要对论文的背景进行了简洁且全面的概述。

MORE ACADEMICS   3

的结果在近年来并不会实现。社会影响会波及那些与同龄人合作较差且更多是在很长一段时间里停滞不前的学龄儿童的身心生活。

关于儿童低参与度之代价的更多学术研究

  每个人都记得自己在操场上度过的日子，"你的膝盖摔破了皮，眼睛周围布满瘀伤与沙子"（DeGregory, 2005）。我生长于20世纪90年代，还记得课程结束后到自助餐厅吃午饭的日子，那时学生可以坐在他们喜欢的人旁边。吃完饭后，他们可以自由地在操场上玩30至40分钟。然而，时代在变化，规则也是如此。并非所有学龄儿童都享有自由玩耍的权利。

  在佛罗里达州的皮内拉斯县一所拥有800名学生的小学里，一名男孩并不知道什么叫课间休息时间。在一份班级报纸中，一名一年级的学生这样写道，他最喜欢在周五上体育课，因为他们拥有"开放操场"，可以不受老师的指示，玩他们想玩的任何东西。莱恩·德格雷戈里（Lane DeGregory, 2005），一位撰写文章的记者提到："这听起来就像课间休息一样。他已经七岁了，却不知道课间休息究竟是什么。"由于小学没有休息时间，皮内拉斯县的儿童只在每个星期五有25分钟时间一起玩耍，探索并制定他们自己的游戏规则。不过，这所学校并非特例，根据《教育世界》的说法，"美国有40%的学校已经缩减了课间休息时间或考虑彻底取消课间休息时间"（Poynter, 2008）。

  问题就在于，为什么全国各地有将近一半的学校都剥夺了儿童日常生活中自由玩耍与表达的权利呢？有两个主要的原因：取消自由玩耍可以降低事故发生的概率；此外，取消课间休息，学生可以有更多的时间

确立论题，并提出将要研究的社会/心理学问题。

基于大量文献的理论研究，在这里必须按照APA格式的要求进行引用。

MORE ACADEMICS   4

投入学业当中，特别是阅读与数学（Chen，2011）。与之对立的观点是家长与医生觉得"课间休息为学生拓展友谊、协调感情以及建立积极的关系提供了机会"（DeGregory，2005）。在小学阶段为学业发展争取更多时间而牺牲休息时间的做法对学生的身心健康都是不利的。

> 在论文当中提出一个问题，以此再次确认论点。

那么，在决定什么是最有利于儿童的问题上，谁更有发言权？取消或限制课间休息是小学校长做出的决定。格雷格·托普（Greg Toppo）说（2007，p.1—A），"每所学校的校长决定了孩子们是需要额外的游戏时间，还是需要花更多的时间在学业上"。

> 在英文中，描述现在发生了什么以及可能发生什么，使用动词现在时（如take、proves）。

根据华盛顿特区霍华德县学校校长发言人的说法，"每天缩短5分钟的休息时间可以额外为每周提供25分钟的辅导时间"（Matthews，2004，p.B1）。多数学校在学生午餐结束后直接将他们带（take）回教室，并立刻开始讲课。这种缺乏休息的现象常常会带来（proves）问题，因为学生会变得不安和烦躁（Adelman & Taylor，2012）。不过，在一些学校，"经过校长的允许，老师可以在外面上15分钟课。对于这些孩子们而言，就像是越狱一样"（DeGregory，2005）。在教室中，学生每天坐在座位上的时间通常长达6个小时。随着学业与课程的要求越来越高，学校每天需要额外的25分钟来教学，以应对越来越多的标准化测试。学校完全专注于学业，不仅是因为只有这样学生才能通过标准化考试，也由于"联邦政府期待在2014年之前，学校能够让所有学生都参加科学、语言艺术和数学的熟练水平测试"（Nussbaum，2006，p.C1）。不幸的是，由于钟形曲线的存在，这些期望无法实现，平均分将由最低分和最高分决定。具体而言，并非每个学生都能以相同的方式学习并领会知识。在

MORE ACADEMICS   5

标准化测试以及更具挑战性课程的压力之下,"父母会担心他们孩子所承受的压力"(Matthews, 2004, p. B1)。正因如此,儿童的课间休息比以往显得更加重要。弗吉尼亚州费尔法克市的斯伍尔夫特拉普小学校长金尼·马尔克(Ginny Mahlke)讨论了更为严格的、基于绩效的课程转变:

> 对学校的要求的增加意味着让学生外出、放松与锻炼变得更加重要,他们在学校中度过的每一分钟都是教学实践,甚至在决定该轮到谁荡秋千时也在学习协商的技巧(Matthews, 2004, p. B1)。

将引语段缩进一个跳格键的距离。

有60%的校长认同马尔克的观点,认为如果缺乏休息,学生也就无法好好学习,因为在椅子上连续坐6个小时会让他们变得不安,也无法集中注意力(Adelman & Taylor, 2012)。在20世纪80年代对休息时间进行限制之前,学生们可以在早上、午餐后以及下午休息10至20分钟的时间(Nussbaum, 2006, p. C1)。为了在一天之中给予学生所需的休息时间与健康活动,一些家长认为,如果学生在学校的时间适当延长,就能保证有足够的时间进行休息,也会有足够的时间来完成一年的教学计划(Hill & Turner, 2012, p. 8)。这样的话,家长并不需要在休息与学习之间做出选择。

缩减休息时间所造成的影响并不仅停留在学业层面。取消儿童的游戏时间会影响他们的社交技能和身体素质。学生需要学会制定自己的规则以及玩自己的游戏。在休息时间,学生可以体验到非指导性游戏的乐趣,而非整日被无间断地管理。在操场上,成年人只是一个管理员而非指导者,这样孩子们才可以自行做出决定,并且学习如何交朋友。在技

MORE ACADEMICS   6

术时代里,太多学生都只会自己跟自己玩,因此与其他孩子进行接触就变得尤为重要。科学家总结说,那些整日与计算机为伴的孩子与其他孩子的互动较少,很容易成为被动学习者,并且阅读能力较差(Hayashi & Baranauskas, 2013)。

对大部分孩童来说,课间休息是一项身体活动,对他们的健康和快乐是有建设性意义的。研究发现,随着更多的学校取消休息时间和课后活动,孩子们开展身体活动的时间就明显缩短。当孩子们在午餐后被带到室外休息,他们就会互相接触并习惯于在室外玩耍,这同样适用于家庭环境。由于学校环境沉闷,太多的孩子宁愿在室内玩电子游戏也不愿意走到室外去。比孩子得不到所需的锻炼更糟糕的是,学校造成了儿童肥胖的发生。最近的研究结果表明,"36%的学校在食堂里出售薯条、糖果以及冰激凌这类零食"(Toppo, 2007, p. 1—A)。如果孩子们拥有休息时间去四处奔跑与玩耍的话,儿童肥胖的发生率就会降低,因为在此过程中他们燃烧了卡路里。

另外一个关于为什么课间休息会被取消的猜测是,在学校里总会有儿童受伤,而学校也常因此被家长起诉("Tag—You're Illegal!" 2006)。这涉及一场争论,即孩子是否被保护得太多,并因此变得弱小。"马萨诸塞州的一所小学禁止(banned)触碰捉人、躲避球以及其他'接触'与'追逐'游戏"("Tag—You're Illegal!" 2006),并与其他学校组成了一个担心儿童抓伤与擦伤的小团体。还有一个城镇甚至"禁止(outlawed)所有接触"("Tag—You're Illegal!" 2006)。这也难怪儿童肥胖会在当今美国社会中如此盛行。儿童并没有获得锻炼与玩乐的机

> 在英文中,描述在过去的特定时间发生的活动,使用过去时(如outlawed、banned)。

MORE ACADEMICS   7

会，即使他们可以进出操场。

  令人惊讶的是，这个国家只有 60% 的小学还保留着午餐后 20 到 40 分钟的休息时间（Poynter，2008）。40% 的小学的学生正因学校忽视课间休息的价值与需求而受到伤害。学生需要休息时间去锻炼身体与心智，尤其是在这样一个正在生长发育的年龄。校长们或许有理由做出放弃休息时间的决定，不过，有更多的证据表明学生需要课间休息。取消休息时间是如何影响美国 40% 的儿童，让他们白天没有玩耍时间的呢？这是否会阻碍他们的心理发展，并最终害人不浅？现在下结论还为时过早，因为这项举措才刚刚付诸实施。但更为重要的问题在于，如果今日的小学生被剥夺了在操场上才能体验到的身心成长的机会，那他们是否还能实现自身的所有潜能？

> 结论中不仅包括对某领域研究现状的总结，也提出了值得进一步研究的问题。

MORE ACADEMICS   8

References

Adelman, H., & Taylor, L. (2012). *Attention problems: Intervention and resources*. UCLA Center for Mental Health in Schools. Retrieved from http://smhp.psych.ucla.edu/

> 将参考文献放在一个新的页面中。

Chen, G. (2011, April 14). Who killed recess? The movement to resuscitate recess. *Public School Review*. Retrieved from http://www.publicschoolreview.com/articles/317

> 引用某研究中心网站上面的文章。

DeGregory, L. (2005, March 29). Boulevard of dreams. *St. Petersburg Times*. Retrieved from http://www.sptimes.com/2005/03/29/Floridian/Out_of_

> 引用某在线报纸文章。

MORE ACADEMICS 9

play.shtml

Hayashi, E. C. S., & Baranauskas, M. C. C. (2013). Affectibility in educational technologies: A socio-technical perspective for design. *Educational Technology & Society, 16*(1), 57–59. Retrieved from Academic OneFile database.

Hill, G. M., & Turner, B. (2013). A system of movement and motor skill challenges for children. *Strategies: A Journal for Physical and Sport Educators, 25*(8), 8–10. Retrieved from http://www.aahperd.org/naspe/publications/journals/strategies/

Matthews, J. (2004, April 9). Federal education law squeezes out recess. *Washington Post*, p. B1.

Nussbaum, D. (2006, December 10). Before children ask, what's recess? *New York Times*, p. C1.

Poynter, A. (2008). *The end of recess*. Retrieved from http:// www.poynter.org/column.asp?id=2&aid=80426

Tag—you're illegal! (2006, October 28). *Los Angeles Times*. Retrieved from http://www.latimes.com/news/opinion/ la-ed-tag28oct28,0,59791.story?coll=la-opinion-leftrail

Toppo, G. (2007, May 16). School recess isn't exactly on the run. *USA Today*, p. 1-A. Retrieved from EBSCOhost database.

第 16 章

脚注系统：CMS 格式

- 在文本中插入上标数字
- 按照一定格式编写脚注
- 为电子资源编写脚注
- 撰写后续脚注引用
- 编写尾注而非脚注
- 编写内容脚注或内容尾注
- 为人文学科论文使用脚注系统
- 为使用脚注的论文撰写参考文献页
- 用 CMS 格式写作的学术论文范例

> **明确目标**
>
> 在《芝加哥格式手册》规定下的 CMS 格式，在艺术及人文诸领域（文学除外）中获得了广泛承认。在使用脚注系统时，你需要在文内使用上标数字，如 this[15]，并将所引用文献的脚注信息放在相应的页面当中。这一章的内容可以协助你在学术论文中进行准确的文献引用：
> - 在文本内使用上标数字。
> - 按照一定的格式编写脚注。
> - 使用尾注而非脚注。
> - 为使用脚注的论文撰写参考文献页。
> - 按照 CMS 格式调整论文。

本章以下的讨论假定了注释会以脚注的形式出现，不过，有些论文导师也接受尾注的形式，即将所有的注释都放在整篇论文末尾的位置，而非每页的底部。

一般来说脚注分为两种类型：一种是标注你所使用文献的信息，另一种是对相关问题的讨论，例如解释你的研究方法、建议阅读相关文献、提供传记信息，或者论述那些与你的讨论并非直接相关的内容。

如果方便的话，可以使用电脑软件中的脚注或者尾注功能。它不仅可以帮助你插入上标数字，也可以妥善安排脚注在每页底部出现的位置，同样也可以确保尾注正确地排列在一个列表当中。通常情况下，软件可以帮你插入上标数字，但不会自动写作注释内容，因此，你必须将重要的信息按照正确的格式键入其中。

16.1 在文本中插入上标数字

将阿拉伯数字键入文本行的上方，你可以通过调整字体为上标格式或者选择插入功能并添加脚注的方式完成这一步骤。将上标数字放在每一条直接引用或转述的结尾位置，即紧跟在最后一个词或者标点符号的后面，无须添加空格，如下文所示：

> Steven A. LeBlanc, an archeologist at Harvard University, along with several other scholars, argues instead that "humans have been at each others' throats since the dawn of the species."[1] Robin Yates, for example, says the ancient ancestors of the Chinese used "long-range projectile weapons" as long ago as 28,000 B.C. for both hunting and "intrahuman conflict."[2] Arthur Ferrill observes, "When man first learned how to write, he already had war to write about."[3] Ferrill adds, "In prehistoric times man was a hunter and a killer of other men. The killer instinct in the prehistoric male is clearly attested by archeology in fortifications, weapons, cave paintings, and skeletal remains."[4]

> 哈佛大学考古学家史蒂文·勒布朗与其他几位学者一样，反而认为"人类自从物种出现以来就在互相争斗"[1]。例如，罗宾·耶茨说中国人的祖先早在公元前 28,000 年就开始使用"远程射弹武器"进行狩猎和解决"人类内部冲突"[2]。亚瑟·费里尔观察到，"当人类最初开始学习书写的时候，就已经开始记录战争了"[3]。费里尔补充说："在史前时代，男人是猎人，也是其他人的杀手。史前男性的杀手本性在关于防御工事、武器、洞穴壁画和骨骼遗骸的考古学证据中得到证实。"[4]

与这些文内上标数字一一对应的脚注应该出现在页面的底部，如下所示：

> 1. See Steven A. LeBlanc, *Constant Battles: The Myth of the Peaceful, Noble*

Savage (New York: St. Martin's, 2004), 15; and also L. D. Cooper, *Rousseau, Nature, and the Problem of the Good Life* (University Park: Pennsylvania State University Press, 2000).

2. Steven A. LeBlanc, "Prehistory of Warfare," *Archaeology* (May/June 2003): 18.

3. Robin Yates, "Early China," in *War and Society in the Ancient and Medieval Worlds*, ed. Kurt Raaflaub and Nathan Rosenstein (Cambridge, MA: Center for Hellenic Studies, 2001), 9.

4. Arthur Ferrill, "Neolithic Warfare," accessed April 6, 2013, http://eserver.org/history/neolithic-war.txt.

不过，你也可以将注释放在论文末尾的位置。在这种情况下，就需要在文内标明文献作者的名字。下面的第一个例子意味着文献可以在脚注中找到，而第二个例子直接在文本当中列出了作者的名字。一些论文作者喜欢使用第一种方式，一些喜欢第二种。

隐含引用：

The organic basis of autism is generally agreed upon. Three possible causes for autism have been identified: behavioral syndrome, organic brain disorder, or a range of biological and psychosocial factors.[9]

孤独症的器质性基础得到了普遍的认可。三种可能导致孤独症的原因已经被查明：行为综合征、器质性大脑障碍以及一系列生物学、社会心理学因素。[9]

明确引用：

Martin Rutter has acknowledged that the organic basis of autism is generally agreed upon. Rutter named three possible causes for autism: behavioral syndrome, organic brain disorder, or a range of biological and psychosocial factors.[10]

马丁·鲁特承认孤独症的器质性基础已被普遍认可。鲁特提到了三种可能导致孤独症的原因：行为综合征、器质性大脑障碍以及一系列生物学、社会心理学因素。[10]

撰写完整或缩写的注释

在CMS格式当中，只要你在最初的脚注当中将所引用文献的信息全部列出，就无须再撰写参考文献页了。

> 1. Painter, Sylvia, *Escaping the Cycle of Debt: Paying It Down and Paying It Off* (New York: Carmichael Sanders, 2017), 48.

不过，你也可以将全部文献信息都编写在后面的参考文献条目当中，这样在脚注当中就可以采用缩写的形式，即便是第一条脚注也可如此，因为完整的信息都可以在参考文献当中找到。

> 2. Painter, *Escaping*, 48.

参考文献条目应该这样写：

> Painter, Sylvia. *Escaping the Cycle of Debt: Paying It Down and Paying It Off*. New York: Carmichael Sanders, 2017.

如果对某课程所要求的格式不了解，还是要咨询你的导师。

16.2 按照一定格式编写脚注

将脚注与文内的上标数字一一对应，放在文章的页面底部。有些论文甚至每一页都需要脚注。参照下面的规定：

- 间隔。在非出版性学术论文当中，脚注经常使用的是单倍行距，并放在页面底部的位置，脚注与脚注之间保持一个行间距的距离。在打算印刷发表或者在网络上发表的草稿或者手稿当中，注释应该使用双倍行距，一起放在论文最后的页面当中。（16.9 部分中学生的论文范例使用的就是单倍行距脚注，16.5 部分中的注释页例子使用的则是双倍行间距。）

- 缩进。将注释的第一行开头缩进 5 个空格的距离（通常只需敲击一下跳格键）。

- 编号。对全文的脚注连续编号。如本章中给出的例子所示，先写上被缩进的数字，随后增添句号与空格。

- 位置。将某页所引用内容的脚注全部放在页面底部。

- 将脚注与正文区别开来。在脚注与正文之间使用三倍行距的间隔，或者也可以将其与页面左边保持 12 个空格的距离。

- 脚注格式。注释的基本形式应该依照下面不同分类的要求来书写。

书　籍

列出作者名称，后面紧跟一个逗号，之后是加下划线或者使用斜体的标题，出版信息放在括号当中（城市：出版社，年份），后面加上逗号，最后是页码信息。除非会混淆，像"p."或者"pp."这样的缩写都是可以省略的。

　　1. Joseph Carson, *The Ultimate Husband: Listening, Responding, and Loving* (Nashville: Timmons, 2016), 20–23.

列举两位作者时不用逗号。

2. Barry Espinosa and Martha P. Goins, *Coping with the Loss of a Child: A Parent's Guide to* Grief and Letting Go (Silverton, NV: Crescent Star, 2016), 27.

出版社的名称要用全称，不过可以省去"Company"或"Inc."的字样。如果需要标明版次信息的话，就将其放在标题或者编者后面（参见下例）。

如果作者的人数超过了三人，那么就在第一作者的名称后面加上"et al."。

3. Matthew R. Simmons et al., eds., "Introduction," *Marketing and Millennials: Challenges and Strategies for Meeting the Needs for Generation X*, 2nd ed. (Philadelphia: Stone & Barth, 2017), 3.

如果接下来的一条引用与前一条使用了相同的文献，那么就加上"Ibid"的字样，用罗马字体表示，不要使用斜体或者加下划线。

4. Ibid.

学术期刊文章

5. Rachel Reetzke, W. Todd Maddox, and Bharath Chandrasekaran, "The Role of Age and Executive Function in Auditory Category Learning," *Journal of Experimental Child Psychology* 142 (2016): 48–65.

在期刊文章的页码之前加上冒号，而在杂志与图书的页码之前使用逗号。

通俗杂志文章

6. Jack D. Warren, Jr., "Our Fathers' War," *Hallowed Ground*, Fall 2015, 29–33.

报纸文章

7. John Kirkenfeld, "A Diamond in the Rough," *Warioto Daily News*, 23 July 2016, 1A.

非印刷资源：讲座、布道、演讲、口头报告

8. Dick Weber, "The Facts about Preparing Teens to Drive" (lecture, Creekwood High School, Collierville, GA, October 16, 2016).

百科全书

9. *World Book Encyclopedia*, 2014 ed., s.v. "Raphael."

"s.v."是 sub verbo 的缩写，意思是"见该条目"。

政府文件

10. US Social Security Administration, Office of Disability Policy, "Vocational Factors of Age, Education, and Work Experience in the Adult Disability Determination Process," *Federal Register*, 80, no. 45 (2015) Washington, DC, 55050–55052.

11. U.S., Constitution, art. 1, sec. 4.

12. United Kingdom, Coroner's Act, 1954, 2 & 3 Eliz. 2, ch.31.

电　视

13. Scott Pelley, "Political Poll Update," *CBS News*, June 13, 2016.

电影或DVD

14. *Breakfast at Tiffany's*, directed by Blake Edwards (1961; Hollywood, CA: Paramount, 2009), DVD.

圣经参考文献

15. Matt. 10:5.

16. 1 Pet. 5:1–3 (New Revised Standard Version).

16.3 为电子资源编写脚注

引用电子文献时，《芝加哥格式手册》要求必须注明出版日期、URL 地址以及访问的日期。下面的例子就遵循了相关要求，可以参照其对你的文献格式进行调整。

学术项目

17. William Blake, *An Island in the Moon*, ed. Joseph Viscomi (Univ. of Maryland, 2014), accessed March 12, 2016, http://www.rc.umd.edu/reference/island.

在线文章，有限的信息

18. Arthur Ferrill, "Neolithic Warfare" accessed February 19, 2014, http://eserver.org/history/neolithic-war.txt.

经过网络转载的杂志文章

19. John Seabrook, "The Invisible Library," *The New Yorker,* November 16, 2015 accessed April 27, 2016, http://www.newyorker.com/magazine/2015/11/16/the-invisible-library.

经过网络转载的期刊文章

20. Anna Oleszkowicz and Anna Misztela, "How Do Young Poles Perceive Their Adulthood?" *Journal of Adolescent Research* 30 (2015): 683–709, accessed September 28, 2016, DOI:10.1177/0743558415569727.

数据库中的文章

最基本的要求是要提供数据库的名称、使用描述性的短语或者记录定位器编号（record locator number）来说明你所引用数据库具体的部分、访问的日期、URL 地址或者 DOI 标识。

21. Fulvio Scarano, Sina Ghaemi, and Stefan Probsting, "Data Reduction from Time-Resolved Tomographic PIV for Unsteady Pressure Evaluation." Aerospace Research Central Database, accessed January 27, 2017, DOI: 10.2514/6.2013-771.

图书馆系统的数据库中的文章

22. Thomas M. Grace and Allen F. Richardson, "Badge of Shame: Not Everyone Was Meant to Be a Soldier." *America's Civil War* (January 2016), General OneFile (A432063685).

在线书籍

23. Sarah Morgan Dawson, *A Confederate Girl's Diary*, (Chapel Hill, NC: University of North Carolina, 2013), accessed May 3, 2016, http://docsouth.unc.edu/fpn/dawson/menu.html.

光盘资源

24. The Old Testament, The Bible, Bureau Development, CD-ROM.

在线服务（Online Service）上的文章

25. Rossella Lorenzi, "Striking Anomaly Found in Great Pyramid," *Discovery News*, November 9, 2015, accessed September 9, 2016, http://news.discovery.com/history/ancient–egypt/striking–anomaly –found–in–great–pyramid–151109.htm.

16.4 撰写后续脚注引用

在第一条完整的脚注之后，对该脚注再引用时只需标出作者的姓氏以及页码即可。如果某作者的两部作品都被引用了，那就再添加上缩写版本的标题，例如，"3. Jones, Paine, 25."。一般情况下，省略掉拉丁语缩写，例如"loc. cit."以及"op. cit."。不过，如果某注释引用的就是前一个注释当中的文献，那么你可以单独使用"Ibid."，或者可以在"Ibid."后面添加上页码，如下面的例子所示。如果后面的注释与前一条注释并没有使用相同的文献，那么就不要用"Ibid."的字样，而应该重复作者的姓氏（特别注意下面注释 2 与 4 的区别）：

1. Filipe Lazzeri, "On the Place of Behavior in the Analysis of Psychological

Categories." *The Psychological Record* 65.3 (September 2015): 567–577, accessed September 14, 2016, DOI: 10.1007/s40732-015-0121-8.

2. Ibid., 569.

3. Bruce A. VanSledright, *Assessing Historical Thinking and Understanding: Innovative Designs for New Standards* (New York: Taylor & Francis, 2013), 91.

4. Lazzeri, 568.

5. Ibid.,569.

在非出版性学术论文中，脚注通常使用单倍行距，放在页面的底部，在注释与注释之间再多增加一个空格。

16.5 编写尾注而非脚注

如果经过了导师的允许，你可以将所有的注释作为尾注放在最后，这样就可以减少一些打字的负担。许多计算机软件程序可以辅助你完成这项工作，不仅可以帮你插入上标数字，也可以帮助你在文本的最后（而非在每一页的底部）按顺序键入尾注。遵循下面的要求：

- 在文本的末尾另起一页撰写注释。
- 在页面的正中键入标题"注释（Notes）"，与页面顶部相距约5厘米的距离。
- 将每一条注释的首行缩进5个空格的距离。在注释的编号后以句点（中文用句号）收尾。
- 对尾注内容使用双倍行距。
- 在标题与第一条注释之间使用三倍行距。

参照下面的示例：

Notes

1. Cynthia L. Banks, *Criminal Justice Ethics: Theory and Practice*, 4th ed. (Thousand Oaks: CA, 2016), 54.

2. Ibid., 56.

3. "Civil Justice for Victims of Crime," National Center for Victims of Crime (Univ. of Maryland, 2014), accessed March 12, 2016, http://www.rc.umd.edu/reference/island.

4. Anthony A. Braga, "Crime and Policing, Revisited," National Institute of Justice, New Perspectives in Policy Bulletin, Washington, DC: US Department of Justice, National Institute of Justice, 2015, accessed September 30, 2016, https://www.ncjrs.gov/pdffiles1/nij/248888.pdf.

5. Banks, 57.

6. Thomas G. Blomberg, *Advancing Criminology and Criminal Justice Policy* (New York: Taylor & Francis, 2016), 133. M16_LEST9029_16_SE_C16.indd 307

7. Ibid., 134.

8. "Civil Justice."

9. Banks, 54.

10. Braga.

16.6 编写内容脚注或内容尾注

一般情况下，你需要将重要的内容都放在文章当中。在内容注释中可以涉及以下信息：在专家当中引起争议或质疑的相关研究问题、与你的讨论并非直接相关的重要问题、有趣的花絮、文章中未能提及的人物和文献对你的帮助以及读者可能会感兴趣的其他信息。

> **提示**：当你将电脑文件中的大部分内容都放入草稿以后，可以检查剩下没有用到的文件信息，看看是不是可以将一些合适的材料放到内容尾注当中。

内容注释的撰写应该遵照下面的要求：

- 内容注释与文献注释是不同的。在注释中提到的所有完整的文献引用信息都应该在别处——文献注释页或者参考文献页当中出现。
- 你可以将内容注释放在文章最后的单独一页上，但通常情况下，它是作为脚注与其他文献脚注混合在一起出现的。
- 像文献脚注一样，内容脚注应该使用单倍行距，而内容尾注则使用双倍行距。
- 在内容注释页当中出现的文献完整信息也应该在脚注或者论文最后的参考文献页当中出现。
- 除非会混淆，不要在页码前使用"p."或者"pp."的字样。

与文章并无密切关系的相关信息

1. The problems of politically correct language are explored in Adams, Tucker (4–5), Zalers, as well as Young and Smith (583). These authorities cite the need for caution by administrators who would impose new measures on speech and behavior.

亚当斯、塔克、扎勒斯，以及扬和史密斯探讨了语言上的政治正确问题。这些学者认为管理者需要在对言论和行为采取新举措时谨慎一些。

综合引用

2. On this point see Giarrett (3–4), de Young (579), Kinard (405–07), and Young (119).

3. Cf. Campbell (*Masks* 1: 170–225; *Hero* 342–45), Frazer (312), and Baird (300–44).

"Cf." 的意思是比较。

与课题相关的文献

4. For additional study of the effects of alcoholics on children, see especially the *Journal of Studies on Alcohol* for the article by Wolin et al. and the bibliography on the topic by Orme and Rimmer (285–87). In addition, group therapy for children of alcoholics is examined in Hawley and Brown.

有关酗酒者对儿童影响的其他研究，可以特别参考沃林等人发表在《酒精研究杂志》上的文章，以及奥姆与里默针对该主题列出的参考书目。此外，霍利与布朗还考察了针对酗酒者子女的团体治疗方案。

需要在文内引用中频繁出现的重要文献

5. All citations to Shakespeare are to the Fogler Library edition.

所有对莎士比亚的引用均归佛尔格图书馆版权所有。

参考文献材料

6. See also James Baird, who argues that the whiteness of Melville's whale is "the sign of the all-encompassing God" (257). Baird states: "It stands for what

Melville calls at the conclusion of the thirty-fifth chapter of *Moby-Dick* 'the inscrutable tides of God'; and it is of these tides as well that the great White Whale himself is the quintessential emblem, the iconographic representation" (257).

也可参见詹姆斯·贝尔德，他认为对梅尔维尔白鲸的见证是"无所不知的上帝存在的标志"。贝尔德说，"它代表着梅尔维尔在《白鲸》的第15章结束时所说的'上帝神秘的潮汐'，这潮汐也正是白鲸本身的典型象征与图像化再现"。

你需要将文中提到的贝尔德的作品列入参考文献页当中，或者在此脚注中注明完整的参考书目信息。

对工具、方法或测试过程的解释

7. Water samples were drawn from the identical spot each day at 8 a.m., noon, 4 p.m., and 8 p.m., with testing done immediately on site.

每天上午8点、中午、下午4点以及晚上8点在同一地点提取水样，测试也在该地即时完成。

8. The control group continued normal dietary routines, but the experimental group was asked to consume nuts, sharp cheeses, and chocolates to test acne development of its members against that of the control group.

对照组继续正常的饮食习惯，而实验组则被要求食用坚果、气味很浓的奶酪以及巧克力，以测试其相对于对照组的痤疮发展的程度。

在用APA格式写作的实证研究报告中，可能需要将对工具与测试过程的解释放在文内"方法"（Methods）这章（参见15.5部分的内容）。

数 据

参见本书 10.5 部分"在学术论文中有效运用视觉资料"。

9. Database results show 27,000 pupil-athletes in 174 high schools with grades 0.075 above another group of 27,000 non-athletes at the same high schools.

数据库结果显示 174 所高中的 27,000 名运动员学生比同一所高中的 27,000 名非运动员学生平均成绩高出 0.075。

证据当中的差异性或矛盾性

10. The pilot study at Dunlap School, where sexual imbalance was noticed (62 percent males), differed sharply with test results of other schools. The male bias at Dunlap thereby caused the writer to eliminate those scores from the totals.

在邓拉普学校,由于性别不平衡问题(62%的男性),其试点研究的结果与其他学校有很大的不同。由于邓拉普的男性偏见,作者决定从测试总分中减掉这些分数。

16.7 为人文学科论文使用脚注系统

有一些人文学科(历史、哲学、宗教以及神学)会使用脚注。下面展示了你可能需要编写的注释类型的格式。如果这些注释是作为尾注的形式出现的,应该使用双倍行距。

Notes

1. Shaun Hays, *Finding God: Seeking the Divine in Our Daily Walk* (San Francisco: Iglehart, 2016), 23–27.

2. Lydia Pontiello, *Renewed Vows: A Guide for Christian Couples* (New

York: Carling-Stafford, 2015), 114–117.

 3. Ibid., 115.

 4. P. T. Humphries, "Marriage as Inspiration," Sermon (Bowling Green, KY: Mt. Hope Primitive Baptist Church, 2017).

 5. Mary Elizabeth Crenshaw, "Wedding Vows and Life Vows," *Marriage Life Network*, accessed January 31, 2017 http://marriagelifenetwork .com/crenshaw/wedvowlif.html.

 6. Pontiello, *Renewed Vows*, 115.

 7. Romans 6:2.

 8. J. P. Sommer ville, "The Church and Religion," accessed February 9, 2017, http://history.wisc.edu/sommerville/367/367-023 .htm.

16.8 为使用脚注的论文撰写参考文献页

除了脚注或者尾注，你可能也需要撰写单独的参考文献页，列上所有在论文写作过程中使用过的文献。选择一个可以反映其内容的标题，例如"选定书目（Selected Bibliography）""参考文献（Sources Consulted）"或者"引用文献（Works Cited）"。

如果你最初在脚注中已经进行了完整的文献标注，那么就无须再单独撰写参考文献页了。因此，你需要事先咨询你的导师，看是否还需要此部分。

在标题与第一个条目之间用三倍行距分开。将每一个条目的第一行放在最左边，将第二行以及接下来的每行开头缩进 5 个空格。依照作者的姓氏对文献列表进行字母排序。对条目内容使用双倍行距。对由同一位作者写作的两部及以上的作品的标题进行字母排序。基本的格式如下：

书 籍

Cartright, Manuel, ed. *Marketing in the New Millennium: Buying Patterns of Generation X*. Philadelphia: Brooks & Yeats, 2016.

期刊文章

Spera, Christopher, Holly C. Matto, and Wendy Travis. "Research Note: Satisfaction with Air Force Way of Life Pre- and Post-9/11." *Armed Forces & Society* 41 (October 2015): 734–41.

报 纸

Bluestein, Greg. "Candidates Seek an Edge." *Atlanta Journal-Constitution* 11 November 2015, 1A+.

网络文章

"Biography." Paul Laurence Dunbar Website. Accessed February 23, 2016. http://www.dunbarsite.org/biopld.asp.

如果知道文章作者的名字，那么就放上该文章被"最后一次编辑（last modified）"时的日期信息。

Steyn, Paul. "Big Illegal Market for Little Critters." *National Geographic News*. Last modified November 11, 2015. Accessed November 19, 2015. http://news.nationalgeographic.com/2015/11/151111 -south-africa-wildlife-smuggling-cape-floral-kingdom-cites-paul -gildenhuys/.

16.9 用 CMS 格式写作的学术论文范例

　　下面的文章是一篇与格式和引用相关的范文，如果你的导师要求你使用脚注、芝加哥格式或 CMS 格式的话（所有这些说法都指的是《芝加哥格式手册》规定的格式），你就需要参照该格式进行学术论文的写作。当然，如果允许的话，你也可以将所有注释都放在论文的最后，而非每页的底部，并且对尾注使用双倍行距。

　　在下面的一篇论文中，克莱尔·格雷迪研究了开始于 20 世纪 50 年代末的太空竞赛的历史。该学生提供了许多与那个年代相关的可靠参考文献，并提出，美国与苏联之间的竞争与其说是指向对新的太空领域的发现，倒不如说是反映了冷战时期激烈的军备竞赛状况。最终，她提出了最关键的论题——尽管美国与苏联之间的竞争有时看起来非常激烈，但也暗示着一个乐观的时代，一个通过"小小的一步"就能推动世界走向更深层次的合作与理解的时代。

太空竞赛：小小的一步——巨大的飞跃

克莱尔·格雷迪

美国历史 II-2020

格雷格里教授

2016 年 4 月 21 日

格雷迪 1

　　我相信这个国家应该致力于在这个十年结束之前实现以下目标，将人类第一次送上月球并确保他顺利返回地球。没有哪个太空项目将比它更加激动人心、令人印象深刻或更加重要，也没有哪个项目的实现会如此困难，花费如此昂贵。

——约翰·F. 肯尼迪[1]

　　1961 年，约翰·肯尼迪总统为美利坚合众国提出了一个挑战——成为第一个将人类送上月球并使其成功返回地球的国家。这一重大的目标实现于 1969 年 7 月 20 日，尼尔·阿姆斯特朗在他成功着陆月球时发表著名的讲话说："这是一个男人的一小步，却是整个人类的一次巨大飞跃。"[2] 然而，如果没有 20 世纪 60 年代人民辛劳的工作、深厚的技术进步以及纯粹的献身精神，美国可能永远无法实现这一目标。第二次世界大战结束之后，美国与苏联这两个超级大国之间的紧张局势一触即发，被称作冷战时期。自 1957 到 1975 年之间的美苏对立导致了军备竞赛以

---

　　1. John F. Kennedy, "Special Message to Congress on Urgent National Needs" (speech presented to Congress, Washington, DC, May 25, 1961). The American Presidency Project, accessed April 13, 2016, http://www.presidency.ucsb.edu/ws/?pid=8151.

　　2. Ned Potter, "Neil Armstrong: How 'One Small Step' Became First Words on the Moon," *ABC News*, January 2, 2013, accessed April 15, 2016, http://abcnews.go.com/Technology/neil-armstrong-small-step-words-moon-apollo-11/story?id=18115402.

格雷迪 2

及对太空探索的热情。这一探索广阔未知领域的新哲学之所以能够发展起来，是由于国家安全的需要以及面对敌人的象征优势。如果美国能够实现其目标，就意味着美国拥有相对于苏联而言在技术、经济以及意识形态上的优势地位。对立的超级大国带来了挑战，而太空竞赛也由此开启。

当苏联在 1957 年 10 月 4 日将人造卫星一号送入轨道时，每个美国人都被震惊到了。[3] 这不仅被视作一项竞赛，许多美国公民和政府官员担心这会为国家安全带来军事威胁和危险。美国政府通过创立美国国家航天局，即为人熟知的 NASA，来回应这一威胁。这一新组织创建于 1958 年，专注于解决太空竞赛时所要面临的技术问题与挑战。[4] 在苏联发射了卫星一号不久之后，美国在 1958 年 1 月 31 日也发射了第一颗无人卫星——探险者一号。[5] 这两颗卫星的发射正式标志着太空竞赛的开始。美国人认识到了这一竞赛的激烈程度，因为民族自豪感以及爱国主义在整个国家迅速播散。可悲且令人感到震惊的是，1961 年 4 月 12 日，苏联将第一个人——尤里·加加林送入了太空，因而再次击败了美国。[6] 美国又一次落于人后，迫切需要提振士气。

---

3. Gina Holland. *A Cultural History of the United States: Through the Decades. The 1960s* (San Diego: Lucent Books, 1999), 112.

4. Andre Balogh. "Above and Beyond: In 1969 Men Set Foot on the Moon for the First Time," *History Today*, July 2009, accessed April 14, 2016, http://www.questia.com/library/1G1-202918955/above-and-beyond-in-1969-men-set-fo-on-the-moon.

5. Holland, *A Cultural History*, 112.

6. Ibid.

格雷迪 3

　　肯尼迪将政治作为太空计划的背后推动力之一，竭尽全力打败苏联。起初，肯尼迪对这一计划持怀疑态度，但之后将支持该计划作为总统选举之前赢得民意与选票的途径。[7]当选后，他继续支持并推进太空竞赛。在向国会和美国人发表的一篇激动人心的演讲中，总统宣布美国将是第一个派人登陆月球的国家，并且这一壮举将在20世纪60年代末实现。这就成了美国的终极目标，代表着太空竞赛中对苏联的最终胜利。通过他不懈的坚持，肯尼迪成功团结了美国人，并获得了国会的支持，从而为大型项目赢得了资金。[8]

　　在写给空间委员会主席林登·B.约翰逊的一封信中，肯尼迪询问了副总统有关太空项目现状的一些问题。这些问题包括：将一名人类送上月球的目标是不是可实现的？这需要多少花费？如果尽全力推动该目标的实现，需要项目参与者一天工作多少小时？[9]

　　他的问题很快得到了回复，就在1962年2月20日美国追赶上苏联的最新壮举的时候，美国实现了约翰·H.格伦在友谊号中的轨道飞行

---

　　7. John N. Wilford, "Sputnik: A Tiny Sphere That Changed Everything—For a While," *New York Times*, September 25, 2007, accessed April 14, 2016, http://www.nytimes.com/2007/09/25/health/25iht-sputnik.1.7629111.html?pagewanted=all&_r=0.

　　8. John F. Kennedy. "Special Message to Congress on Urgent National Needs."

　　9. John F. Kennedy. "Letter from John F. Kennedy to Lyndon Johnson" (Washington, DC, April 20, 1961). *Letters of Note*, September 7, 2010, accessed April 16, 2016, http://www.lettersofnote.com/2010/09/is-there-space-program-which-which-we.html

格雷迪 4

任务。[10] 这一成就使国家再次充满了自信，并希望在太空探索中更进一步。NASA 通过创建阿波罗人类太空飞行计划来开启它登月竞赛的下一步。阿波罗任务的策划者希望设计出一个安全且可靠的运载工具，可以将宇航员送上月球并成功返航。为了实现安全登月的目标，他们设计了一系列的方案，最终达成了共识，他们需要制作一个由模块化部件组成的航天器。指挥舱将停留在月球周围的轨道上，而登月舱则从指挥舱上分离出来并登陆月球表面。能够将这两部分都送上太空的火箭是巨大的土星五号。[11] 然而，竞赛带来轻率的行为，而轻率的后面往往就是悲剧。

阿波罗一号在 1967 年 2 月 21 日接受了第一次载人飞行测试。测试最终带来了一场灾难，由于内部 100% 的氧气，机舱最终起火。三名机组成员，维吉尔·格里索姆、爱德华·H. 怀特二世、罗杰·布鲁斯·查菲未能幸免于难。尽管这场灾难让阿波罗计划的载人阶段倒退了 20 个月，但整个国家都在努力帮助任务回到正轨。[12] 到了 1969 年 7 月 20 日，最终的目标终于实现了。

通过电视直播，全世界的人们都见证了"阿波罗 11 号"任务的圆满结束。机组成员巴兹·奥尔德林、尼尔·阿姆斯特朗以及迈克尔·科林斯乘坐的飞船于 1969 年 7 月 16 日从肯尼迪航天中心发射升空。四天后，奥尔德林与阿姆斯特朗在美国东部时间 4 点 18 分通过登月舱登上月球，迈克尔·科林斯在指挥舱中绕月飞行。当尼尔·阿姆斯特朗于美

---

10. Holland, *A Cultural History*, 115.
11. Balogh. "Above and Beyond."
12. Ibid.

格雷迪 5

国东部时间 10 点 56 分从梯子下降到月球的表面时，十亿观众见证了人类第一次踏上月球的壮举。[13] 通过简短却深刻的话"这是一个男人的一小步，却是整个人类的一次巨大飞跃"，阿姆斯特朗向每一个美国人以及每一个世界公民传达了肯尼迪总统在八年前许下的承诺。[14] 太空竞赛结束了，美国赢得了胜利。

太空计划将乐观主义时代推向了高潮。[15] 美苏之间的竞争虽然有时异常紧张，却也推动了友谊与合作。它也激发了美国人实现其目标的愿望。美国将安全置之度外，坦然接受太空探索中的风险与危险，并最终得到了回报。阿波罗计划激励了美国人，向这个国家展示了只要拥有技术、勇气和一点点运气，任何事都能成为现实。

---

13. Holland, *A Cultural History*, 117–18.
14. Potter, "Neil Armstrong."
15. Balogh, "Above and Beyond."

参考文献（Bibliography）

Balogh, Andre. "Above and Beyond: In 1969 Men Set Foot on the Moon for the First Time." *History Today*, July 2009. Accessed April 14, 2016. http://www.questia.com/library/1G1-202918955/above-and-beyond-in-1969-men-set-foot-on-the-moon.

Holland, Gina. *A Cultural History of the United States: Through the Decades. The 1960s*. San Diego: Lucent Books, 1999.

Kennedy, John F. "Letter from John F. Kennedy to Lyndon Johnson," (April 20, 1961). *Letters of Note*, September 7, 2010. Accessed April 16, 2016. http://www.lettersofnote.com/2010/09/is-there-space-program-which-which-we.html.

---. "Special Message to Congress on Urgent National Needs" (May 25, 1961). The American Presidency Project. Accessed April 13, 2016, http://www.presidency.ucsb.edu/ws/?pid=8151.

Potter, Ned. "Neil Armstrong: How 'One Small Step' Became First Words on the Moon." *ABC News*, January 2, 2013. Accessed April 15, 2013. http://abcnews.go.com/Technology/neil-armstrong-small-step-words-moon-apollo-11/story?id=18115402.

Wilford, John N. "Sputnik: A Tiny Sphere That Changed Everything — For a While." *New York Times*, September 25, 2007. Accessed April 14, 2016. http://www.nytimes.com/2007/09/25/health/25iht-sputnik.1.7629111.html?pagewanted=all&_r=0.

第 17 章

自然与应用科学的 CSE 格式

- 使用 CSE 顺序编码体系撰写文内引用
- 撰写参考文献页
- 用著者-出版年的方式撰写文内引用
- 使用著者-出版年格式撰写参考文献条目
- 使用 CSE 顺序编码体系的学术论文范例

明确目标

科学编辑学会规定了两种用于科学写作中的文献引用格式。一种是顺序编码体系（citation-sequence system），主要用于应用科学，例如化学、计算机科学、数学、物理学以及医学。该体系在文本当中使用数字而非作者名字与出版年份。第二种格式是著者－出版年体系（name-year system），主要应用于生物和地球科学。本章讨论的内容可以指导你在学术论文当中使用 CSE 格式的文献引用。

- 在文内引用当中使用 CSE 顺序编码。
- 使用 CSE 顺序编码写作参考文献页。
- 在文内引用当中使用著者－出版年编码。
- 使用著者－出版年编码写作参考文献页。
- 写一篇 CSE 格式的论文。

每一种编码体系都有各自的优缺点。顺序编码体系可以节省空间，并且在阅读文本的过程中，数字不会产生太大的中断式干扰，不过这种格式很少会提及作者名字，因此读者必须专门翻阅参考文献来找到作者的名字。

顺序编码

The original description (3) contained precise taxonomic detail that differed with recent studies (4–6).

原始描述包含了与最近研究不同的精确的分类学细节。

著者-出版年

The original description (Roberts 2014) contained precise taxonomic detail that differed with recent studies (McCormick 2016a, 2016b, and Tyson and others 2017).

原始描述包含了与最近研究不同的精确的分类学细节。

著者–出版年体系在文章内提到了作者的名字以及出版的年份，年份信息体现了及时的应用以及历史的视野。引用可以毫无困难地删除或增添。不过在文内的一长串引用可能会比数字更加具有干扰性。实际上，采用哪一种方式通常都不是你来决定的。不同的学科门类通常会采用某种约定俗成的方式，如下所示。

农学，著者–出版年，17.3–17.4 化学，顺序编码，17.1–17.2

人类学，著者–出版年，17.3–17.4 计算机科学，顺序编码，17.1–17.2

考古学，著者–出版年，17.3–17.4 工程学，顺序编码，17.1–17.2

天文学，著者–出版年，17.3–17.4 地理学，著者–出版年，17.3–17.4

生物学，著者–出版年，17.3–17.4 地质学，著者–出版年，17.3–17.4

生物医学，顺序编码，17.1–17.2 健康学，顺序编码，17.1–17.2

植物学，著者–出版年，17.1–17.2 数学，顺序编码，17.1–17.2

医学，顺序编码，17.1–17.2 物理学，顺序编码，17.1–17.2

护理学，顺序编码，17.1–17.2 动物学，著者–出版年，17.3–17.4

17.1 使用 CSE 顺序编码体系撰写文内引用

该体系使用数字来标识文献。该格式一般在以下学科当中使用：化学、计算机科学、工程学、数学、物理学以及医学科学（医学、护理学及一般的健康学）。

简单来说，该体系要求在文内引用中使用数字，而非出版年，并且参考文献列表中的数字应该与文内引用中的数字保持对应关系。

引用文献列表编写完毕之后，为每个条目添加一个数字。你可以采用下面两种方法中的任意一种来为列表编号：（1）将参考文献按照字母顺序排序，并按顺序进行连续编号（在这种情况下，数字在文本当中会随机出现）；（2）按照你在文内使用文献的顺序对文献列表条目连续编号，当你输入的文献在之前已经被引用过时，就中断该顺序。

数字就像文献的一把钥匙，因为文献在参考文献页当中也是被编号的。你需要遵循下面的规则：

• 将数字放在括号当中或者添加索引数字，像这样[5]。作者名字不是必需的，并且最好不要添加，因此你需要对措辞做相应的调整。将著者与作品的全部信息放在参考文献列表当中。

It is known (1) that the DNA concentration of a nucleus doubles during interphase.

已知的信息是原子核的 DNA 浓度在细胞间期会增长一倍。

A recent study (1) has raised interesting questions related to photosynthesis, some of which have been answered (2).

最近的一项研究提到了与光合作用相关的一系列有趣问题，其中一些已经得到了回答。

In particular, a recent study[1] has raised many interesting questions related to photosynthesis, some of which have been answered.[2]

特别是，最近的一项研究[1]提到了与光合作用相关的一系列有趣问题，其中一些已经得到了回答[2]。

- 如果你需要在文内添加著者名字，那么就在名字后面添加数字。

Additional testing by Cooper (3) included alterations in carbohydrate metabolism and changes in ascorbic acid incorporation into the cell and adjoining membranes.

库珀所做的补充实验包括碳水化合物代谢的改变和抗血酸融入细胞和相邻膜的变化。

- 如果需要的话，在引用中增添具体的信息。

"The use of photosynthesis in this application is crucial to the environment" (Skelton,[8] p 732).

"在这一应用中使用光合作用对环境而言是至关重要的"。

The results of the respiration experiment published by Jones (3,Table 6, p 412) had been predicted earlier by Smith (5, Proposition 8).

琼斯发表的呼吸实验结果早先已经被史密斯预测到了。

17.2 撰写参考文献页

在论文的最后撰写参考文献列表。将条目的编码与你在文内引用时使用的编码对应起来。或者也可以将列表先按照字母顺序排序，然后再按顺序编码。在列表上添加"参考文献"的标题。条目的格式可以参照下面的示例。

书　籍

先列出数字，之后是作者、书名、出版地点、出版社、出版年以及全书的总页码数（可选）。

1. Calleman CJ. The global mind and the rise of civilization: The quantum evolution of consciousness. Rochester (VT): Inner Tradition/Bear & Company; 2016. 336 p.

期刊文章

先列出数字，之后是作者、文章标题、期刊名称、出版年月（如果需要的话）、卷数、期数（如果需要的话）以及页码范围。如果期刊的每期都进行了重新分页，那么月份以及期数信息就是必不可少的。

2. Perry WR, Smithson RG, Keller PT, Yang PS. Climate mapping and patterns: Predicting weather in the face of climate change. J Midwestern Climatology 2017;31(1):37–51.

网络文章以及其他电子出版物

在引用的末尾添加可获取性声明以及你访问该资料的日期。如果引用的是网络上发布的文章，就使用下面4号条目的格式。如果引用的期刊文章是经过网络转载的，那么也使用4号条目的格式。3号条目是网络文章，4号条目是印刷期刊（在线连载）。

3. Ben-Joseph EP. Do my kids need vaccines before traveling? [Internet]. 2015 Feb. [cited 2016 Oct 3]; Available from: http://kidshealth.org/parent/question/safety/travel-vaccinations.html#cat20290

4. Enzonial R, Patel MT. Catalysts of biosynthesis in cave bacteria. Intl J Biochem Analysis. [Internet]. 2016 [cited 2016 Nov 18];45:49–65. Available from: http://www.intljbiochemanalysis.org /ijba/45/ijba454965.htm

杂志或报纸文章

添加具体的日期，如果引用的是报纸，就需要添加版面字母或数字。

5. Wilson RT. Along the fence line: A home for rodents and critters. Midwestern Conservationist 2017 Feb 22: 22–27.

6. [Anonymous]. Mesenchymal stem cells in bone regeneration. Dayton Times Free Press 2016 Apr 24; Sect D:1.

会议记录和会议报告

在数字之后，列出作者或编者的名字、报告标题、会议名称、作品类型（报告、记录、在线记录等等）、组织或社团的名称、会议举行的日期以及地点。如果是在网络上找到的资源，你还需要添加 URL 地址以及访问该信息的日期。

7. Nelson W, Carson PO, Kent SR. The threat of fracking on geothermal energy: Trends, risks, and dangers. RTES Conference on Alternative Energy Sources: National Conference for Renewable and Thermal Energy Sources [Internet]; 2016 Oct 13–15 [cited 2017 Jan 7]; Las Vegas, NV. Available from http://www.RTES.org /meetingagenda/2016/14/10/frack/67703.html

17.3 用著者-出版年的方式撰写文内引用

CSE 的著者-出版年格式适用于以下学科：

农学	人类学	考古学
天文学	生物学	地质学
地理学	植物学	动物学

在按照著者-出版年体系进行学术论文写作时，需要遵循以下规则。

1. 紧接着作者名之后，在括号内添加出版年份信息：

Stroyka (2016) ascribes no species-specific behavior to man. However, Adamson (2017) presents data that tend to be contradictory.

斯特洛卡认为没有专属于人类的特定物种行为。然而，亚当森则提出了相反的数据。

2. 如果你没有在文内提到作者的名称信息，那么就将作者名、出版年以及页码都放在括号当中：

One source found some supporting evidence for a portion of the questionable data (Marson and Brown 2016, pp 23–32) through point bi-serial correlation techniques.

一篇文献利用点二列相关技术为一部分有问题的数据找到了一些支撑证据。

3. 如果有两位作者，就将他们的名字都写入文内，或者写入括号引用当中：

Torgerson and Andrews (2017)

(Torgerson and Andrews 2017)

如果有三位及以上的作者，那么在论文正文中需要在第一作者的名字后面添加"and others"（中文用"等"）的字样。

在正文内，CSE格式更倾向于使用英文术语以及英文缩写，而在文内引用当中，则倾向于使用拉丁词语以及缩写，例如"et al."。

在正文内：　　　　Torgerson and others (2017)

在括号引用内：　　(Torgerson et al. 2017)

4. 如果同一位作者在同一年出版的不同作品都被文内引用，那么使用小写字母（a、b、c）来对这些文章进行区分，例如"Thompson (2016a)"和"Thompson (2016b)"。之后在参考文献列表当中使用"2016a"以及"2016b"。

5. 如果必要的话，增添附加信息：

Alretta (2015a, 2015b; cf. Thomas 2016, p 89) suggests an intercorrelation of these testing devices. But after multiple-group analysis, Welston (2017, esp. p 211) reached an opposite conclusion.

阿尔雷塔提到了这些测试工具的相互关系。但经过多组分析，韦尔斯顿得出了相反的结论。

6. 如果需要引用具体的某一页，那么在页码与年份之间用一个逗号与一个空格分隔开来。无须在"p"后面添加句点。

（1）在句子当中使用的直接引语或改述：

Jones stated, "These data of psychological development suggest that retarded adolescents are atypical in maturational growth" (2016, p 215), and Jones attached the data that were accumulated during the study.

琼斯表示，"这些心理发展数据显示了智力迟钝的青少年在生长成熟方面具有非典型性"，琼斯还附上了在研究期间积累的数据。

（2）在句子结尾部分出现的直接引语或改述：

Jones (2017) found that "these data of psychological development suggest that retarded adolescents are atypical in maturational growth" (p 215).

琼斯发现"这些心理发展数据显示，智力迟钝的青少年在生长成熟方面具有非典型性"。

（3）大段引用，使用跳格键缩进，并将其与文章主体分隔开（因此就无须添加双引号了）：

> Tavares (2017) found the following:
>> Whenever these pathogenic organisms attack the human body and begin to multiply, the infection is set in motion. The host responds to this parasitic invasion with efforts to cleanse itself of the invading agents. When rejection efforts of the host become visible (fever, sneezing, congestion), the disease status exists. (pp 314–315)

> 塔瓦雷斯（2017）发现了以下现象：
>> 每当这些致病微生物攻击人体并开始繁殖时，感染就开始了。寄主通过努力清理入侵中介来应对这种寄生式入侵。当寄主的排异反应变得明显时（发烧、打喷嚏、鼻塞），就代表着疾病状态的存在。

7. 按照下面的规则为引用添加标点。

（1）使用一个逗号后跟一个空格来区分由同一作者写作的不同文献，或者在同一年或不同年当中写作的文献：

> Supplemental studies (Johnson 2016a, 2016b, 2015) have shown . . .
> Supplemental studies (Randolph and Roberts 2016, 2017) have shown . . .

（2）使用"and"来分隔由两位作者合著的同一部作品。

> (Ramirez and Montoya 2016)

在三位及以上的作者之间使用逗号：

> (Smith, Jones, Thompson, and others 2017)

（3）用一个分号与一个空格来分隔对不同作者的引用：

Supplemental studies (Smith 2015; Barfield 2017, 2016; Barfield and Smith 2016; Wallace 2014) have shown . . .

17.4 使用著者-出版年格式撰写参考文献条目

将参考文献列表按照字母顺序排序，将其命名为"参考文献"。将条目调整为双倍行距并使用悬挂式缩进。当作者的人数在 2 到 10 位之间时，所有的名字都要在参考文献列表当中出现。当作者的人数在 11 位及以上时，将前 10 位作者的名称列出来，之后添加上"and others"的字样。如果作者是佚名的，那么就插入"[Anonymous]"。将出版年放在作者名的后面。

期刊文章

列出作者、出版年、文章标题、期刊标题、卷数以及页码范围。如果期刊的每期都进行了重新分页的话，还需要添上期数的信息。

Cantrell SR. 2016. Pulmonary disorders in children of third world countries. Intl J Pediatrics and Medicine 112(8):811–823.

书　籍

列出作者、出版年、标题、出版地、出版社以及全书的总页码数（可选）。

Calleman CJ. 2016. The global mind and the rise of civilization: The quantum evolution of consciousness. Rochester (VT): Inner Tradition/Bear & Company. 336 p.

网络文章和其他电子出版物

在引用的末尾添加可获取性声明以及你访问该资料的日期。

[Anonymous]. 2016 Atmospheric pressure and storm prediction: Activity and action. J Atmospheric Studies. [Internet]. [cited 2017 Jan 14]. Available from: www.jouratmostud.com/atmosphericstudies/2016/atmospheric-pressure-and-storm -prediction.htm

经过网络转载的期刊文章

提供最初的出版信息，并且也需要提供网络地址以及你访问该资料的日期。

Richards MN, Calvert SL. 2015. Toddlers' judgments of media character source credibility on touchscreens [abstract]. Am. Behav. Sci. [Internet], [cited 2016 Aug 30]; 59(14). 1755–1775. Available from: http://abs.sagepub.com/content/59/14/1755. abstract

杂志和报纸文章

添加具体的日期，如果需要的话，还要添加版面字母或数字。

Robinson AB. 2015 Nov. The bridge that gave us hope and strength. Southern Living 58–59.

Graham G. 2015 Nov 14. Ambitious program aims to find safe foster homes. Tulsa World 1+.

会议记录和会议出版物

提供作者、日期、报告标题、会议名称、作品类型（报告、记录、在线记录等等）、组织或社团的名称、会议举行的日期以及地点。如果是在网络上找到的资源，还需要添加 URL 地址以及你访问该信息的日期。

Anders PO, Dishman J, Williamson EW. 2016. A study of hazardous toxins at landfills: Implications for local communities [abstract online]. In: Abstracts: 2016 Conference for Public Health Communication Initiative [Internet]; 2016 Aug 7–9; Atlanta, GA. [cited 2017 Feb 19]. Available from: http://www.phci.org /cphici2016/pdf/studytoxinslandfills.pdf

整理参考文献列表

参考文献列表应该按照字母顺序排序，如下所示。

References

Allender TY. 2016 June. Analysis of perchlorates in water intended for human consumption. Midwest Sci Qtr. 31(6):47–49.

[Anonymous]. 2015. Determination of trace perchlorate in drinking water using the AS20 column following concentration on a cryptand c1 concentrator column. [graph]. Thermo Fisher Sci [Internet]. [cited 2016 Nov 6]. Available from: http://www .dionex.com/en-us/markets/environmental/water-analysis/ground-surface/perchlorate/lp-79737.html

[Anonymous]. 2014 Oct 29. Drinking water contaminates [Internet]. Environmental Protection Agency [cited 2016 Nov 8]. Available from: http://water.epa.gov/drink/contaminants/

[Anonymous]. 2015 Feb 27. Perchlorate in drinking water [Internet]. California Department of Health Services. [cited 2016 Nov 7]. Available from: http://www.waterboards.ca.gov/drinking_water /certlic/drinkingwater/Perchlorate.shtm

Kemsley J. 2013 Apr 8. Archaea feed on perchlorate. Chem & Eng News [Internet]. [cited 2016 Nov 8];91(14):8. Available from: http://cen.acs.org/articles/91/i14/Archaea-Feed-Perchlorate .html

17.5 使用 CSE 顺序编码体系的学术论文范例

  学生萨拉·比米斯研究了与控制糖尿病相关的问题，并将论文按照 CSE 顺序编码体系进行了格式调整。她在文内引用某文献时使用了数字，该数字会在参考文献页再次出现。相应地，参考文献列表就没有按字母顺序排序。按照科学领域的写作标准，她也放上了摘要。

标题、作者名称以及所属单位等信息。

糖尿病管理：

一个微妙的平衡

作者

萨拉·E. 比米斯

英语 103：大学写作

温妮弗雷德·摩根，O.P.

2013 年 3 月 5 日

一个 100～200 字的摘要，陈述研究的目的、范围以及报告当中的重要发现。

摘要

比米斯 ii

  仅在美国，糖尿病就影响了将近 1100 万人，带来了 3500 亿美元的医疗开支。两种类型的糖尿病，Ⅰ型与Ⅱ型，都会造成人身体的虚弱。身体可以承受短时间内的高血糖表现，但一系列严重的并发症会接踵而至，例如动脉硬化、心脏病、神经损伤以及脑疾病。新药物持续改善着糖尿病患者的生活，但控制血糖需要三个方面通力协作——药物、饮食和锻炼。本研究考察了这三个方面的重要性。患者需要在药物治疗、饮食管理以及锻炼计划间维持一个可控的平衡。

比米斯 1

糖尿病管理：一个微妙的平衡

糖尿病是一种仅在美国就影响了将近 1100 万人的疾病（1），其并发症造成每年数十万人死亡，并使国家付出了数十亿美元的医疗保险资金来弥补并发症造成的直接损失及间接损失。这一情况会产生破坏性的副作用并导致诸多慢性健康问题。正因如此，对于那些不理解这一疾病的本质与治疗方法的人来说，这是非常可怕的。糖尿病目前还没有彻底治愈的途径，但仍是可以被控制的。近年来，糖尿病研究取得了很大的进展，但管理这一疾病最重要的诀窍是那些看起来最简单的方法。通过建立健康、平衡的生活方式，大多数糖尿病患者都可以免于副作用的伤害。

根据诸多描述，糖尿病是一种无法正常代谢葡萄糖或糖分的机体障碍疾病。由于身体无法生产或正常使用胰岛素，葡萄糖就在体内大量聚集。血液中多余的糖分即高血糖症造成了糖尿病的副作用（2,3,4）。

事实上，糖尿病有两种类型。I 型糖尿病也叫青少年糖尿病，指的是胰腺只能产生很少或无法产生胰岛素的情况，通常在童年时发现，但在任何年龄都可以发病（3）。II 型糖尿病也叫成年型糖尿病，指的是

使用数字来标注对某一文献的引用。

在引言的最后提出论点或假设。

在科学论文的写作中，需要准确的定义，如本部分所示。

为了支持某一观点或理念，引用了不止一种文献。

比米斯 2

胰腺仍旧会分泌可用的胰岛素，但不足以抵消血液中的葡萄糖含量的情况。这种类型的病症通常由肥胖或不良饮食习惯引起。

> 无论是Ⅰ型还是Ⅱ型糖尿病，都被定性为高血糖症（5）。这种在血液中的葡萄糖累积会导致许多危险的副作用。高血糖最初的症状通常表现为频繁排尿、强烈的口渴、饥饿与疲劳度增加。当葡萄糖在血液中的含量增加，肾脏就需要将多余的糖分过滤到尿液中。肾脏可以过滤的葡萄糖量因人而异。在这个过程中，人体组织中所有的水分都被用来生产尿液，从而冲洗肾脏中的葡萄糖。也正是它导致了与高血糖症相关的强烈口渴与频繁排尿症状（5）。

由于身体缺乏引导葡萄糖进入细胞时所需的胰岛素，所以葡萄糖无法被吸收进而提供能量。细胞向大脑发出信号，告知大脑它们并没有得到糖分，这就导致身体产生饥饿感。然而，不论高血糖症患者吃了多少东西，细胞都不会产生能量（6）。

既有的研究显示（4），一旦患有高血糖症，身体就要去弥补缺失的能量。尽管肾脏尽力从血液中过滤糖分，但肝脏则要通过燃烧脂肪与蛋白质来提供能量，这个过程中出现了酮。酮作为一种蛋白质取代了葡萄糖的位置，成了身体燃烧的对象。酮在反应过程中会产生对身体有害的化学物质。当过多的有害物质在身体中聚集时，人就会出现酮酸中毒（4）。

格思里夫妇（Guthrie and Guthrie）（1）证明了酮酸中毒是由血液中氢的高含量引起的。这最开始会导致较低的血液pH值，含盐分的体液流失以及脱水。如果不及时治疗，可能导致中枢神经系统失灵、昏迷

如此处所示，因果分析是科学写作中的一个重要部分。

除了文献的编码，你也可以列出著者的名字。

比米斯 3

甚至死亡。事实上，许多与糖尿病相关的死亡是由酮酸中毒引起的。酮酸中毒的特点是频繁排尿、口干、极度口渴、头痛、急促而深重的呼吸、心率加快、恶心、呕吐、失去方向感和嗜睡（1）。

美国家庭医生学会（4）表示，高血糖可能会有其他更细微的副作用。由于身体没有得到所需的营养，糖尿病患者通常会出现组织生长与修复功能不良的情况。这会导致伤口愈合及儿童成长发育出现问题。其报告称（7），免疫系统也会受到影响，相对于没有患病的群体，病人感染的情况会更频繁也更严重。还有一些情况也与早期的高血糖症相伴随行，例如抑郁和慢性疲劳（8）。许多血糖过高的人也更难控制体重的增减。

有研究证明（Guthrie and Guthrie），身体可以承受短时间内的高血糖症状。然而，如果不加以治疗，就会导致其他慢性病，而且通常会产生致命的健康问题。随着时间的增长，动脉硬化症会发生在糖尿病患者身上，从而导致血液循环能力和视力的下降。它也可能导致心脏疾病，这也是糖尿病患者死亡的最主要原因（1）。同样常见的是糖尿病神经病变，即神经的退化。这种情况会导致四肢疼痛和功能丧失（1）。糖尿病患者同样有患上诸多脑病的风险。患者的大小动脉都更容易发生破裂，从而引起脑出血、血栓症以及中风。颈动脉堵塞会减少流向大脑的血液量，从而引起头晕，甚至昏厥 (1, pp 201—202)。

肾脏中的葡萄糖过载会导致糖尿病性肾病，最终会使肾失去功能。未能得到控制的糖尿病患者的肾脏会更容易受到感染，最终导致肾功能衰退（1）。

为了方便读者，你也可以在这里添加引用的页码。

比米斯 4

　　正因为诸多并发症的存在，那些被诊断患有此病的人拥有并不乐观的寿命和健康前景。不过，所有这些影响都可以被降低、推迟甚至可以通过适当的关注和控制来预防。通过监测血糖并据此服用药物，通过特殊饮食、锻炼和调节生活方式，糖尿病患者可以避免这些严重的健康威胁（Hu and others 9）。

> 　　糖尿病护理的第一项是监测血糖和药物治疗。这二者是相辅相成的，因为患者必须了解适用的药物类型以及剂量，还需要知道血糖值和模式，从而确定正确的治疗方案。两种主要的监测方式对控制糖尿病而言是必不可少的。患者应该每天进行家庭血糖监测。近些年该领域的进步让这一监测变得更便捷。公众可以很容易获取血糖监测工具盒，包括一个小的电子仪器，用来测量血液中的葡萄糖含量，还有用来获取小样本所需的工具。通过使用这些工具，病人可以在一天中多次检测并记录血糖值。这就为他们以及他们的医生确定胰岛素剂量以及用餐计划提供了短期和长期的信息。

（如此处所示，过程分析是科学写作的一个重要部分。）

　　除了每日监测外，病人还应该定期看医生。医生通常会进行一项糖化血红蛋白检查，该检查相比家庭监测更能反映较长时间段之内的血糖控制情况。这一检查应该每 90 天进行一次，因为这也是血细胞更新一次所需的时间。这项检查与每日血糖数据可以帮助医生确定患者病情的控制效果。定期复查也让医生可以掌握患者的整体健康状况，例如血液循环、视力、传染病和器官感染。

　　糖尿病的治疗通常需要药物介入。由于 I 型糖尿病病人只能产生很少的胰岛素或无法产生胰岛素，因此必须进行胰岛素注射。对于 II 型糖

比米斯 5

尿病，治疗方案可以是严格控制饮食或控制饮食与口服降糖药或胰岛素治疗并举。

当需要胰岛素治疗时，选择适当的类型与剂量是非常重要的。有各种各样的胰岛素可用，主要区别在于它们的起效时间、高峰的时间段以及持续的时间。不同的胰岛素类型会以不同的速率发挥作用。它们也会在不同的时间段内起效，并且在不同的间隔期达到峰值效果(1)。这也是为什么需要在几周的时间内定期记录血糖值，因为据此才可以决定什么时候需要胰岛素以及需要哪一种胰岛素。一旦确定了合适的胰岛素治疗方案，患者就必须严格遵守它。保持规律对控制糖尿病是非常重要的。

关于注射方法，糖尿病患者并没有太多选择。人们可以选择传统的手动注射，也可以用辅助注射装置或胰岛素泵。辅助注射装置方便使用针头，也更为舒适，此外也可以使用气压注射。胰岛素泵是一个由小型电池驱动的设备，每天24小时通过埋置在皮肤下方的小针传输胰岛素。泵包含了一个按照佩戴者的个人治疗方案严格控制胰岛素输出量的电脑芯片（10），是为那些不希望进行多次注射，但愿意经常测试血糖水平的患者设计的。泵可以全天候提供胰岛素，从而帮助那些难以控制血糖的患者。它还为日程繁忙的人带来了一些便利。

一些Ⅱ型糖尿病患者可以通过结合饮食、锻炼与口服降糖药的方式对疾病进行控制。这些降糖药本身不含胰岛素，它们一般会通过刺激胰腺产生胰岛素来降低血糖水平（1），因此仅适用于那些胰腺仍能生产少量胰岛素的患者。不过，糖尿病研究在近些年取得了进步。一些即将

作者考察了第一种控制方法：用药方法。

问世的新药很快就可以用上了。这些药物可以增加患者对胰岛素的敏感性并抑制那些会升高血糖的激素的分泌。许多旨在取代胰岛素疗法的药物目前已经进入了研究与开发的最后阶段。Glucovance 已经被认定为一种非常有价值的新药（11）。目前，现有的口服药物配以有效的饮食控制与运动计划，已经可以很好地控制糖尿病了。

> 此处作者考察了第二种控制方法：膳食管理。

尽管服用适当的药物很重要，但糖尿病管理的核心还是膳食计划。通过在饮食方面做出正确的选择，糖尿病患者可以减轻身体的负担，并提升药物的有效性。良好膳食计划的基础是均衡营养与适度饮食。保持低脂、低钠以及低糖的饮食是糖尿病患者健康和长寿的保证。保持均衡、规律的饮食习惯对每个人而言都很重要，对那些糖尿病患者而言，更可以帮助他们控制血糖，并预防心脏病和消化系统的问题。

建议患者遵循两种已经制定好的膳食计划："交换计划"与"碳水化合物计算"（12，13）。两者都是基于糖尿病食物金字塔制订的（Nutrition）。此食物金字塔将食物一共分为六组。这与传统的四组食物的分法很类似，不过金字塔底层的、最大的部分是那些每天应该吃得最多的食物，而位于顶部的、最小的部分是每天应该吃得最少或者根本不吃的食物。所有糖尿病饮食计划都建议病人食用除甜品、脂肪以及酒精之外的多种类型的食物。美国糖尿病协会的最新指示为那些需要施行饮食计划的患者提供了有益且权威的指导（14，15）。

"交换计划"是一个非常具有条理性的膳食计划。食物被分为八类，因此比糖尿病食物金字塔所做的划分更为精细。营养师或医生为患者确定一天需要摄入的卡路里范围，根据这个范围来确定其每餐应该从每一

比米斯 7

类型食物中吃多少的量。分量是提前规定好的，必须被严格遵守。然后患者可以选择建议组别中的食物，也可以将一组食物与另一组进行交换。

患者可以使用的另一种膳食计划为"碳水化合物计算"。该计划没有太强的结构性，因此患者在进行饮食选择时更加自由，而且也更少计划。食物再次被分类，不过只分为三组。最大的一组是碳水化合物，不仅包含了淀粉，也包括了乳制品、水果和蔬菜。营养师和医生也需要指定卡路里范围。不过，这一计划只规定每餐摄入的碳水化合物的数量，甚至对这一数量的规定都很灵活。这一计划适用于那些知道如何选择均衡膳食，但需要记录自己食物摄入的人。此外，分量大小依旧很重要，患者也必须在每个类别的食物中都摄取到建议的量（5，11，12）。

成功控制糖尿病的最后一个因素就是锻炼。有研究证明（16），锻炼可以促进身体利用糖分进行供能，因此也就将糖从血液中转移了出来。糖尿病患者需要进行与个人需求相匹配的规律锻炼。像散步这样简单的日常活动都可以显著降低血糖水平（16）。有些病人可能每天只需要十五分钟的散步时间，另一些病人则需要更复杂、更系统的锻炼。不管哪种情况，锻炼计划都需要与膳食计划、药物摄取以及生活方式的调整一起发挥作用。锻炼计划想要成功同样离不开细致的血糖监测。如果血糖水平过高或过低，运动都会带来负面的影响。

糖尿病管理的所有方面可以总结为一个词：平衡。糖尿病本身是体内的胰岛素与葡萄糖失去平衡引起的。为了恢复这种平衡，糖尿病患者必须兼顾药物治疗、血糖监测、饮食控制以及锻炼。管理糖尿病并非易

在此处作者考察了第三种控制方法：运动锻炼。

> 比米斯 8
>
> 事，但如果这一微妙的平衡得到了精心维持，长久而健康的生活也就成了可能。

比米斯 9

参考文献（references）

1. Guthrie DW, Guthrie RA. Nursing management of diabetes mellitus. New York: Springer, 2008. 500 p.

2. [Anonymous]. Diabetes insipidus [Internet]. American Academy of Family Physicians. [cited 2013 Feb 20]. Available from http://familydoctor.org/familydoctor/en/diseases-conditions/diabetes-insipidus/symptoms.html.

3. Fowler, MJ. Diabetes treatment, part 1: Diet and exercise. Clin Diabetes 2007; 25(3): 105–109.

4. [Anonymous]. Diabetes: Monitoring your blood sugar level [Internet]. American Academy of Family Physicians. [cited 2013 Feb 22]. Available from http://familydoctor.org/familydoctor/en/diseases-conditions/diabetes/treatment/monitoring-your-blood-sugar-level.html

5. Peters AL. Conquering diabetes. New York: Penguin, 2006. 368 p.

6. Arangat AV, Gerich JE. Type 2 diabetes: postprandial hyperglycemia and increased cardiovascular risk. Vasc. Health and Risk Manag. 2010 Mar 6; 145–155.

7. Milchovich SK, Dunn-Long B. Diabetes mellitus. Boulder, CO: Bull, 2011. 240 p.

此页的引用内容使用了本书17.2部分提到的顺序编码法。了解与著者－出版年体系相关的内容，参见本书17.4部分。

8. Davile A. Complications [Internet]. Diabetes Hands Foundation 2013. [cited 2013 Feb 21]. Available from http://www.tudiabetes.org/notes/Complications.

9. Hu FB, Li TY, Colditz GA, Willett WC, Manson JE. Television watching and other sedentary behaviors in relation to risk of obesity and type 2 diabetes mellitus in women. JAMA 2003; 289; 1785–1791.

10. [Anonymous]. Insulin pump therapy [Internet]. Children with Diabetes 2013. [cited 2013 Feb 24]. Available from http://www .childrenwithdiabetes.com/pumps/.

11. [Anonymous]. Glucophage [Internet]. Diabetes Healthsource. 2013. [cited 2013 Feb 28]. Available from http://www.glucophage.com.

12. McDermott MT. Endocrine secrets. New York: Elsevier, 2009. 448 p.

13. Bittencourt JA. The power of carbohydrates, proteins, and lipids. Charleston, SC: Createspace, 2011. 196 p.

14. American Diabetes Association. The American Diabetes Association complete guide to diabetes. Alexandria, VA: ADA, 2013. 576 p.

15. American Diabetes Association. The diabetes comfort food cookbook. Alexandria, VA: ADA, 2013. 192 p.

16. American Diabetes Association. Ideas for exercise [Internet]. American Diabetes Association 2013. [cited 2013 Feb 25]. Available from http://www.diabetes.org/food-and-fitness/fitness/ideas-for-exercise/?loc=DropDownFF-exerciseideas.

第 18 章

创建电子以及
多媒体研究项目

- 开启数字化项目
- 建立数字演示
- 研究项目网站
- 在你的电子学术论文当中使用图表
- 在电子学术论文中使用声音和视频
- 准备写作文件夹
- 用其他形式展示研究成果

> **明确目标**
>
> 　　电子网络环境为开展调查分析提供了重要的功能条件，数字和网络媒体已经逐渐成为研究信息的重要来源。因此，本章提供了一系列建议，帮助你在网络上或者电子化地创建及发布研究项目：
> - 建立电子文档以及幻灯片。
> - 创建拥有超文本标记语言（HTML）的网页。
> - 在数字或多媒体研究性论文中使用图像。
> - 准备写作文件夹。

　　使用电子方式创建学术论文有以下优势：

- **容易操作**。创建研究项目可以变得很简单，只需将你的论文保存在文件当中，并将其在线发布，或通过邮件传给你的导师。
- **提供多媒体渠道**。与纸质版文件不同的是，在电子文档当中你可以添加任何数字形式的资源，例如文本、插图、音频以及视频。
- **可以为读者提供更多信息的链接**。你的读者可以通过点击超链接了解更多的信息资源（**超链接**一般是一个单词或者一幅图片，点击超链接就可以直接将读者带至另外的一些相关文献或网址那里）。超链接可以帮助读者从某一位置跳跃入另一个位置，例如，从你的学术论文跳到一篇在线文章或相关图像、视频资源那里。

18.1 开启数字化项目

　　在你决定使用电子的方式创建研究论文之前，参考三个问题来协助你的准备过程：

第一，你的学校可以提供哪种支持？ 许多机构都在科技以及人事领域进行投资，并以此来支持研究项目。了解一下你的学院是否可以帮助你用电子或在线媒介的方式发表作品。

第二，考虑你的研究题目是否适宜以电子的形式发布？ 问一下自己，相比于传统的纸质版论文，你的读者在阅读数字文本时是否能获得更多的东西。电子版本是否有助于你更好地向读者传达观点？

第三，它应该采取哪一种形式？ 电子版学术论文通常采用以下形式当中的一种：

- 文字处理文档。
- 幻灯片演示。
- 网站。

18.2 建立数字演示

如果你计划做一个口头报告，那么一个幻灯片演示可以帮助你更好地阐明观点。电子演示，一般指 PowerPoint 演示，它与文字处理文档不同，演示中的每一页、每一张幻灯片都占据了整个屏幕。通过点击或者设置放映时间，你可以从一张幻灯片移动到下一张。

图 18.1 展示了一个幻灯片演示的第一张内容，这个演示是在某研究项目的基础上制作的，该研究项目的内容是关于美国戏剧家奥古斯特·威尔逊（August Wilson）的创作。

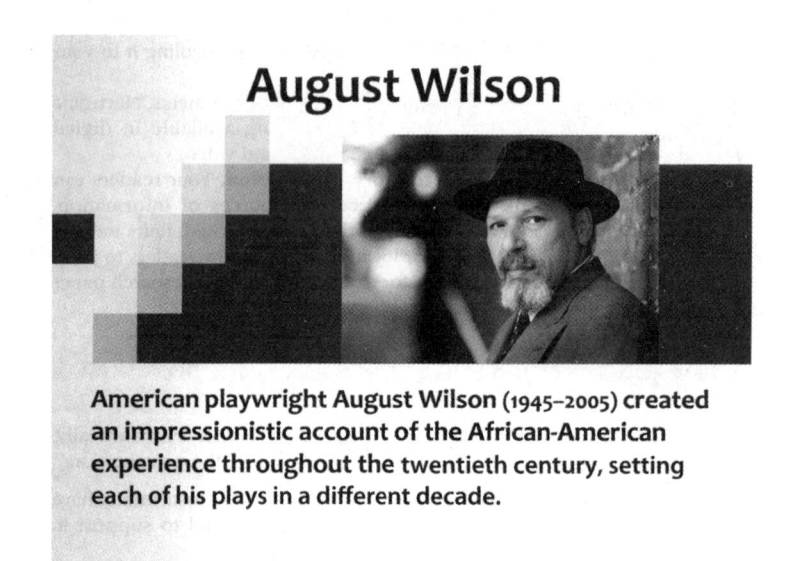

图18.1 某论文的幻灯片演示

当你在创建电子演示时，可以参照下面的建议：

- 由于每一张幻灯片都只能包含有限的信息，所以你需要将每一张幻灯片上的内容进行浓缩，并将细节用口述的方式表述出来。
- 将幻灯片演示作为你口头报告的辅助工具。
- 如果需要的话，将你研究项目当中的图表插入幻灯片中。

18.3 研究项目网站

用网页来展现你的研究是一种非常有趣且灵活的方式。这也是帮助你的论文获得较多读者的最便捷的方式。像电子演示一样，学术论文网站也可以包含图表、声音以及视频信息。

创建网页或网站需要你采集与制作一系列计算机文档，有些文档包含基础文本以及页面布局，还有一些文档包含可以编辑入网页的图表、声音或视频信息。

当你在网络浏览器当中浏览这些文档时，所有内容都会自动组合在一起。

创建一个单独的网页

如果想为你的学术论文创建一个单独的网页，那么最便捷但也最局限的方式就是将你处理过的研究论文以 HTML 格式（超文本标记语言，一种计算机语言，可以控制网页的形态）保存。不同的文字处理程序采用不同的方式完成这一过程，因此你需要参考所用软件的"帮助"菜单来获取更为具体的指导。

当文字处理软件将你的文档转换为 HTML 格式时，它也会将其中包含的所有图表转换成一个个单独的图表文件。而在网络浏览器当中，这些文本与图表则会组合到一起显示，就像其他网页那样。

你的论文在 HTML 格式下与在文字处理格式下的形态是不同的。在某些方面，HTML 格式不如文字处理格式来得灵活，不过，你仍可使用文字处理软件来对新的 HTML 格式论文进行一些调整。

读者需要采用向下滚屏的方式来阅读整篇文档。

导入、键入并修改文本

你既可以在网页编辑器上也可以在外部创建文本。如果想要导入文本，那么仅仅需要把它从你的文字处理器上拷贝下来，并将其粘贴进网页编辑器当中。你也可以指定具体的字体、字号、样式（例如加粗）、对齐方式、项目符号列表以及编号列表。下面给出了一些建议，帮助你将文本键入网页：

• 将强调内容以及标题变为粗体或者斜体的形式，**不要加下划线**。在网页当中，链接通常是以下划线的形式出现的，自行添加下划线容易混淆。

• 不要使用跳格符（**tabs**）。HTML 格式不支持使用跳格符对段落进行首行缩进。你在参考文献页当中也尽量不要使用悬挂式缩进。

• 不要使用双倍行距。网页编辑器会自动将文本调整为单倍行距，并将段落之间的距离调整为双倍行距。

- 在参考文献页，将所有的行靠左对齐。HTML格式不支持悬挂式缩进。

在基于网络的学术论文中引用文献

对于网络学术论文来说，在引用时应该将括号引用放在文本当中。创建一个单独的链接通往另一个网页，在那个网页中放上参考文献。如果你在文章当中引用了任何网络作品，那么你就需要在文内提供通往该作品的超链接。

18.4 在你的电子学术论文当中使用图表

相较于传统的学术论文，在电子文本当中使用图表可以增添一些趣味性。它在文字之外提供了图片、声音、视频剪辑、动画以及鲜明的全彩色艺术。

装饰性图表可以将你的文本变得更加吸引人，不过很少对论文的实质内容有所助益。比如说，大部分剪贴画都是装饰性的。在大部分学术写作项目当中，仅仅使用装饰性图表是不够的。

说明性插图可以为文本内容在视觉上提供一种放大作用。例如，一张托马斯·哈代的照片可以为一篇与英国诗人和小说家相关的研究论文增色不少。像卡通、插画、照片这些图表可以为论文提供强大的视觉论证，或者也可以作为例子使用。

信息图表，例如饼图、曲线图、图表或表格，可以为你的课题提供数据支持。你可以将它们视作一种强有力的证据，它们也可以协助你向读者传达一些复杂的信息。

图表文件格式

图表通常会占据较大的空间，你可以将它们保存为 JPEG 或者 GIF 文件格式来缩小文件尺寸。实际上，网站也只能接受这两种格式的图表。这两种格式都会在文件中对冗余信息进行压缩，在将其变小的同时保持图像的质量。你可以根据文件的拓展名来辨识文件的格式，GIF 图像的拓展名是".gif"，而 JPEG 图像的拓展名是".jpg"或者".jpeg"。GIF 代表了图形交换格式（Graphical Interchange Format），主要代指开发和传输数字化图像。JPEG 代表了联合影像专家组（Joint Photographic Experts Group），主要是将彩色图片压缩成更易传送的小文件。

一般来说，JPEG 格式更适用于照片，而 GIF 格式更适用于动图。如果你想将某文件存为 GIF 或 JPEG 格式，那么就需要将其用图片编辑程序打开，例如 Adobe Photoshop，并将文件存为两种形式中的一种。

创建你自己的电子图表

创建自己的图表文件是件很复杂但也很有益的事情，它为你的学术论文增添了创造性。你可以使用下列方法的一种：

• 使用图表程序，例如 Macromedia Freehand 或者 Adobe Illustrator。使用这些程序你就可以创建图表文件，并将其保存为 JPEG 或 GIF 的格式。

• 使用扫描仪来复制你的绘画、图表、照片以及其他事物。而 Adobe Photoshop 以及 Paintshop Pro 这样的程序可以帮助你对扫描的图像进行修改调整。

• 使用数码相机拍摄原创照片。数码相机的图片通常被保存为 JPEG 的格式，但文件的尺寸可能会非常大，需要你进一步压缩。不过并不需要将其转换为其他格式。

只要你创建的所有图表文件都是 JPEG 或 GIF 格式的，那么就可以将整篇论文传送至网站当中。

18.5 在电子学术论文中使用声音和视频

在写作中加入声音和视频可能是非常复杂的，因为通常会需要使用额外的硬件与软件，不过你也可以只提供链接，借此通往一些在线发布的声音文件或者视频。

在作品中填充实质性文件会让你的学术论文变得很大，也会使压缩与传输都变得很困难。因此，在使用数字音频或视频之前，仔细核对你手上的资源，以及可以在导师和学校那里获得的资源。一些机构会在多媒体科技上投入很多，而一些机构则没有太多投入。如果你的论文是在网络上发布的，或者你本身就为其建立了一个网页，那么插入声音或者视频就是相对简单的一件事。在一些热门网站上发布以及插入多媒体内容都是很简单的。如果你使用的作品是他人创作的，一定记住标明文献来源，并对其恰当引用。

清单：递送你的电子论文

- **高速 USB 闪存**。该设备可以储存大量的数据，因此将其用于传输图表、声音或者视频文件是比较合适的。该设备体积较小，并且拥有即插即用的功能。

- **邮件**。将你的文件作为邮件附件传送出去是提交电子论文最快捷的形式。不过，当你只有一个文件时这才最方便，比如说一篇经过文字处理的论文，而像网站这样的，用邮件的方式传输则不太适合。

- **收件箱（Drop Box）或其他文件共享服务**。许多学校现在都使用了在线共享文件系统。学生可以在网上选择班级与科目，之后将研究论文投入教师的"收件箱"当中。了解你学院对论文上交过程的具体规定与细节。你也可以使用 FTP 共享网站，例如 Google Drive 或者类似的文件共享网站。

- **网站**。如果你创建了一个网站或者一个网页，可以将论文上传到服务器，这样读者就可以在网络上访问你的作品了。上传网站的步骤在不同学校、不同服务器是有所区别的，因此你需要遵照导师的指示，并在学校的政策范围内完成此项任务。无论你选择哪一种方法，都需要谨遵导师的要求与指导。

18.6 准备写作文件夹

过去十年，在许多导师那里，写作文件夹都是一个重要的选择评估工具。因此，许多参与写作项目的学生，从高中到博士阶段，都准备了这一类的文件夹。写作文件夹为你的才能与经历提供了一种有形的展示。你的文件夹应该包含经过挑选的课堂写作以及导师要求的其他附加作业。写作文件夹有下面的一些优势：

- 它为写作提供了明确的目标以及评价标准。
- 它在你将写作导向未知读者的过程中，提供了真实的对象。
- 它提供了来自导师、同学以及写作同伴的信息反馈。

具体来说，写作文件夹是有目的地挑选一些写作，将其组合在一起向读者展示具体的写作能力的一种工具。

择选进入文件夹的材料可能是一项非常艰巨的工作，特别是当你从零开始的时候。事实是，大多数作者都有许多可用的写作样本。下面的例子应该可以帮助你查找文件夹资料：

- 课堂当中的作业，不仅是写作课程的作业。保留那些课堂笔记以及作业是有益的，并且可以为不同的科目提供写作示例。
- 之前的文章和研究项目。这些资料是最佳的，因为它们往往包含着作者"最好"的作品，并且包含着反映作者优缺点的自我分析文章。

- 日记以及个人写作。无约束写作可以更好地展现作者的风格以及偏好。

尽管文件夹意味着保存一切，你也无须为保存每一份写作记录而感到有压力。相反，应该对文件夹资料进行仔细筛选，以避免出现难以管理的样本组合。使用下面的标准来帮助你拣选文件夹资料：

- 选择那些可以明显展示你能力的资料。

- 按照质量选择资料。选择那些展示受众分析、语法、清晰、简洁、技术信息、指示、页面布局与设计、组织、小组或独立工作、多样性与丰富性的文件。

- 选择那些可以展示学识的资料。例如，如果某文章可以展示你对说服方法的理解，就将其纳入。

- 选择那些具有长久价值与有效性的资料。

最为保险与可靠的储存资料的方法就是将其保存在至少两个地方，或者采用电子的形式放在网络上，也可以打印拷贝件，或者放在闪存盘当中。

着手创建一个包含了你想要放在写作文件夹当中的个别与所有资料的集合。记住，文件夹的哲学就是"保存一切"。你在文件夹当中收入的资料越多，在展示写作才能时，也就拥有越广的选择以及更大的灵活度。

18.7 用其他形式展示研究成果

现有的技术为你展示自己的研究项目提供了多样化的选择。像 Microsoft Publisher、Adobe InDesign 以及 Broderbund Print Shop 这样的桌面出版软件为时事通讯和宣传手册提供了有效的设计模板。因此，当你的研究发现包含了可以告知或帮助一大批读者的信息时，就可以考虑采用一些其他的形式来展示。

时事通讯（newsletter）通常印在一张纸的正反两面，并且包含许多页。**宣传手册**（brochures）通常被分隔为不同的栏或版面，并印刷在纸张的正反两面，可以轻松地依次对折起来。你也可以将这两种文件转换为网页或者 PDF 的形式以供电子发布。无论是时事通讯还是宣传手册都应该遵循以下格式规则：

- 将你的信息按照逻辑顺序排列。
- 使用便于阅读的字体大小、字形以及文本颜色。
- 使用靠左对齐的格式，保持右边参差的形态。这种形式便于读者阅读。
- 避免分散词语，避免在每一行的末尾出现不合时宜的连字符号。
- 当信息展示在栏当中时，尽量保持段落短小精悍。

对大部分课程项目来说，你都需要从你的私人电脑当中将时事通讯与宣传手册打印出来。如果是工作单位或社会团体的文件，你还需要使用专业的打印机。现在越来越多的时事通讯与宣传手册都采用电子形式发布了。

选择用其他的形式展示你的研究，应该考虑它是否可以起到激发人们的兴趣以及突出项目关键部分的作用。

清单：发表其他文档

- 确立文件的目标，并且明确你想通过该信息从读者那里收获什么样的回应。
- 设想并概述每个部分或版面应该是什么样的。
- 决定文件是否需要打印出来，或是否应该在网上发布。如果是前者，你需要挑选纸张大小、装订方式，以确保你的研究可以直接、明确地展现出来。
- 考虑使用可以增强文档明晰性的图表、色彩以及风格。
- 在报头（masthead）、标题或每部分的标题处使用特殊的字体来强调它们的重要性。
- 如果宣传手册是折叠或翻页形式的，确保每一部分或版面都是可被独立理解的。

> • 调整信息的范围，确保读者通过简略阅读就能掌握这些信息，并且提示他们在哪里可以找到更多的信息。

你的研究项目

1. 如果你对写作电子或多媒体学术论文感兴趣的话，可以向你的导师征求一些研究建议，并且熟悉一下学校提供的支持系统。

2. 先通过文字处理的方式建立一个基本的模型，文字处理当中也可能包含了图表以及其他成分。

3. 如果作业包含了口头展示，那么可以考虑创建幻灯片。

4. 尝试创建网页或网站，在发布以及确定隐私设置之前向你的导师求教。

5. 让自己熟悉一些技术术语，例如 USB 闪存、报头以及 HTML。

附　录

为你的一般性主题寻找参考书目

我们试图使这个清单尽可能方便用户，这将使你能够很快地从十个大类中选择一些基本的参考资料。从列表中选择三到四个项目，就足以启动你的调查。每个类别有两个清单：

1. 图书馆的参考书籍和电子数据库。书籍需要你去图书馆查找，但学术数据库可以通过登录图书馆的网络在任何地方访问——你的寝室、计算机实验室或图书馆本身。

2. 通过浏览器访问可靠的互联网资源。

此外，请记住，图书馆为你提供了一个电子目录，可以查阅其中的所有书籍，以及访问一些数据库，如：

Gale Cengage

NewsBank

LexisNexis Academic

General OneFile

Expanded Academic ASAP

以下是十个分类：

1. 事件、人物和艺术品的历史问题。

2. 物理学、天文学和工程学中的科学问题。

3. 健康、健身和体育的问题。

4. 社会和政治问题。

5. 艺术、文学、音乐和语言方面的问题。

6. 环境问题、遗传学和地球科学。

7. 通信和信息技术的问题。

8. 宗教、哲学和心理学问题。

9. 商业和经济中的问题。

10. 流行文化、时事和现代趋势。

这份清单绝对不是固定不变的，但其中一份应该在研究项目开始时作为你的出发点。这些作品将带着你越来越深入地走向具体的材料，以收集你的摘要、转述和引文。

事件、人物和艺术品的历史问题

如果你对历史事件、古典建筑、名人和古代文物感兴趣，你需要历史、传记、艺术史、建筑、人类学等方面的资料。这里列出的是图书馆和互联网上的重要参考作品，可以帮助启动你的调查。

在图书馆调查这些书籍和学术数据库

Abstracts in Anthropology. Baywood, 1970–date. 这本参考指南简要描述了数千篇关于人类历史文化发展的文章。

American National Biography. 24 vols., Oxford, 2002. 无论是在线还是印刷版本，这份资料都是研究美国历史上大多数历史人物的起点。

Dictionary of American History. 3rd ed., 10 vols., Scribner's, 2003. 这套书提供了关于美国历史上的人物、地点和事件有据可查的学术性资料，并包括推荐资料的简要书目。

Historical Abstracts. ABC-CLIO, 1955–date. 这组摘要提供了全世界历史问题和事件的概述。

Primary Sources in U.S. History. 该数据库由美国国会图书馆主办，内容广泛，例如，其中提供了关于美国妇女研究的优秀资料。

American Historical Association. 它为《美国历史评论》(*American Historical Review*)、《历史展望》(*Perspectives on History*)等刊物上的文章提供了有效索引。

在互联网上调查这些网站
  Annual Review of Anthropology
  American Anthropological Association
  Archiving Early America
  Best of History Web Sites
  The History Blog
  The History Guide: Resources for Historians
  NPS Archeology Program

物理学、天文学和工程学中的科学问题
　　你如果对天体（星星、月亮等）、超声速飞行定律、核能、等离子电视屏幕等方面的话题感兴趣，就需要从这里列出的一些参考资料开始调查。你可以在图书馆和互联网上找到它们。

在图书馆调查这些书籍和学术数据库
　　American Chemical Society Publications(ACS). 该数据库提供可搜索的化学期刊在线档案，可追溯到 1879 年。

　　Astronomy Encyclopedia. Edited by Patrick Moore. Oxford UP, 2002. 这本书为该领域的研究提出了可能的主题想法，它对学生来说是一个很好的起点。

　　Applied Science and Technology Index. Wilson, 1958–date. 这部参考资料提供了

应用科学、工程和技术等领域的最新文章的索引。

Engineering Index. Engineering Index Inc., 1884–date. 这部作品有纸质书籍，在电子数据库中也可以找到。

General Science Index. Wilson, 1978–date. 该索引涵盖了约 100 种科学期刊，包括许多应用科学领域的期刊。

Physics Abstracts. Institute of Electrical Engineers, 1898–date. 只要使用关键词，这个参考资料就可以帮助你选择一个主题并找到关于该主题的文章摘要。

在互联网上调查这些网站：

American Astronomical Society

American Institute of Physics

Mount Wilson Observatory

National Academy of Sciences

Physics World

PhysLink

Planet Quest

健康、健身和体育的问题

你如果对运动医学、慢跑、节食、健康、营养等方面的主题有兴趣，可以从这里列出的参考资料开始调查。你可以在图书馆和互联网上找到它们。

在图书馆调查这些书籍和学术数据库

Atlas of Human Anatomy. Frank H. Netter. 6th ed., Saunders, 2014. 这本参考书包含精确的人体插图和广泛的标注。

Consumer Health and Nutrition Index. Oryx, 1985–date. 这本参考书包含了供消费者和学者参考的来源索引。

Cumulated Index Medicus. U.S. Department of Health and Human Services, 1959–date. 这本参考书是大多数医学论文的基本出发点。

Cumulated Index to Nursing and Allied Health Literature. CINAHL, 1956–date. 这本参考书为护理学的学生提供了《癌症护士》（*Cancer Nurse*）、《实用护理杂志》（*Journal of Practical Nursing*）、《护理教育杂志》（*Journal of Nursing Education*）和其他许多杂志的索引。

Encyclopedia of Human Nutrition. 3rd ed., 4 vols., Academic, 2013. 这部参考书为营养学论文提供了一个很好的出发点。

Miller-Keane Encyclopedia and Dictionary of Medicine, Nursing, and Allied Health. 7th ed. Saunders, 2005. 这本参考书除了相关概念和术语的解释以外，还提供了一些实际应用的指导。该参考书现在还提供电子版。

Physical Education Index. BenOak, 1978–date. 这本参考书包含了运动医学和田径方面的大多数主题。

在互联网上调查这些网站

Healthfinder

IDEA—Health and Fitness Association

MedWeb

National Institute of Health

PubMed

Human Performance Resource Center

iStrive—Fitness, Athletics, Nutrition

社会和政治问题

你如果对养老院的社会工作、时事活动（如说唱音乐或狂欢派对）、国会关于学生贷款的立法、教育、SAT 考试、性别问题或类似主题感兴趣，你可以从这里列出的一些参考资料开始调查，你可以在图书馆和互联网上找到它们。

在图书馆调查这些书籍和学术数据库

ABC: Pol Sci. ABC-CLIO, 1969–date. 这本参考书提供了约 300 种国际期刊的原文内容。

CQ Researcher. 该在线数据库包含涵盖数百个热点问题的文件，如社交网络、选举改革和公民自由。

Education Index. Wilson, 1929–date. 这本参考书提供了诸如《儿童教育》（*Childhood Education*）、《比较教育》（*Comparative Education*）、《教育文摘》（*Education Digest*）和《教育心理学杂志》（*Journal of Educational Psychology*）等杂志上的文章。

Encyclopedia of Sociology. Edited by Edgar F. Borgatta et al. 2nd ed., 5 vols., Macmillan, 2000. 这部百科全书提供了一个研究的起点，你可以通过其中的术语、问题和理论激发你自己的想法。

Social Sciences Citation Index. Thomson Reuters, 1974–date. 这本参考书为社会学、社会工作、教育、政治科学、地理和其他领域的各个方面的主题提供了重要索引。

Westlaw. 该数据库包含美国联邦和所有州法院的案件和法规（法律）。

在互联网上调查这些网站

United States Census Bureau

FedStats

Internet Legal Resources Guide

Political Science Research Guide

Thomas—Library of Congress

Women's Studies Databases

艺术、文学、音乐和语言方面的问题

你如果对希腊戏剧、阿尔弗雷德·希区柯克的电影、后殖民主义对加勒比地区语言的影响、安德鲁·劳埃德·韦伯的音乐、迪伦·托马斯的诗歌有兴趣，可以从这里列出的参考资料开始调查。你可以在图书馆和互联网上找到它们。

在图书馆调查这些书籍和学术数据库

Art Index. Wilson, 1929–date. 这本参考书收录了大多数艺术期刊的索引，包括《美国艺术杂志》（*American Art Journal*）、《艺术公报》（*Art Bulletin*）和《艺术论坛》（*Artforum*）。

Avery Index to Architectural Periodicals. Hall, 1973–date. 这本参考书是一个关于古代和现代建筑的期刊文章的良好来源。

Bibliographic Guide to Art and Architecture. Hall, 1977–date. 这本参考书每年出版，提供了关于艺术和建筑的大多数主题的书目，是开始这一领域研究的绝佳起点。

Contemporary Literary Criticism (CLC). 该数据库提供了大量关于小说家、诗人、剧作家以及其他在世或在 1959 年 12 月 31 日之后去世的创意作家的评论文章全文。

Humanities Index. Wilson, 1974–date. 这本参考书收录了所有主要的文学杂志和期刊的索引，它可能被列为《威尔逊人文索引》（*Wilson Humanities Zndex*）。

Music Index. Information Coordinators, 1949–date. 这本参考书提供了大量音乐期刊的索引，如《美国音乐教师》（*American Music Teacher*）、《合唱杂志》

（*Choral Journal*）、《乐队研究杂志》（*Journal of Band Research*）和《音乐治疗杂志》（*Journal of Music Therapy*）。

在互联网上调查这些网站

  American Musiological Society

  Artspan

  EServer

  Project Gutenberg

  Voice of the Shuttle

  Worldwide Arts Resources

  Worldwide Internet Music Resources

环境问题，遗传学和地球科学

你如果对克隆、堕胎、巴西雨林的萎缩、佛罗里达州的天坑、堪萨斯州的弗林特山草原、地下水位或类似的主题有兴趣，可以从这里列出的参考资源开始调查。你可以在图书馆和互联网上找到它们。

在图书馆调查这些书籍和学术数据库

AGRICOLA. 这个数据库由美国国家农业图书馆制作，提供农业、动物和植物科学、林业以及土壤和水资源方面的文章、书籍和网站信息。

Bibliography and Index of Geology. American Geological Institute, 1933–date. 这本参考书每月更新一次，每年都有索引，收录了优秀的学术文章。

Biological and Agricultural Index. Wilson. 1916–date. 该参考文献是该领域期刊的标准索引。

Biological Abstracts. Biosis, 1926–date. 该参考作品包含有用的摘要，可用于

在图书馆计算机上查找完整文章之前进行查看。

Ecological Abstracts. Geo Abstracts, 1974–date. 该参考作品提供了一个可以在查找和阅读整篇文章之前查看简短摘要的机会。

Geographical Abstracts. Geo Abstracts,1972–date. 此参考作品提供了文章的概述，必要时可以搜索全文。

在互联网上调查这些网站

    Academy of Natural Sciences

    Biology Online

    EnviroLink Network

    Environmental Protection Agency

    Genetics Home Reference

    National Agricultural Library

    Nature Conservancy

通信和信息技术的问题

你如果对谈话广播、儿童电视节目、平面新闻中的偏见、开发计算机软件、手机的泛滥或类似的主题有兴趣，可以从这里列出的参考资料开始调查。你可以在图书馆和互联网上找到它们。

在图书馆调查这些书籍和学术数据库

Computer Science Index. 该数据库通过定期更新来及时识别有关计算机科学的文章。

The Elements of Style. William Strunk, Jr., and E. B. White. 4th ed., Allyn, 1999. 这是一本教导和劝诫作家避免使用不必要的词语，敦促他们使用主动语态，并要

求风格简洁的经典书籍。

Encyclopedia of Computer Science and Technology. Edited by J. Belzer., 22 vols., Dekker, 1975–91. Supplement 1991–date. 这本参考书为启动计算机类问题的调查提供了全面的资源。

Information Science and Technology Abstracts. 该数据库提供信息技术领域重要文章的简短描述。

Information Technology Research, Innovation, and E-Government. National Press Academy, 2002. 该网站重点介绍互联网在政府管理中的应用。

On Writing Well. William K. Zinsser. Harper, 2013. 这是一本关于写作艺术的好书，特别是关于非虚构文章的最佳写作要素。

Style: Ten Lessons in Clarity and Grace. Joseph M. Williams. 11th ed., Longman, 2013. 这本书对写作风格和达到这种风格的手段进行了出色的讨论。

在互联网上调查这些网站

Communication Institute for Online Scholarship

Computer Science Student Resources

Journalism Resources

InfoTech Spotlight

Internet Resources for Technical Communicators

National Communication Association

Society for Technical Communication

宗教、哲学和心理学问题

你如果对人类价值观、道德自律、宗教战争的伦理、邪教的力量、单亲儿童的行为、环境对人格的影响或类似的话题感兴趣，可以从这里列出的一些参考资料开始调查，你可以在图书馆和互联网上找到它们。

在图书馆调查这些书籍和学术数据库

Cambridge Dictionary of Philosophy. Edited by R. Audi., 3rd ed., Cambridge, 2015. 这本参考书为你启动哲学问题的调查提供了一个很好的基础。

Encyclopedia of Psychology. Edited by Alan E. Kazdin, 8 vols., Oxford, 2000. 这本参考书在美国心理学会的主持下出版，包含了该领域最全面的基本参考资料。

Psychological Abstracts. APA, 1927–date. 这本参考书提供了诸如《美国心理学杂志》（*American Journal of Psychology*）、《行为科学》（*Behavioral Science*）和《心理学评论》（*Psychological Review*）等心理学期刊中文章的简短摘要。在图书馆的网络上可以查找 PsycINFO。

Religion: Index One: Periodicals, Religion and Theological Abstracts. ATLA, 1949–date. 这部参考书收录了《圣经研究》（*Biblical Research*）、《基督教学者》（*Christian Scholar*）、《公益》（*Commonweal*）和《哈佛神学评论》（*Harvard Theological Review*）等期刊中的宗教文章。

Routledge Encyclopedia of Philosophy. Edited by E. Craig., 10 vols., Routledge, 1999. 这部作品是哲学领域内最全面、最权威、最新的参考书。

在互联网上调查这些网站

American Philosophical Association

American Psychological Association

Episteme Links: Philosophy Resources on the Internet

Religion Gateway

Philosophy Index

Virtual Religion Index

Vanderbilt Divinity School

商业和经济中的问题

你如果想写学费上涨的影响、信用卡对大学生的影响、折扣店的成功营销、减税的经济影响、股市对会计实务的影响或类似的话题,可以从这里列出的一些参考资料开始调查。你可以在图书馆和互联网上找到它们。

在图书馆调查这些书籍和学术数据库

Business Abstracts. Wilson, 1995–date. 这本参考书提供商业、经济和营销方面文章的简短描述。

Business Periodicals Index. New York: Wilson, 1958–date. 这本参考书收录了该领域的大多数期刊,如《商业季刊》(*Business Quarterly*)、《商业周刊》(*Business Week*)、《财富》(*Fortune*)和《商业杂志》(*Journal of Business*)。在图书馆的网站上还可以浏览 *Reference USA*、*Business Dateline* 和 *Business and Company* 等相关网页。

Business Publications Index and Abstracts. Gale, 1983–date. 这本参考书提供了一个与商业有关的几乎所有主题的搜索途径。

General Business File. 该数据库列出了商业、管理和经济期刊中文章的引用和摘要以及一些文章的全文。

Index of Economic Articles. American Economic Association, 1886–date. 这本参考作品收录了主题和作者索引,为学生和专业人士提供了良好的开端。

Journal of Economic Literature. American Economic Association, 1886–date. 这本参考书提供了一些文章及可供进一步研究的书目。

World Economic Survey. 1945–date. 这是一份最初由国际联盟出版、目前由联合国出版的年度出版物,每年为研究人员提供不同的主题。

在互联网上调查这些网站

    Business Insider

    The Economist

    FDIC—Federal Deposit Insurance Corporation

    Financial Web

    Forbes

    The Incidental Economist

    Entrepreneur

流行文化、时事和现代趋势

如果你对当前事件、流行文化以及现代趋势感兴趣,请查阅那些提供相关名人、社会发展和人类习俗变化的最新事实和细节的资料。这里列出的是图书馆和互联网上的重要参考书目,你可以借此启动调查。

在图书馆调查这些书籍和学术数据库

American National Biography. 24 vols., Oxford, 2002. 这一资源是研究美国历史上大多数历史人物的起点。

CQ Researcher. 这一数据库包含了涵盖数百个热点问题的文件,如社交媒体、选举改革或公民自由。

Illustrated Encyclopedia of Mankind. 22 vols., Marshall Cavendish, 1989. 这部庞大的作品在一段时间内一直是人类学领域的标准。

NewsBank. 它提供出现在当地出版物上的可搜索的文章全文。

在互联网上调查这些网站

    Bookwire

Freedom Center

Gallup Organization

The Internet Movie Database

Multi-Channel News

Newser

Popular Culture Studies